国家社科基金
GUOJIA SHEKE JIJIN HOUQI ZIZHU XIANGMU
后期资助项目

英国慈善活动发展史研究

A History of Charity in England

周真真　著

中国人民大学出版社
·北京·

国家社科基金后期资助项目
出版说明

后期资助项目是国家社科基金设立的一类重要项目，旨在鼓励广大社科研究者潜心治学，支持基础研究多出优秀成果。它是经过严格评审，从接近完成的科研成果中遴选立项的。为扩大后期资助项目的影响，更好地推动学术发展，促进成果转化，全国哲学社会科学工作办公室按照"统一设计、统一标识、统一版式、形成系列"的总体要求，组织出版国家社科基金后期资助项目成果。

全国哲学社会科学工作办公室

序

英国是世界上第一个工业化国家。成为这样的国家，除开天然的优势外，还有一些人为的因素。英国是一个比较而言较为独立的地理单位，岛国的环境虽然不大，但也不小，足够支撑英国相对独立的生存状态。而新航路的开辟使英国的地理位置发生了根本性的变化，经济获得了新的动力。英国的法治传统与国家相对有利的政治因素在此时也为英国的社会发展创造了某种得天独厚的条件。但限制政府权力的传统也限制了其社会干预和调节能力，使现代化过程中产生的贫富分化的问题得不到及时而有效的解决。因此，在现代国家的社会保障制度化前，使人们生活有所依的往往不是政府而是社会的慈善。人们通常将慈善活动与穷人的历史联系在一起，不过即便在系统的福利国家制度确立后，英国慈善仍然活跃在社会的各个角落，成为政府一个重要依靠力量，并在政策层面与政府建立了稳定的合作模式，继续发挥着政府不可替代的作用。正如书中所言，"世界上没有哪个国家能够宣称比英国的慈善传统更强大"。

在目前学界对福利国家体制研究比较重视的情况下，进一步展开对英国慈善事业的研究，也是十分必要的。尤其是对中国这样一个发展中的大国，政府在处理很多社会福利方面的问题，无论从人力物力还是应对经验上，显然还不是得心应手，因此，英国慈善活动的一些经验，对我们依然是十分宝贵的。周真真同志的这本专著《英国慈善活动发展史研究》，作为国家社科基金后期资助项目最终成果的问世，对这一领域的工作显然是一个很好的推动。

慈善事业的发展，核心问题依然是权利与责任和义务的平衡。在慈善行为多元发展的今天，慈善与不同的思想碰撞交流，与许多现实的问题交织在一起，在未来的发展中不论在形式上还是内涵上，慈善活动依然会不断地得到丰富和补充。不过，"仁善总是自由的，它不能被强迫"。这句话十分真切地显示了慈善的本质：那就是，这是一种完全自愿、完全自发、完全自为的行为体。当一个社会的某些不足出现，而制度性的措施往往要很长一个时间段才能跟上，人们和社会的良知便会自发地产生补救的欲望和行动，这是一个永远都不会被取代的人之所以为人的道理。当然，要使慈善事业长盛不衰，维持自身的健康发展，则必须不断探寻慈善与政府、民间团体以及普通民众之间进行有效合作的方式，并使其能与社会的整体发展有机地联系起来，为创建一个更好的人类家园做出贡献。

中国的现代化事业正处于爬坡阶段，从这个意义上讲，我们正在从事前人从未经历的伟大事业，世界其他地区解决相应问题的经验都不可能替代我们自己的探索。周真真同志的工作在这方面迈出了扎实的一步，我衷心地祝贺她的成果能够顺利出版。同时我也期望这样的工作只是一个开始，以后能有更多更好的成果问世。毕竟，这一领域需要集中精力、长期努力才能结出硕果。

陈晓律

2019 年 1 月 10 日

于南京龙江小区阳光广场 1 号

目　录

引　言

　　英国相对有利的地理环境和政治因素为英国的社会发展创造了某种得天独厚的条件，但限制政府权力的传统也限制了其社会干预和调节能力，在现代国家的社会保障制度化前，使人们生活有所依的往往不是政府而是社会的慈善①。人们通常将慈善活动与穷人的历史联系在一起，不过即便在系统的福利国家制度确立后，慈善仍然活跃在英国社会的各个角落，成为政府一个重要依靠力量，并在政策层面与政府建立了稳定的合作模式，继续发挥着政府不可替代的作用。可以说，"世界上没有哪个国家能够宣称比英国的慈善传统更强大"②。

　　除了年老、疾病等人类自然产生的问题外，我们可以看到慈善在不同的社会发展时期其活动内容不尽相同，曾经在 19 世纪引起慈善家关注的城市霍乱、烟囱清扫等问题，早已销声匿迹，而如今的同性恋权利、移民问题等也不曾在历史上如此活跃。但不论是在封建时代、自由资本主义时代、国家垄断资本主义确立时期，还是福利制度改革时期，慈善都是英国社会的一支重要力量，其存在在一定程度上缓解了人们生活的苦难，减轻了人们的怨愤和冲动，使英国避免了激烈的社会动荡。因此，慈善本身具有哪些恒定的价值，有哪些内在的活动机制，使其总是能够在不同社会形态更替的历史演变中延续下来，并依然发挥着正规的社会体系中不能或缺的作用，历久弥新，是一个很值得探究的问题。

　　在西方国家，慈善普遍被看作是一支独立于政府之外的社会力量，是大众民主的重要保障，西方学术界也长期关注慈善相关的研究。英国慈善

---

①　慈善是一个笼统的概念，实际上既指慈善活动，也指慈善思想、理念和组织，为了论述的方便，我们暂且用慈善一词来代表上述的所有内容。其具体概念，本书在引言和正文中将会有进一步的论述。

②　THOMPSON F M L. The Cambridge Social History of Britain 1750-1950，Vol. 3 ［M］. Cambridge：Cambridge University Press，1990：357.

事业因其发展完备、影响深远，更是吸引了来自不同学科的学者从不同角度对之进行研究。总体而言，史学界对英国慈善活动的研究呈现出断代性、专题性与个案研究的特征。最早系统阐述英国慈善活动的著作是格雷于 1905 年出版的《英国慈善史：从解散修道院到第一次人口普查》①，该书通过对英国从宗教改革至 18 世纪末慈善活动社会成效的探究，揭示了慈善在英国社会的含义和价值。随后乔丹出版了关于都铎-斯图亚特时期慈善活动的著作《1480—1660 年的英格兰慈善史》②。最权威最系统研究英国慈善史的当数《1660—1960 年的英国慈善史》③，该书分阶段介绍了 17 世纪 60 年代至 20 世纪 60 年代的英国慈善活动，并重点关注了工业企业家的大量涌现和慈善团体的兴盛。上述著作都从较长时段论述了慈善发展史，涉及范围广泛、史料运用丰富，但从英国慈善整个发展历程来看，仍属于慈善的断代史。1979 年以后英国政府对社会组织的再度重视使学界掀起了一股慈善研究的新热潮，如希尔顿主编的《志愿主义时代》④ 和迪金主编的《英国与英联邦世界的贝弗里奇及其志愿行为》⑤ 等均分阶段对 20 世纪英国的志愿慈善进行了研究。这些断代研究为后续的专题研究和个案研究提供了丰富史料和宏观背景。

专题研究是慈善研究中的另一重要方向，如慈善与性别、法律、文化、政治、宗教等。慈善史家普罗查斯卡的《19 世纪英格兰的妇女和慈善》⑥ 一书重点描述了妇女有组织的慈善活动；致力于女性研究的埃利奥特的《走出家庭的天使》⑦ 以及埃伦·罗丝主编的《贫民窟的旅行者：1860—1920 年的淑女和伦敦贫困》⑧，是研究妇女慈善的代表作。埃利奥

① GRAY B K. A History of English Philanthropy：From the Dissolution of the Monasteries to the Taking of the First Census [M]. London：P. S. King & Son, Orchard House, Westminster, 1905.

② JORDAN W K. Philanthropy in England 1480–1660 [M]. London：George Allen & Unwin, 1959.

③ OWEN D. English Philanthropy 1660–1960 [M]. MA：Belknap Press, 1964.

④ HILTON M. The Ages of Voluntarism：How We Got to the Big Society [C]. New York：Oxford University Press, 2011.

⑤ DEAKIN N. Beveridge and Voluntary Action in Britain and the Wider British World [M]. Manchester：Manchester University Press, 2011.

⑥ PROCHASKA F K. Women and Philanthropy in Nineteenth-Century England [M]. Oxford：Clarendon Press, 1980.

⑦ ELLIOTT D. The Angel out of the House [M]. Virginia：University of Virginia Press, 2002.

⑧ ROSS E. Slum Travelers：Ladies and London Poverty, 1860–1920 [M]. California：University of California Press, 2007.

特考察了慈善话语对重新定义性别角色和阶级关系的重要性，埃伦·罗丝收集了安妮·贝赞特（Annie Besant）、西尔维亚·潘克赫斯特（Sylvia Pankhurst）和比阿特丽斯·韦布（Beatrice Webb）等著名人士关于妇女对伦敦贫困问题的努力。琼斯则在《1532—1827 年的慈善法史》① 一书中，展示了现代宗教、经济和社会压力是如何铸造了慈善法。本-阿莫斯在《赠予的文化》② 中对慈善文化的变化进行了创新性研究。安德鲁在《慈善与警察》③ 一书中从政治角度解释了慈善机构的巨大增长。斯内尔则在《教区及其附属：1700—1950 年英格兰和威尔士的社区、身份和福利》④ 一书中揭示了教会在人们生活中的重要角色及其与慈善的紧密联系。

　　在专题研究中讨论最广泛最持久的议题之一便是慈善与政府的关系问题。英国福利国家制度的建立打破了慈善与政府间的原有平衡，这使政府和相关学者更多关注慈善的社会作用及其与政府的关系。对此，政府组织相关人士对英国的社会慈善进行调查，如鲍迪伦主编的《志愿社会服务》⑤，其调查结果也为贝弗里奇委员会所使用。英国社会福利蓝图的构建者贝弗里奇在其著作《志愿行为》以及《志愿行为的证据》⑥ 中通过对 20 世纪 40 年代英国慈善活动的调查提出了政府与志愿组织合作的可能方式。与此同时学界也涌现出大量著述，芬利森在其著作《1830—1990 年英国的公民、国家和社会福利》⑦ 中主要考察了 1830 年以来志愿慈善与政府的关系变化，哈里斯在《历史视野下的志愿行为和国家》⑧ 中讨论了过去 200 年双方关系的演变，刘易斯重点论述

---

① JONES G. History of the Law of Charity, 1532-1827 [M]. Cambridge：Cambridge University Press, 2008.
② BEN-AMOS I K. The Culture of Giving [M]. Cambridge：Cambridge University Press, 2008.
③ ANDREW D T. Philanthropy and Police [M]. Princeton：Princeton University Press, 2014.
④ SNELL K D M. Parish and Belonging：Community, Identity and Welfare in England and Wales 1700-1950 [M]. New York：Cambridge University Press, 2009.
⑤ BOURDILLON A F C. Voluntary Social Services [M]. London：Methuen, 1945.
⑥ BEVERIDGE W. Voluntary Action [M]. London：George Allen & Unwin Ltd, 1948；The Evidence for Voluntary Action [M]. London：George Allen & Unwin Ltd, 1949.
⑦ FINLAYSON G. Citizen, State and Social Welfare in Britain, 1830-1990 [M]. Oxford：Oxford University Press, 1994.
⑧ HARRIS B. Voluntary Action and the State in Historical Perspective [J]. Voluntary Sector Review, No. 1, 2010.

了 20 世纪 90 年代的双方关系①，帕特·塞恩则从历史的角度深入分析了双方关系在 21 世纪的新变化②。此外，史密斯的《志愿部门导论》③、肯德尔的《志愿部门》④，以及克拉克的《国家和志愿部门》⑤ 和戴维斯的《政府政策、经济衰退和志愿部门》⑥ 等研究，运用不同方法从不同角度研究政府与志愿部门的关系，但研究多强调政府过多干预对志愿部门独立性带来的危险，对志愿慈善组织本身的延续性却有所忽视。

　　英国慈善机构众多且社会影响较大，因而个案研究是英国慈善研究的一大特色，并出现了大批优秀研究成果，同时它也是专题研究基础上的深化研究。乔丹 1960 年出版的《1480—1660 年的伦敦慈善机构》⑦ 重点论述了伦敦慈善体系的发展，是早期个案研究的一个代表。布里格斯在《汤因比馆》⑧ 一书中研究了汤因比馆成立 100 年期间在伦敦东部最贫穷区域的生活和工作中所扮演的开拓性角色。刘易斯在《英国的志愿部门、国家和社会工作》⑨ 中追溯了慈善组织协会（COS）的发展理念并从福利政治学的角度展示了英国志愿部门在福利混合经济中发挥的重要作用。皮尤在《伦敦被遗忘的孩子》⑩ 中论述了 18 世纪托马斯·科拉姆（Thomas Coram）申请到第一个儿童宪章创建孤儿院的历史。琼斯在《慈善学校运动：18 世纪清教主义运动研究》⑪ 中从社会史角度研究了以慈善学校为代表的英国 18 世纪的初等教育。布鲁伊斯的著作《1880—1980 年英国内外

① LEWIS J. Reviewing the Relationship Between the Voluntary Sector and the State in Britain in the 1990s [J]. Voluntas, Vol. 10, No. 3, 1999.
② THANE P. The 'Big Society' and the 'Big State' [J]. Twentieth Century British History, Volume 23, Issue 3, 201：408-429.
③ SMITH J. An Introduction to the Voluntary Sector [M]. London and New York：Routledge, 1995.
④ KENDALL J. The Voluntary Sector [M]. London and New York：Routledge, 2003.
⑤ CLARK J. The State and the Voluntary Sector [R]. NCVO, 2009.
⑥ DAVIES S. Government Policy, Recession and the Voluntary Sector [R]. UNISON, 2010.
⑦ JORDAN W K. The Charities of London, 1480-1660 [M]. London：George Allen & Unwin, 1960.
⑧ BRIGGS A. Toynbee Hall [M]. London and New York：Routledge, 1984.
⑨ LEWIS J. The Voluntary Sector, the State and Social Work in Britain：The Charity Organisation Society/Family Welfare Association Since 1869 [M]. Cheltenham：Edward Elgar Pub, 1995.
⑩ PUGH G. London's Forgotten Children [M]. Cheltenham：the History Press, 2011.
⑪ JONES M G. The Charity School Movement：A Study of Eighteenth Century Puritanism in Action [M]. London：Frank Cass and Co. Ltd, 1964.

的学生志愿服务史》① 则深入探讨了英国大学生的志愿行为。这些个案研究涉及贫穷、教育、医疗、住房、道德等诸多方面，不仅丰富了慈善研究的内容，而且从不同角度和不同领域加深了对英国慈善发展史的理解。

新近的慈善研究，则更注重深入社会内部，关注宏大社会背景下慈善的微观世界，通过对历史细节的研究进而揭示慈善的独特价值。例如，格兰特在其《一战期间的慈善和志愿行为》② 一书中，通过大量的个案研究深入探讨了一战时期慈善的发展及其与政府的相互关系，从不同角度加深了对慈善在特殊时期发展状况的认识与理解。麦卡锡则在其《两战期间英国的联合志愿主义》③ 一文中认为，两战期间英国国内外社会和政治情况的改变在很多方面重塑了志愿行为的世界，改变了志愿慈善组织在英国社会运行的思想意识形态。艾布拉姆等主编的《监狱中的志愿部门》④ 一书，探讨了志愿者和非营利项目在监狱机制改革上的重要作用。此外，约翰·希尔斯（John Hills）、乔治·贝尔默（George Behlmer）、马克·弗里曼（Mark Freeman）等学者的著述也在很多方面涉及志愿慈善的研究。

我国学界对英国慈善事业的研究大致兴起于 20 世纪 80 年代中期，涉及慈善事业的形成与发展、慈善事业的管理以及慈善事业的发展前景等，虽然起步较晚，但紧跟时代潮流。其中，史学界在研究方向上与国外学界的关注点类似，以断代、专题和个案研究为主，代表性论著有：陈娟《略论近代早期英国商人的慈善活动》（2002）、《16 世纪到 17 世纪中期英国民间慈善事业的演变》（2003），饶淑荣《论伦敦慈善总会的贫困救济》（2004），闵凡祥《18、19 世纪英国"友谊会"运动述论》（2006），毕素华《论基督教的慈善观》（2006），邓云清《从慈善到公益：伦敦济贫改革与近代慈善救济院制度》（2013），王涛《英国慈善法中的公益性标准及启示》（2014），谢家琛《英美慈善概念的缘起、发展及其启示》（2014）等。与此同时，丁建定（《英国社会保障制度史》，人民出版社 2015 年）、陈

---

① BREWIS G. A Social History of Student Volunteering: Britain and Beyond, 1880–1980 [M]. London: Palgrave Macmillan, 2014.

② GRANT P. Philanthropy and Voluntary Action in the First World War: Mobilizing Charity [M]. London and New York: Routledge, 2014.

③ McCARTHY H. Associational Voluntarism in Interwar Britain [A] // HILTON M. The Ages of Voluntarism: How We Got to the Big Society [C]. Oxford: Oxford University Press, 2011.

④ ABRAMS L S. The Voluntary Sector in Prisons: Encouraging Personal and Institutional Change [M]. London: Palgrave Macmillan, 2016.

晓律（《英国福利制度的由来与发展》，南京大学出版社 1996 年）、孙洁（《英国的政党政治与福利制度》，商务印书馆 2008 年）、丰华琴（《从混合福利到公共治理》，中国社会科学出版社 2010 年）等在探讨英国福利制度时亦对英国慈善活动进行了一定研究。此外，随着跨学科研究的兴盛，慈善史研究还与政治学和社会学相结合，学者们将慈善置于社会工作、政府政策等范畴内进行研究，这些研究涉及慈善与政府的合作机制、慈善事业可能的发展前途等，如贾西津《"伙伴关系"——英国政府与社会关系的启示》（2006），郁建兴《福利国家为何需要慈善部门?》（2015）等。

综上，国内外学界对于英国慈善历史的研究无论是原始档案材料的使用，还是对具体问题的把握，都具有极大的学术价值，为慈善研究提供了坚实的基础。但其缺陷也是明显的：首先，研究多针对慈善活动的某一方面或者是某一阶段，聚焦于一些著名的慈善人物和机构，较为碎片化，无法完整地展现英国慈善长时段的变迁和发展趋势；其次，研究多针对慈善的外在发展及其与政府的互动，却忽略了慈善活动本身在长久的历史发展中形成了一套自身的活动机制，从而保障了它总能够顺应社会发展潮流前进，特别是在社会经历重要转型时期更是如此。单纯对某个历史时期慈善发展变化的研究，无法从纵深角度展现英国慈善存在和发展的内在动力与源泉，也无法从宏观上把握英国慈善发展史的特征。况且，国内至今尚无英国慈善史研究的专著，作为市民社会的外在体现，慈善活动应该得到更为系统和深入的研究。以上几点正是本书的立足点与努力的方向。

英国的社会发展可以划分为明显的四个阶段，17 世纪前的封建时代、18—19 世纪的自由资本主义时代、19 世纪末到 20 世纪上半叶国家垄断资本主义确立时期以及 20 世纪下半叶福利制度改革时期，这也代表了英国四种不同的社会发展形态。本书从慈善自身的发展出发，聚焦于英国慈善活动在不同社会形态下是如何调整自身获得新生的，以期一方面展示英国慈善活动从古至今的发展状况，明晰其在不同社会形态下的变化和革新，另一方面揭示英国慈善活动长盛不衰的内在活动机制和源泉。

当然，在研究中首先要思考的一个问题就是什么是慈善。在英语中慈善主要有两个表示词语 charity 和 philanthropy，这两个词在过去并没有清晰的界限，经常可以交替使用。因而，人们通常将慈善笼统地定义为："一种对同胞的爱，一种促进其他人福祉的倾向或行为"，这一界定既包括了阶级内的仁善，也涵盖了邻里间的探访以及慈善机构的活动，著名的慈善史家普罗查斯卡则将慈善的历史看作是"仁慈的历史"，认为这传递了慈善在所有社会发展阶段的重要性，也揭示了它对个体、家庭和群体的意义①。本书暂不对慈善进行界定，因为人们在不同时期对慈善有不同理解，其含义是在不断发生变化的，故本书在考察慈善本身的内在演变过程时，会对不同阶段人们对慈善的认知和理解做出一定的论述。

"17世纪前封建时代的社会慈善活动"一章首先探讨了慈善的文化和宗教起源。教会慈善在17世纪前的社会救助中占据中心地位，但是专制王权的确立和宗教改革的开展极大冲击了教会慈善，此后英国世俗贵族慈善发展显著，这是英国在封建社会时期慈善活动的一个重要变化。贵族通过慈善活动在社会中树立起权威，不仅成为民众的表率，而且赢得了社会对其统治地位的认可。而在封建时代晚期，专制王权为了加强对社会的控制也开始对贫困问题进行一定的干预、对慈善活动进行一定的引导，1601年《伊丽莎白济贫法》和《慈善用途法规》的颁布即是政府行为的核心表现。英国形成了教会、贵族和政府三大慈善力量并行的特点，但没有一股力量能够在慈善活动中完全扮演主导角色。

进入18—19世纪的自由资本主义时代，私人慈善活动发展显著，为英国慈善注入了新的活力。商人慈善活动首先在18世纪流行起来，并带来了慈善方法和功用的革新。伴随着自由资本主义时代的到来，以中等阶级为主导的私人慈善活动蓬勃发展起来，它与以往的教会慈善和贵族慈善有明显不同。第二章通过对中等阶级慈善活动概况、特点、原因、意义的分析，考察自由资本主义社会形态下慈善活动的发展变化。并在论述中重点以1840—1870年这三十年私人慈善活动的发展作为主要考察对象，因为这时英国真正进入了工业革命带来的城市化、工业化社会的新时期，慈善空间的转变、政府法律的变动、教区的调整以及中等阶级的强大使慈善活动在强调科学慈善、自助原则和人道化的同时，其理念也发生了重要变化，逐渐确立了以中等阶级价值观为主导的慈善观，从而极大巩固了中等阶级的社会地位，助推了英国大众社会的形成。

19世纪末至20世纪上半叶国家垄断资本主义确立时期，是英国慈善活动与政府关系发生根本转变的一个时期。1870年后，英国社会问题的

---

① THOMPSON F M L. The Cambridge Social History of Britain 1750-1950，Vol. 3 ［M］. Cambridge：Cambridge University Press，1990：360.

日益严峻迫使政府不断加强社会干预，而慈善力量的相对有限也使其必须与政府合作。慈善由最初反对政府干预转变为积极推动政府干预并最终纳入政府管制之中，它与政府的社会救助地位也随之对调。慈善逐渐由社会救济的主导者沦为政府的辅助力量，政府则日益承担了社会责任的主要部分。世界大战的发生和普选权的确立也深深地影响了这一进程，为了更全面地展现这一历程，第三章还以全英防止虐待儿童协会（NSPCC）为例，分时段论述它与政府关系的演变。NSPCC 作为当时儿童领域最重要的慈善组织之一，它与政府关系的演变可以说在很大程度上是慈善与政府关系的一个缩影。

二战后福利国家制度的确立使大众慈善迅猛发展，慈善不再是一个阶层对另一个阶层的救济活动，而是更多地表现为社会大众间的相互受益。但 20 世纪 70 年代后，福利制度面临必须要改革的境况，以撒切尔为首的保守党政府改革给了慈善组织新的发展机会，却也给慈善发展带来了严重问题。1997 年上台的新工党政府，将社会组织纳入政府政策范围内，于 1998 年签署了《政府与志愿及社区组织合作框架协议》，确立了政府引导型慈善发展的新方向。慈善从一支活跃在政府外、提供社会新服务的力量发展成为进入政府、享有政治发言权的福利改革依托者。英国慈善事业再次经历了一次重要转型，它在与政府的不断互动合作中确立了自身的政治地位，慈善与政府的关系也变得前所未有的紧密。

慈善需要良好的机制来凝聚社会力量。纵观英国慈善活动发展史，我们可以看出慈善无时无刻不在通过自身的调整，逐步适应社会的发展变化，并不断融合反映时代变迁的新理念，从而使慈善活动本身成为社会各阶层的共识。与此同时，慈善不断开拓并彰显其不可替代的社会价值，成为近代以来英国对抗自由竞争的商业社会弊病的有效武器以及当今英国构建福利社会的有效依赖途径。这正是英国慈善活动能够经久不衰的内在机制和源泉。

慈善，归根究底是人与人、人与社会的互动，需要不断探索与政府和社会进行有效合作的方式，使之成为一种全民的道德和社会责任。因而，本书在研究慈善活动在封建时代、自由资本主义时代、国家垄断资本主义确立时期以及福利制度改革时期四种不同社会形态下的发展时，亦注重慈善与不同群体、社会发展、政治变化等方面之间的互动。贵族、中等阶级、工人阶级等社会群体在慈善活动中具有不同的表现，同时也赋予了慈善活动不同的价值取向；而不同社会形态下的发展更是慈善开展所依托的基础，工业社会无疑给慈善带来了前所未有的挑战，不仅是社会问题的严峻还有活动空间的变化，但是慈善在与不同社会阶层的互动中有效地化解了危机，并革新了自身发展。与政治的互动更是无时无刻不在发生，《济贫法》、民主化、战争、福利制度等因素都与慈善发展密切相关。本书在研究中也在每一阶段重点探究了某些方面的互动。

但由于篇幅有限，很多情况下只能展示某一方面的互动或者是那个时期最具特点的一些互动，例如在国家垄断资本主义确立阶段，慈善发展与战争间的互动即成为笔者的一个关注点，因为大战前所未有地影响到人们的生活，也极大改变了慈善的发展轨道。对其他一些重要问题，如在前资本主义时代，以教会为主导的救助方式是如何走向以教区为基础的贫困救济等，由于不是本书的写作目的，故没有进行探讨。除了这些相关细节的忽略，本书还有个无法解决的难题即数据问题，关于慈善的募集资金、组织数量、支持者或捐助者等方面的数据，英国在 20 世纪中叶前并没有全面的长期的统计数字，即便在慈善委员会成立后有一些官方的统计，但这些统计数据并不是特别精确，因为有些注册的机构不被看作是慈善机构（如很多的公共学校），还有一些很小的慈善机构没有统计入内。故而，想要获得关于慈善机构数量或资金的全局性发展概览难以实现。本书只能尽力呈现某一方面的慈善活动在某一历史时期的发展情况。

本书在写作的过程中，参阅了相关领域的大量研究成果，并使用了许多原始资料，包括英国国家档案馆、伦敦市档案馆等馆藏的相关档案资料，《泰晤士报》（*The Times*）、《每日新闻报》（*Daily News*）、《伦敦晨报》（*The Morning*）等报刊资料，英文数据库资料（JSTOR，House of Commons Parliamentary Papers，The Hansard 等），以及网站资料，如致力于志愿活动历史研究的学术网站 http：//www. vahs. org. uk/、官方的志愿研究机构网 http：//www. ivr. org. uk/，还有许多慈善机构如 NCVO 和 NSPCC 的官方网站 https：//www. ncvo. org. uk 与 http：//www. nspcc. org. uk 等，这是全面了解英国慈善事业基本状况的最直接最迅捷的途径。由于日常工作较为繁忙，很多资料尚未阅读，加之很多档案资料是手写体，手写体识读的难度也阻碍了许多资料的运用。对于这一问题，笔者将在后续研究中予以纠正，以论文的形式进一步丰富细节上的研究和相关原始资料的使用。

本书致力于厘清历史事实，全面地勾勒出英国不同历史时期慈善活动的发展演变，使研究体现历史纵深感；而在不同社会形态下慈善活动的研究中，采用个案研究①的方法，使研究更为具体，从而避免空洞的论述。关于英国慈善活动的长时段研究可以避免对慈善的理解过于狭隘甚至曲解慈善的历史，当然也具有重要的现实意义。目前，我国慈善活动蓬勃发展，各种新机构不断成立，越来越多的人从事慈善工作，国家近年也在不断加强对慈善事业的引导。2014 年，国务院印发了《关于促进慈善事业健康发展的指导意见》，确定鼓励和规范慈善事业发展的一系列重大政策措施。这是新中国成立以来，第一个以中央政府名义出台的指导、规范和促进慈善事业发展的文件。2016 年 3 月《中华人民共和国慈善法》在第十二届全国人民代表大会第四次会议上通过，并于 2016 年 9 月 1 日起施行。我国慈善事业正经历着一个前所未有的大发展时期，但这也是一个挑战和机遇并存的时期，如何更好地利用社会资源增进自身发展，在适应社会发展需要的同时形成内部良好的活动机制，是我国慈善事业面临的一个必须要解决的问题。唯有解决好此问题，我国慈善事业才能在未来的发展中走得更远。而对英国不同社会形态下慈善活动发展的研究，无疑可以为我国慈善事业的发展提供有益的借鉴和参考。

---

① 在历史发展中，与孩子有关的慈善主题总是比较受欢迎，故本文在案例的挑选上以儿童组织作为优先对象，如关于儿童贫困、儿童教育、儿童虐待等方面的慈善组织，以期更好地展现不同时期的进步，也为防止全文过于零散。

第一章 17世纪前封建时代的社会慈善活动

慈善起源于爱，基督教诞生后，在很大程度上受宗教教义的感召，教会随之成为英国从事慈善活动的主要力量。封建制度确立后，英国社会慈善出现了一个新的领导力量——贵族，贵族通过慈善彰显其价值观和社会责任感，以表明其封建统治的正当性。不论是教会还是贵族，他们在行善中都关注那些没有生存能力或无家可归的人的日常生活，英国出现了许多救济院、收容所。然而宗教改革的开启和专制王权的确立，不仅使教会力量大为削弱，极大冲击了教会慈善的发展，而且催生了政府"慈善"——济贫法的诞生。慈善活动开始走下神坛、朝向世俗化的方向发展，这是英国在封建社会形态下慈善活动的一个最重要变化。

第一节 慈善活动的起源与发展

一、慈善的文化起源

在有关慈善的研究中，我们经常可以看到来自不同背景的学者交替使用charity、philanthropy、benevolence、giving、donating、voluntary、nonprofit等词语来表示人们的慈善行为或事业，不过charity、philanthropy是英语"慈善"的两个主要表示词语。而这两个词语的起源都可以追溯到古希腊时期。

charity约12世纪出现在英语中，它来自古法语charité，charité起源于拉丁文caritas，而caritas是《圣经（武加大译本）》（即拉丁文通俗译本）对希腊语agape的翻译①。"agape，是大约公元前200年时第一批《旧约全书》的翻译者用于表示希伯来语'hab'即'love'的词。从起源

① The Online Etymology Dictionary [Z/OL]. [2017-05-05]. http://www.etymonline.com/index.php? term=charity. 该译本有时也将agape译成拉丁文dilectio。

上来说，hab 代表着性欲之爱，但是久而久之，这一词语的意思变得更加宽泛。"格拉德斯通认为，慈善概念是在"犹太先知反对社会、经济和政治不公正的不断运动中"产生出来，并在"他们向当时的政府施压以改变政策和管理行为的努力中"发展起来①。可以看出，这一词语从最初表示的个体性欲之爱慢慢发展到努力改变社会不公的集体之爱。由此可见，charity 一词起源于"爱"。

philanthropy 一词则出现于 17 世纪早期，该词的起源具有强烈的神话色彩，它源于古希腊语 philanthropos。"根据希腊神话，人类的第一个施恩者是提坦神普罗米修斯，他将最初只属于神的火给予人类。因为这一举动，宙斯惩罚普罗米修斯永远在山巅遭受日晒和严寒。在埃斯库罗斯（公元前 525—前 456 年）的《被缚的普罗米修斯》中，普罗米修斯的俘获者告诉他，对他的惩罚是对其 philanthropos 的报应。学者们对这一词语提出了多种解释：慈善（philanthropy），爱人的性情，慈爱，爱人，善举，抚育人，支持人类，帮助人等。"②"塞缪尔·约翰逊将这个词定义为'爱人'和'性善'。"③ 可以看出的是，philanthropy 一词同样起源于"爱"。

正如有学者所言，"慈善和文明一样古老"④，英国的慈善渊源可以追溯到西方的古希腊文明。古希腊自荷马时代就强调友爱。虽然荷马时代所有的男性行为准则都和战争有关，但是那时的行为准则还规定，"一个'好人'必须膜拜神祇、信守誓言、忠于亲朋和战友。他要有自制力、慷慨大方；要尊重女性和长者；要怜悯穷人和祈求恩惠的陌生人"。"荷马时代的神最不能容忍的行为是不履行誓言以及虐待异乡人、哀求者、乞讨者。"⑤ 不过，这时期的古希腊社会并没有共同的伦理标准，"只有贵族的圣人之道和小人的玩世不恭"，唯独古希腊的犬儒学派追求美德（克己、坚忍、忍耐、辛劳），犬儒派的理想人物赫拉克勒斯（Heracles）是一个

---

① GLADSTONE F. Charity, Law and Social Justice [M]. London: Bedford Square Press of the NCVO, 1982: 9, 20.
② BREMNER R. Giving: Charity and Philanthropy in History [M]. NJ: Transaction Publishers, 1994: 3.
③ HARRIS B. The Origins of the British Welfare State [M]. London: Palgrave, 2004: 59.
④ KIDD A. State, Society and the Poor in Nineteenth-Century England [M]. London: Macmillan Press, 1999: 65.
⑤ 萨拉·波默罗伊，等. 古希腊政治、社会和文化史 [M]. 上海：上海三联书店，2010：73-74，79.

"接受苦行和行善的英雄"①。这种友爱和慷慨、怜悯的思想，不仅是古希腊文化中的一个重要方面，亦可谓是西方慈善文化传统的一个重要源头。

古罗马文化中也同样蕴含着慈善思想。罗马共和国末期贫富矛盾突出，富人拥有的奴隶越来越多，经济实力也越来越强，而很多贫穷的市民拥有的奴隶则很少甚至没有奴隶，最后走向破产并在城市流浪。这些无所事事的贫民经常闹事，"为了平息事态，政府就把他们养起来，有一段时间罗马城里供养过30万无所事事的人"②。这种对城市贫民的处理可谓是早期慈善思想的一种表达方式，因为古罗马的公共财产和私人财产存在着很大的模糊性。整个罗马时期，官员和富人承担了绝大部分的慈善活动，并形成了一种"永获主义"思想。"那些由政府官员把持的、令人奇怪的公众捐赠机构，一直被称为'永获主义'，任何被任命为行政长官或执法官的人员，都要求从自家腰包里掏出巨资，捐赠给公众事业、演出、在竞技场进行的双轮战车比赛，甚至在古罗马圆形歌剧院进行的残酷的角斗士格斗比赛，以此取悦罗马民众。然后，新官员再到所属管辖省去填满他的保险箱。"换言之，"每一个就职市政职位的人都要付给城市金库一笔钱，这些钱用于资助建造一些景点，在他任职期或别的就任者任职时会建造一些公共建筑物。……除了政府官员，名人也会自发地建造一些建筑物、角斗士格斗场，举办公共宴会来款待那些与他朝夕相处的民众们。这种捐赠在罗马比在今天的美国更为寻常。"因而，在古罗马"每个城市的人都有两种阵营：显要人物付出，平民百姓接受。如果一个人在他的生命当中一次也没有出资修建公用建筑或举办宴会，他不可能成为当地的头面人物，这是执政的寡头政治家们形成的一条不成文的规矩"③。

古希腊罗马时期的慈善活动具有自身的特点，即它更注重强调的是面向自己的市民。"身为公民的自豪感是把城邦内公民联系在一起的黏合剂"④，古希腊人的慷慨怜悯主要给予了自己的同胞。古罗马时期亦是如

① 雷立柏. 古希腊罗马与基督宗教 [M]. 北京：社会科学文献出版社，2002：204-205.
② 钱乘旦. 西方那一块土 [M]. 北京：北京大学出版社，2015：85.
③ 菲利浦·阿利埃斯，乔治·杜比. 私人生活史Ⅰ [M]. 哈尔滨：北方文艺出版社，2007：109-112.
④ 萨拉·波默罗伊，等. 古希腊政治、社会和文化史 [M]. 上海：上海三联书店，2010：150.

此，"富人们为他们周遭市民的娱乐出资，是出自一种市民精神"①。

二、基督教与慈善的发展

真正让慈善观念在西方世界产生长久影响的主要渠道却是基督教信仰。基督教起源于犹太教，犹太教《圣经·旧约》充满着各种要给予穷人和待人仁慈的劝诫。基督教秉承了犹太教的这些有关慈善责任和回报的思想。"神爱世人，甚至将他的独生子赐给他们，叫一切信他的，不至灭亡，反得永生。"（《约翰福音》3：16）耶稣也说："……我怎样爱你们，你们也要怎样相爱。"（《约翰福音》13：34）耶稣劝勉信徒要帮助那些向他们开口求助的人，不要避开那些向他们借东西的人，做善举时不要背后吹嘘，也不要有对财富或虔诚的炫耀。同时，耶稣还说："不要为自己积攒财宝在地上"（《马太福音》6：19），"只要积攒财宝在天上"（《马太福音》6：20），"因为你的财宝在哪里，你的心也在那里"（《马太福音》6：21）。耶稣鼓励信徒施舍赈济穷人，以获永生赏报。

上帝和耶稣都无条件地爱人，因而信徒也要彼此相爱，爱他人、爱邻里就是爱上帝，给予他人就是给予上帝。为此，信徒要分享其财富和所有物："那许多信的人都是一心一意的，没有一人说他的东西有一样是自己的，都是大家公用。"（《使徒行传》4：32）由此可以看出，慈善与基督教紧密联系在了一起，基于宗教之爱的慈善是早期基督教的要义，以此实现教徒与上帝的交流，而爱上帝也构成了早期慈善概念的核心。正如耶稣所言："……你要尽心、尽性、尽意，爱主你的神。这是诫命中的第一，且是最大的。其次也相仿，就是要爱人如己。这两条诫命是律法和先知一切道理的总纲。"（《马太福音》22：37-40）

因而，慈善是个人信仰的一个重要外在表现，是每个基督徒的责任和义务，施与者本身的虔诚则是慈善的灵魂且是不可或缺的。"耶稣不是通过捐赠的规模而是通过捐赠给捐赠者带来的牺牲衡量慷慨。"如果一个人通过给穷人或公众过分大方的捐赠而变得贫穷（经常是捐赠了他的地产），却不是出于爱上帝或是爱邻里，这就不是耶稣倡导的慈善（charity）。圣保罗——第一位基督教信仰的伟大传教士，在警告柯林斯的基督徒时曾说，"尽管我为穷人提供食物赠与了我的所有……但是没有爱，这对于我

---

① 菲利浦·阿利埃斯，乔治·杜比. 私人生活史Ⅰ［M］. 哈尔滨：北方文艺出版社，2007：113.

来说也无益"。圣奥古斯丁（354—430年）也曾说"只有慈善能够区分上帝之子和魔鬼之子"①。虽然赠予可以使穷人和其他接收者受益，但是捐赠者的动机受到宗教之爱审查标准的强烈支配。那些不是出于爱上帝的捐赠便不是耶稣倡导的慈善。

慈善的本意起源于"爱"，基督教慈善也同样强调爱，但是基督教的慈善之爱与古希腊罗马时期的慈善之爱却有非常大的区别。古希腊罗马时期的"爱"，"主要是'爱欲'和'欣赏'的爱，而不是'同情弱小者'的'博爱'"，因而那时的世界基本是一个优胜劣汰的天地，社会上没有老人院，没有孤儿院，没有医院，没有慈善机构与扶贫基金会。它让强者更强，而不顾及弱小者。正如古希腊著名哲学家柏拉图曾言：人们自然地会寻求良好的价值，即真、善、美。"这种古人的'唯美主义'和'理想主义'中的'优爱'是'自下而上的'追寻，……但是，'自下而上'的爱欲同时也是'追求完美，丢弃不完美'的态度，它缺少一种实在感和接受'不完美者'的精神。它不能发挥出人生需要的'博爱'精神。"② 可以说，以柏拉图为代表的古代世界的爱在很大程度上是对美的一种追求和渴望，而不是对不美或不足的包容与怜悯。故在现实中那些弱者也得不到帮助。

然而，基督教改变了这一社会观点。基督教将人看作是上帝在人间的"肖像"，因而"欺压贫寒的，是辱没造他的主，怜悯穷乏的，乃是尊敬主"（《箴言》14：31）。基督教不仅爱富有、美丽和善良之人，也关爱贫穷、弱小、残缺、丑陋之人，甚至对犯错之人和邪恶之人也报以同情和宽容。基督教关注到所有需要帮助的人，并以实际行动去关爱所有的人，将狭隘的"优爱"发展为普遍的博爱。正如德国学者舍勒（Max Scheler）曾指出：基督教改变了爱的方向，它将自下而上的优爱改成为自上而下的怜爱。从此，爱成为"一个超越自然欲望的、富有道德精神的'爱'"③。

故基督教早期的慈善活动与救济穷人或有需要的人紧密联系在一起，而不再仅仅是针对市民。慈善作为信徒的宗教责任，在救济穷人、孤儿、孤独者和无家可归的人上具有永久性。其中，爱上帝的一个最重要外在表现就是帮助穷人，基督教慈善强调的是个人联系，信徒通过帮助穷人进而

---

① BREMNER R. Giving：Charity and Philanthropy in History ［M］. NJ：Transaction Publishers，1994：13.

② 雷立柏. 古希腊罗马与基督宗教 ［M］. 北京：社会科学文献出版社，2002：182-184.

③ 同②184-185.

实现与上帝的交流。耶稣劝勉人们施舍赈济穷人，以获永生赏报。圣托马斯·阿奎那在讨论慈善时，提出了"7 个身体力行的行为（即拜访、解渴、喂养、救赎、供衣、庇护、埋葬），并将它们看作是慈善行为的榜样"①。这七种行为都体现了帮助穷人。

虽然古希腊罗马的市民精神不再是慈善的指引，但是市民精神所承载的责任观被基督教继承并进一步明确和发扬光大。在基督教的思想和教义中，行善不仅是上帝的要求，也是每个教徒应尽的义务。因此，慈善的发展是与基督教信仰密不可分的。

第二节　教会慈善

一、宗教改革前的教会慈善

从公元前 1 世纪开始罗马就入侵不列颠，公元前 55 年恺撒曾发动了两次武力侵略，虽然都无功而返，但是最终在公元 43 年，罗马帝国第四任皇帝克劳狄终于征服了不列颠地区，并将之纳为古代罗马帝国的一个行省。罗马征服是英国有文字历史的开端，罗马化是英国在罗马征服后历史发展的主线。不列颠的城市都照搬了罗马政治体制，并复制了由少数富人控制大部分权力的罗马模式②。更重要的是，英国人在罗马统治时期还接受了基督教。"在罗马帝国的 Britannia（不列颠）省，基督教大约在第 2 世纪末就在本地人中找到了信徒。在第 4 世纪，基督教似乎普遍被接受，并在北方传播到 Scotia（苏格兰）地区"③。

"314 年，即基督教取得合法地位后的第 1 年，在高卢境内的阿尔勒召开了教会会议，来自伦敦、约克和林肯的三位不列颠主教出席了这次会议，因此，早在 4 世纪前半叶，基督教的教阶制度已经在不列颠确立起来。在 360 年意大利里米尼（Rimini）召开的教会会议上也有三位不列颠主教出席。"④ 从这些记录中足可见英国已经成为基督教的一个重要传播

---

① DUNN A. Charity Law as a Political Option for the Poor [M] // MITCHELL C, MOODY S. Foundations of Charity. Oxford：Hart Publishing，2000：63.

② 钱乘旦. 英国通史：第 1 卷 [M]. 南京：江苏人民出版社，2016：前言 1-2.

③ 毕尔麦尔. 古代教会史 [M]. 北京：宗教文化出版社，2009：166.

④ 同②174.

区域。

随着罗马帝国的衰落，基督教对不列颠的影响愈益深远。410年，西罗马帝国皇帝霍诺里乌写信给不列颠，授意他们保护自己，自此不列颠与罗马世界的联系不再依靠军队和行政官员，而主要是通过基督教会。6世纪末基督教在英格兰地区广泛传播。597年，奥古斯丁在教皇格里高利一世（590—604年在位）的授意下率领罗马传教团到达肯特。在到达肯特后，"他们就开始依照早期教会的使徒生活，就是说，他们不断地祈祷，守晨更和斋戒，向尽可能多的人宣讲生命的福音；他们鄙视今世的所有物品，视之为身外之物，从他们所教诲的人那里只接受必要的用品。他们生活的各个方面都与他们教诲别人的道理相一致"①。601年，奥古斯丁成为首任坎特伯雷大主教。此后，教堂和主教区纷纷在英国建立起来。

英国早期的主教们极大促进了英国慈善活动的开展，并为修士们树立了良好的榜样。例如主教艾丹，"他既不想得到也不迷恋今世上的任何东西。把世上国王和富人赠给他的一切东西立即分送给遇到他的穷人，这就是他的乐趣。……如果他们是已信教的话，同时他不仅可用言语还可用行动劝诫他们，使他们乐善好施"。"他总是把有钱人慷慨赠送给他的诸如金钱之类的礼物，要么用作施舍物救助穷人，要么用于赎回被不正当地卖掉了的那些人。"② 早期的传教士们都乐善好施、质朴廉洁，几乎把从富人那里得到的金钱都马上分发给了穷人。

"到7世纪下半叶，英格兰全境基本上都皈依了罗马基督教。"③ 古罗马统治时期遗留下的那些剧场、斗技场、浴场等逐渐退出了历史舞台，基督教的生活方式逐渐占据了英国社会的主流。基督徒的生活充满了教会的影子，"在有教堂或修道院的村庄和城镇，每天的时间节奏是由教堂的钟声来安排的。清晨6点，敲响的是晨祷钟，也是唤醒信徒们起床的钟声，虔诚的基督徒还会在梳洗后做一番晨祷。上午9点，敲响的是劳作钟，此时修士等人开始白天的功课，普通手工业者和农民则开始白天的劳动。中午12点，敲响的是午祷钟，也是吃午饭的时间。下午6点，敲响的是晚祷钟，也是劳动者收工的钟声"④。如此，日复一日地生活。

基督教的管理方式亦开始统治英国社会。基督教有两个最重要的组织

① 比德. 英吉利教会史［M］. 北京：商务印书馆，2009：66.

② 同①159—160.

③ 蒋孟引. 英国历史［M］. 北京：中国大百科全书出版社，2013：9.

④ 钱乘旦. 英国通史：第2卷［M］. 南京：江苏人民出版社，2016：260.

机构，即修道院和教会。修道院，为拉丁文 Seminarium 的意译，始建于
2—3 世纪，是天主教、东正教等教徒出家修道的机构，也是为天主教培
训神父的学院，故又被译为神学院。教皇在信奉基督教的欧洲各处，鼓励
建立修道院。在欧洲，修道院还是重要的学问中心。很多僧侣游走欧洲各
处传播学问，所以修道院又成为教养人们的中心，这些受到教育的人可以
协助管理政府，不少人当上国王的助手。同时，修道院也提供重要的社会
服务，诸如照顾老弱无依者、提供医疗帮助和各种紧急救护等。

在中世纪的欧洲，"修道院实际上是一种新型的城邦，它是一种组织
形式，或者说，是思想志趣相同的人们之间一种紧密的手足情谊联系，他
们不是为偶尔举行仪式而汇聚到一起，而是永远共同生活居住在一起，在
人间努力实现基督教生活，全心全意作上帝的仆人"。在社会管理不完善
的王朝国家，修道院"成了一种维系大众隐退生活使之不致沦为乌合之众
的宗教据点"①。在这里，克制、秩序、仁慈、友爱等一系列的道德标准
逐渐建立起来，成为指导人们行为的准则，并通过各种形式和活动传播到
了基督教触及的区域。

教会是基督教各派组织形式的统称，也可用来单指一个地区或一个教
堂的组织。《圣经》指出：耶稣就是教会的头，即首领；教会则是基督的
身体，即是蒙召的基督徒。教会产生和成长于罗马帝国晚期，在基督教取
得罗马帝国国教的地位后，教会获得了大量的土地赠予，自身的力量和影
响不断发展壮大。尽管后来罗马帝国瓦解，但是各地的教会组织机制却存
留下来，它向民众传播思想、吸引信徒，并在西欧各国封建化中发挥着不
同程度的作用。

教会不同于由有形的建筑构成的教堂，它也是"信徒的社区"，是早
期社会组织和管理的基本形式。"一个人在成为基督徒的同时也成为一个
社区的成员。基督教早期的几个世纪，人们在地方结成小团体，地方'教
会'是最主要的。"② 教会把劳动视为拯救灵魂的重要途径，并提出君权
神授的神学政治理论，握有对世俗的司法审判权，统治着社会意识形态。
于是，教会成为社会经济活动、政治生活和人们日常生活的中心。可以
说，"中世纪的西欧是一个全面基督教化的社会"③。同样，基督教教会也

---

① 芒福德. 城市发展史：起源、演变和前景［M］. 北京：中国建筑工业出版社，2005：188.
② G. R. 埃文斯. 中世纪的信仰［M］. 北京：北京大学出版社，2005：45.
③ 王亚平. 西欧中世纪社会中的基督教教会［M］. 北京：中央编译出版社，2011：1.

是英国社会的中心。当其他权力形式失效，社会受到无政府状态威胁时，主教便会行使政治职权，甚至担任军事领导职能；作为市政行政官，主教按照古罗马方式把政、教职能合而为一①。

教会无处不在，成为任何一个城镇的中心。作为当时社会唯一强大而广泛的社会组织，它承担着现世的各种责任。"每个教会都有一份名单，记有需要接受慰藉的人，以及每种善工花费的金额。"② 教会不仅为贫困者提供物质供给，而且为其提供基本的生活指导，帮助他们渡过生活的难关。基督教的博爱观念和救赎理念帮助教会成为社会救济任务的主要承担者。宗教法规明确规定，照顾穷人是神职人员的责任之一。"在规定的日子里，穷人从修道院得到膳食和给养；可以在那里洗脸、刮脸，有时还能得到衣物。"③ 教会还向穷人提供医药救济，照顾病人。

要增强教徒间的联系、提供开展活动的场所，教堂必不可少。"英国那时每一百户居民便设有1所教区教堂，而且许多不足百户居民的村镇也设有教区教堂。"在1314年，"英格兰小镇塞仑斯特（Cirencester）就有105名牧师助手，140名副执事，133名执事，85名牧师，共约463人。"人们的一切活动都以上帝为中心，"不论商人本身如何处心积虑地想发财，这种社区的主要经济活动并不是商业贸易；它的主要事业是崇拜上帝、歌颂上帝"④。

以教会为中心的社会环境也使教会慈善随之成为英国社会济贫的一个主要方式。在中世纪的英国，"每一座寺院都有责任收容乞丐、救助老弱病残，并安排有劳动力的流浪者劳动自救，同时也有权劝说或强迫其所管辖范围的有产者捐款济贫"⑤。"宗教改革前，英国教会什一税的1/3用于慈善事业。""正是由于教会慈善在中世纪英国发挥如此重要的社会救济作用，1536年，英国贫民大起义领袖阿斯克在起义失败后接受官方审讯时指出：'解散修道院是叛乱的最大原因……因为在北方，寺院给贫民以大量的施舍，而现在不仅贫民缺乏吃穿和工资，旅行者也得不到方便了。'"⑥这也从一个侧面反映了教会救济的重要性。教会还是中世纪英国

---

① 芒福德. 城市发展史：起源、演变和前景［M］. 北京：中国建筑工业出版社，2005：189.

② 阿尔文·施密特. 基督教对文明的影响［M］. 北京：北京大学出版社，2004：109.

③ 汉斯-维尔纳·格茨. 欧洲中世纪生活［M］. 上海：东方出版社，2002：81.

④ 同①203.

⑤ 资中筠. 财富的责任与资本主义演变［M］. 上海：上海三联书店，2015：12.

⑥ 丁建定，杨凤娟. 英国社会保障制度的发展［M］. 北京：中国劳动出版社，2003：1.

初等教育的一个主要提供者，在诺曼征服后的几个世纪中，基督教在英国建立了许多修道院学校、大教堂学校和堂区学校，几乎垄断了英国的初等教育。直到12世纪，这种情况才有所改观，公共学校开始出现，大学开始诞生。

中世纪还流行一些非正式给予方式，如遗赠和对穷人的个体捐赠。中世纪的男女在他们的一生中或临终之时进行类似形式的捐赠，是因为当时存在着善举的功德概念以及严格的死者灵魂救赎的仲裁体系。"格里高利九世在教皇敕令中鼓励忠实的信徒们支持'虔诚的事业'，以遗赠部分财产的方式换取救赎：在'末日审判'之际，唯有'尽力施以善行，追随上帝之路，先播种于人间，再收获于天堂，才能获得上帝更大的馈赠'。而那些并未虔诚地施以遗赠之人，拒绝了遵循以上之劝告，将不再被视为圣徒，并终将被埋葬在不洁之地。"① 人们将物品遗赠给教区的穷人和公共机构——医院、麻风病院、济贫院，偶尔会超出他们的直系家庭范围或所在教区。甚至，"医院的多寡也是人们评判一个城市宗教虔诚的指标"。虔诚的人们也为了宗教目的成立兄弟会，这"提供了一种新的宗教生活方式，他们把宗教理解为一种以社会关系为核心的生活体验，而不仅仅是一整套教义或习惯。这些兄弟会表达宗教虔诚的方式是多种多样的"② 。而兄弟会的善举是个人虔诚的重要表现形式，不仅包括救济贫困与苦难人士，也包括维护和修缮医院、桥梁、道路和堤坝等。

因而，宗教改革前教会是慈善活动的主要参与者和组织者。个人的慈善活动一般以教会为中心展开，个人将自己的财物捐给教会，由教会来组织慈善救济。这时，虔诚近乎等同于慈善。教会慈善平等地、无条件地关心每个人的福祉，它在救济穷人、缓解病人痛苦和帮助无能力生存者上发挥了关键作用。但宗教改革后，情况发生了变化。

二、宗教改革后的教会慈善

英国教会在宗教改革前的鼎盛时期几乎控制着英国三分之一的地产和五分之一的全国财富，国王也需要得到教会的支持，并支付什一税。为了

① 加雷思·琼斯. 慈善法史：1532—1827 [M]. 北京：社会科学文献出版社，2017：3.
② 刘明翰. 欧洲文艺复兴史·城市与社会生活卷 [M]. 北京：人民出版社，2008：315，310.

掌控教会的财富并将之转变为专制王权的统治工具，国王亨利八世在离婚申请被教皇拒绝后，便开始了对抗罗马教廷的活动。1534年，英国议会通过了《至尊法案》，规定国王是英国教会的最高首脑，教皇无权干涉英国教会事务，教会召开会议前须经国王批准等，英国从此脱离了罗马教廷的控制。亨利八世在1545年又颁布了《教会解散法》，以此没收教会的财产，并希望能够杜绝教会在捐赠财产上的种种管理不善。该法也试图阻止捐赠者向教堂捐赠土地。此后，爱德华六世时期进一步没收那些捐赠给教会的土地。宗教改革的成果尽管在玛丽时期有所反复，但是在伊丽莎白一世时期得到了巩固。

宗教改革使国王控制了宗教，王权取代了神权的最高统治地位，极大削弱了宗教组织的权威，但改革对教会慈善也是一个沉重的打击。首先，大量修道院和教会的解散极大地削弱了教会的实力，不可避免地影响慈善的开展。修道院是许多慈善活动的中心，每日为那些有需要的病弱者、残疾人或其他无能获得生计者提供补给品。没有人或仅有极少的人会缺乏救济品。许多收入充足的修道院会在院内建造收容所（hospital）或寄宿处，为一定数量的无能力者提供所有的生活必需品。这在英国是很普遍的。在沃里克郡的博斯沃斯的一个小的女修道院里就住着一位领取救济者，那是一位没有生存能力的老人，有时他也是这座修道院里的厨子。作为被亨利八世废止的众多收容所中的一个，在毕晓普盖特（Bishopsgate）的收容所在解散修道院时，里面有34个病人和穷人以及6位教士、2位修女①。修道院通常在周末或者在某个固定的日子如每个周三或周五分发救济物。修道院还为旅行者提供住所，不管他们是穷人还是富人，如成立于1136年的温彻斯特的圣十字收容所，作为英格兰最老的一家济贫院，它为过往的旅客提供啤酒和面包。但是宗教改革过程中，修道院被大规模地解散，"仅1536年就解散了373个收入不足20万英镑的修道院，1538—1540年又解散了186个'宏伟而又庄严的修道院'。16世纪中叶，英国大约有644座修道院、110座教会举办的养育院、2 374个教会举办的施物所被撤销。原来在这些场所接受救济的贫民约有8.8万人"②。加之教会财产被没收，其社会救助力量变得极为有限，再也没能恢复到宗教改革前的实

①　GRAY B K. A History of English Philanthropy: From the Dissolution of the Monasteries to the Taking of the First Census [M]. London: P. S. King & Son, Orchard House, Westminster, 1905: 10—11.

②　丁建定，杨凤娟. 英国社会保障制度的发展 [M]. 北京：中国劳动出版社，2003：1.

力。原有的贫困救济习俗也在很大程度上被摧毁，许多传统的修道院慈善的零散施舍也被批评丝毫没有减轻贫困状况。教会救济在英国历史中的地位大大下降。

与此同时，宗教改革后英国出现了许多捐赠慈善①，即有永久性捐赠的基金、地产或财产的慈善机构。它们有基于这些财产的稳定收入，从而可以延续它们的工作。这些捐赠慈善机构通常根据捐赠人的要求，有明确的工作内容。捐赠人经常在临终之时在其遗嘱中将其财产捐赠给慈善机构。捐赠慈善在一些古老城镇有很多，工业革命前的一些大城市如约克就有很多捐赠慈善机构，其中许多出现在宗教改革解散修道院体系之后。这是因为，许多被没收的教会财产被赐给了一些为贫民提供救济服务的特定机构，或是专门用于成立救济机构。另外，还有许多教会财产被赐予了封建贵族，而接受这些财产的贵族根据法令，也需要为穷人提供一些习惯性的帮助和服务，即要承担一部分救济责任，因而英国出现了许多的捐赠慈善机构。

再者，宗教改革还使整个社会对穷人和财富的观念发生了巨大转变，对后来慈善活动的发展亦带来深远影响。《圣经》教导人们要扶弱济贫，荣耀上帝，这有力激发了人们的慈悲之心和慈善之举，中世纪的信徒也因此将贫穷的人视为天赐机缘，富有的人乐意帮助那些处于饥馑中的穷人。如此一来，他们不仅可以获得好的名声，还可以得到救赎。"但问题是这些施舍不加分别地赠予了善良与邪恶的人们，好坏不分。对清教徒而言，'那些亵渎圣物的乞丐影响了主的声誉，只是用贫穷作为他们的表征来掩盖他们懒散的恶习'。"穷人不再被认为是天真无辜的。与此同时，罗马教廷追求的是永恒天堂，而新教徒追求的是将"上帝之国"在人间实现，所以在新教改革时期，天国在未来将会实现、引领一个新世界的期望备受推崇。人们被能让恩典契约选中的希望强烈感召着，也被成为上帝历史性工作一部分的愿望强烈激励着。每个人都追求职业发展以响应神的召唤。加尔文教则明确把社会责任感作为个人恩典的表现②。因而，与天主教徒相比，新教徒对于贫穷的态度更为严苛，甚至认为穷人"是对公共秩序的威胁"，因为穷人包括"流氓无赖和流浪者"以及"无能

---

① 英国的慈善机构分为两大类：一类是捐赠慈善（endowed charity）；另一类则是赞助慈善（subscription charity），即享有定期捐款的慈善机构，此类定期捐款既有长期的也有短期的。

② 劳伦斯·弗里德曼. 美国历史上的慈善组织、公益事业和公民性［M］. 上海：上海财经大学出版社，2016：25，37.

为力的穷人"①。

新教的财富观也异于天主教，它不再专注于天主教推崇的修行与弃绝物质财富和享乐，而是积极鼓励发财致富，他们认为依靠勤劳得来且用于投资建设、就业、提高社会福祉的"公共财富"是"蒙神喜悦"的。因而，新教不仅反对罗马教会的唯利是图、贪婪放纵，而且反对天主教的那种把善行局限于狭隘的宗教仪式之中的行为。新教徒主张通过俗世生活中的广义善行获得救赎②。

这样的财富观深深影响了人们的慈善行为。宗教改革前的天主教慈善是与赎罪教义紧密相连的，这使得慈善对捐赠者灵魂的作用要远远重于对接受者身体的作用，人们希望以此补偿罪孽、净化心灵。这一慈善动机并没有因为宗教改革而停止，但是宗教改革后，却不再那么明确。新教徒极力推崇世俗生活中的善行，慈善目的也变得愈益世俗，越来越多的英国人不再只专注于个人的灵魂救赎，而是开始关注世俗世界的各种现实需要。慈善不再等同于虔诚，也不再处于教会的直接指导和监护之下，它出现了世俗化的发展倾向。

慈善的世俗化发展还体现在宗教改革后教会与政府关系的变化上。自基督教在英国扎下根基，英国教会一直效忠于罗马教宗，王权亦受到罗马教皇的约束。但宗教改革后，国王与罗马教廷决裂，"英国教会是依法建立的教会，臣服于国王的权力，是根据国王在议会颁布的法令授权建立的"③，英国的王权与国教结成了紧密的联盟，国王成为教会的首脑，国教成为维护封建统治的工具。世俗政权凌驾于教权的情况也进一步促使慈善的世俗化。本章将在第四节进一步阐述此问题。

宗教改革深刻影响到了英国的社会发展和人们生活的方方面面。此后，教会原有的救济责任很大一部分由贵族慈善和政府承担起来。不过，教会救济一直存在于英国社会，是英国社会的重要救助力量。

第三节　贵族慈善

托克维尔在《美国的民主》一书中曾提道："在法国，凡是创办新的

---

① 阿萨·布里格斯. 英国社会史［M］. 北京：商务印书馆，2015：139.
② 马深. 英格兰精神与基督教文化［M］. 北京：知识产权出版社，2013：82，83，88.
③ J. C. D. 克拉克. 1660—1832 年的英国社会［M］. 北京：商务印书馆，2014：34.

事业，都是由政府出面；在英国，则由当地的权贵带头；在美国，你会看到人们一定组织社团。"① 足可见贵族在英国社会中的重要性。要了解贵族的重要性，首先要了解贵族与王的关系及其职能。

在盎格鲁-撒克逊人征服不列颠岛时期，国王出现，他是征战的军事首领，而贵族是其追随者，与王一起带兵打仗、抢夺土地。可以说，王只是这些军事贵族的首领而已，其职能主要是战争。盎格鲁-撒克逊人入侵不列颠后，不列颠原有的氏族组织开始解体，英国社会的封建化过程开启。在 10—11 世纪初丹麦人占领不列颠期间，国王把土地册封给教俗贵族，封建领地大批出现，与此同时自由农民在沉重的"丹麦金"课税下纷纷破产，沦为贵族的依附农。英国的封建化过程加速。至"930 年，英王下令'（自由）人必有主'，农民为躲避战祸和捐税、求得安全，便将土地交给大地主，再领回耕种，表示自己受地主保护。国王还给教俗地主以'特恩权'，即对领地内的依附农民实行政治、经济、法律等全面统治的权力"。诺曼征服后，威廉通过分封土地和授以贵族爵位的方式，建立起一整套严密的封建等级制度，英国基本上完成了封建化进程②。

英国社会也随之稳定下来，王的战争职能逐渐减弱，经济职能凸显出来。"在封建社会，国王最大的经济职能是分封土地，他的权力来于此，也受制于此。"贵族因得到国王的封地而承认其地位的崇高，但贵族亦分享了国王的权力，王只是"贵族中的第一人"，对贵族也只有"宗主权而没有主权"③。因而，王在臣民中的影响力非常有限。在这样的社会制度下，由于土地是一切权势的来源，贵族在其领地内对一切活动握有实权，当然也承担社会义务，除了为其依附农民提供基本的军事保护外，还需要提供物质生活和精神生活的保障。由此不论是大土地贵族还是其下的乡绅，都关心地方事务，积极处理民众的日常事务，慈善遂成为贵族们经常的活动。贵族们不仅救济穷人，而且修建教堂，创建济贫院，修筑桥梁以及改善其他公共设施等。他们在开展慈善的过程中，树立了良好的公众形象，彰显了贵族的崇高品质，也宣扬了自身的价值观。虽然这并不排除宗教感召对贵族慈善的影响，但贵族们通过乐善好施、公正廉洁的行为而不是非法暴力或经济优势在社会中树立起权威。"在这样的环境下，贵族不

---

① 冯英，等. 外国的慈善组织［M］. 北京：中国社会出版社，2008：33.
② 蒋孟引. 英国历史［M］. 北京：中国大百科全书出版社，2013：10-13.
③ 钱乘旦. 思考中的历史：当代史学视野下的现代社会转型［M］. 北京：北京师范大学出版社，2015：7. 关于英国王权的发展演变可参见该书 3～21 页。

仅意味着一种地位和头衔，也意味着社会的一种追随的目标。向上等人看齐，逐渐成为社会风尚的去向。"① 贵族的言行成为民众的行为表率、社会效仿的对象。贵族阶层也逐渐形成了一种独特的行为准则和价值标准，即贵族精神，强烈的社会责任感是其重要的组成部分。可以说，少数的贵族依靠其政治经济优势并借助慈善掌管了多数人的命运。贵族慈善既是当时社会救济职能的重要体现，亦是贵族社会统治地位的一个有力支撑和合理依据。

贵族的许多慈善活动发展成为一种传统习俗。贵族们会在固定的日子和重要节日向贫穷的人们进行施舍，以帮助他们渡过社会的难关。除了类似的固定活动外，贵族还经常在婚丧等特殊日子对穷人进行施舍。贵族为了显示其灵魂的美好，会在丧礼上给到场的所有穷人分发赈济物。在1591年1月13日什鲁斯伯里伯爵的丧礼上，穷人数量多达8 000人。同样，贵族也会在很多神圣日子里对穷人进行施舍。例如在奥特利圣玛丽，一笔800英镑的捐赠用于购买土地以每周为老人、穷人和无劳动能力者分发救济品；爱德华六世授予了拉德洛镇礼敬行会财产以救助穷人和无能力者。亨利七世创建了萨瓦收容所（Savoy Hospital）来照顾穷人。此外，一些富裕的人不仅在居家时向穷人提供救济，而且在旅途中也会进行施舍。以科克爵士（Sir E. Coke）为例，慈善捐助是他旅行花费的一项重要支出，在他从高德威克（Godwicke）到伦敦的旅途中，他行程的总花费是24英镑2先令，而捐助不少于18先令7便士②。

虽然中世纪的普通人在他们的一生中也会对穷人进行一些非正式的个体捐赠和遗赠，但是捐赠通常不会超出他们的直系家庭或所在教区范围，因而个体慈善在社会救济中所发挥的作用是非常微弱的，这就使贵族慈善活动在社会救济中显得更为重要。特别是宗教改革后，原有救济结构的破坏以及圈地运动引起的流民的增加，促使英国从16世纪后半期开始重新建立起一个新的慈善救济结构。贵族即是其中的一股核心力量。

重塑新救济结构的方法是多种多样的，效果也不一。遗赠，作为传统的一种救济方式，在这时仍旧很流行，很多人乐意在临终之时为穷人提供裨益，并且通常以信托机构的形式确保其救助的专属性。除了这种方式，

---

① 钱乘旦，陈晓律. 英国文化模式溯源［M］. 上海：上海社会科学院出版社，2003：282.

② GRAY B K. A History of English Philanthropy：From the Dissolution of the Monasteries to the Taking of the First Census［M］. London：P. S. King & Son，Orchard House，Westminster，1905：4，6，22.

另一类则是为公益目的的捐赠，它是由捐赠人生前进行的，通常捐赠人同时也是资金的管理者和相关慈善行为的执行人。除了捐赠行为，贵族们也开展了多种慈善活动。

其中，救济院是贵族慈善活动的一个重要对象。对老年人最好的慈善帮助也通常是由救济院提供的。救济院慈善在 16 世纪被广泛认可，是这时期各阶层人士遗赠最多的慈善类别。在英格兰任何一个地方和那些人口最稠密的地区都可以看到救济院。它们为被收容者提供帮助或者是为其他需要救助者提供少量的津贴。

"救济院通常来自死者的捐赠，尽管有一些是由捐赠者在他们的有生之年建立和管理。"一些富裕的人也会在他们自己的家里供养那些极为穷困的邻居，这是自愿慈善的一种早期习俗，很难确定其发展程度。有一些救济院，其建立者的捐赠非常充足，不仅可以为穷人提供住所、食物和衣物，而且还能够为救济院的运行提供管理。例如在考文垂，为了加强与邦德收容所的联系（该院 1506 年建立），按照约定应选出一位妇女住在里面以使男性装扮整齐；同样在考文垂，成立于 1517 年的皮斯福德（Pisford）救济院雇用了一位大约 40 岁的妇女以确保男人们保持自己和他们的居所干净整洁。虽然这类提供给年老穷人的救济院数量较大，但总体上仍然不足①。其运营所需资金也常常需要后来的遗赠进行不断补充。

面向儿童或面向年轻人的慈善供给是丰富多样的，其中最主要的成就是这时期的捐助学校。捐助学校在这个国家的各个地方都建立起来，大多数情况下，捐助学校起源于个人的捐赠或遗赠，并且作为遗赠的一个目标几乎与救济院一样受到贵族的青睐。经常可以看到一个同时面向救济院和学校的遗赠。虽然很多地方仍没有学校，但慈善捐赠对教育的热情是普遍的。在伍尔弗汉普顿，建立了一所用于指导男孩道德和文学修养的学校。托巴斯·伯班克（Thomas Burbank），于 1577 年在大布兰考（Great Blencowe）建立了一所学校。对个人籍贯的忠诚也体现在捐助学校上。伦敦市民约翰·福克斯（John Fox）在他出生地的邻村——迪恩（Dean）村捐赠了一所学校。伊丽莎白女王于 1563 年重建了彭里斯（Penrith）的学校，这所学校从古至今一直免费教授文法。这些学校的主要目的都是教育

---

① GRAY B K. A History of English Philanthropy：From the Dissolution of the Monasteries to the Taking of the First Census [M]. London：P. S. King & Son, Orchard House, Westminster，1905：14－15.

性的①。

在 17 世纪末的英格兰和威尔士，有 500 多所捐赠文法学校。但是能否进入这些学校学习并不是由某个特定的阶层完全决定的，也不是由某个特殊的邻居决定。尽管许多文法学校的最初理念都是面向绅士的儿子，但实际上穷人家的孩子也可以入学。例如，坎特伯雷文法学校最初建立者的理想即是，"如果绅士的儿子倾向于学习那就让他入学；如果不的话，那就让穷人的孩子进入他的课堂"②。但这种情况到 19 世纪发生了变化，学校的捐赠者往往有权决定谁能够来上学。

另一类面向儿童的慈善是针对孤儿的收容所。在伦敦的基督教收容所（Christ's Hospital）建立后，1586 年布里斯托尔也为贫穷的孤儿建立了收容所，考文垂在 1560 年建立了巴布莱克收容所（Bablacke's Hospital）。16 世纪另外一项资助比较充裕的慈善形式是为开始从事商贸活动的年轻人提供借贷。这方面的遗赠在考文垂数量尤其多。此外，还有给予贫穷女仆的婚宴捐赠、面向大学里的贫穷学者的捐助，不过这类资金不是很重要③。简言之，在 17 世纪及以前，英国慈善活动的主要表现形式是救济院、学校和收容所，即以失业者和无家可归的穷人的日常生活为救济中心。

随着宗教的衰微和贵族慈善的发展，慈善的宗教含义在不断淡化。从 7 世纪英格兰皈依基督教到 9 世纪，英国的慈善救济活动主要是由教会开展的，宗教改革后，教会布施减少，贵族的社会慈善活动活跃。上层家庭一般都有专门的管家定期进行施舍。王公贵族们的大量施舍活动为老人、孩子和残疾人提供了极大的帮助。贵族以外的个体虽然也参与和支持慈善，将一部分财产捐给慈善事业或建立慈善机构，但大多是那些有条件的商人或行会组织。例如，"考文垂商人威廉·伏特建立的慈善收容院在当时非常有名，该院曾用于收容 5 名男子和 1 名妇女，伏特每周给他们发一次生活费"④。

到 16 世纪，慈善救济对象逐渐"从作为兄弟的穷苦人转化成作为公

①　GRAY B K. A History of English Philanthropy: From the Dissolution of the Monasteries to the Taking of the First Census [M]. London: P. S. King & Son, Orchard House, Westminster, 1905: 16-17.

②　JONES M G. The Charity School Movement: A Study of Eighteenth Century Puritanism in Action [M]. London: Frank Cass and Co Ltd, 1964: 15.

③　同①18.

④　伊丽莎白·拉蒙德. 论英国本土的公共福利 [M]. 北京：商务印书馆，1989：9.

民的穷苦人"①。"对于大众来说，它（charity）主要是指一个救济穷人、缓解病人痛苦和帮助无能力者的组织。"② 慈善活动的世俗性不断增强，1601 年的《伊丽莎白济贫法》和随后通过的《慈善用途法规》则进一步从法律上增强了慈善的世俗性。

第四节　政府"慈善"

英国国王阿尔弗雷德在 10 世纪统一英国后，为加强统治在法律上曾发布了三个法典，"第一是关于什一税，第二是关于他应该承担的宗教职责，第三则是关于救济品的分发。即便这样一些并不危害到公众利益的国王法典，是否能得到执行，还是有赖于地方社会共同体的好意，这些共同体的代表，包括主教、领主、贵族和自由民"③。这显示了国王在司法上并没有获得任何强制执法的特权，国王的地方统治权或影响力非常有限。

政府权力的虚弱，宗教势力的衰弱，使得英国的近代问题开始形成。在亨利八世统治的后期，打破旧社会秩序的各种因素突然聚集起来，加之国王专制思想带来的影响，到 16 世纪中期，旧的社会等级秩序以及与之相伴的社会责任原则逐渐让位于契约原则和讨价还价的市场交易。养羊的农户和圈地者行动迅速，生产和生活的旧方式以惊人的速度让位于新方式，但是整个民族的习惯改变缓慢，民众无法快速适应商业社会机制的这些变化，导致整个国家社会冲突明显。被迫离开土地的大量流民，不论是通过工业劳动还是固定的慈善渠道，要获得生计都困难重重。曾经在 16 世纪早期，伦敦的富人们每周五走出城市，沿着一条赏心悦目的路一直来到宏兹迪池街道（Houndsditch）的收容所，探访那里的被收容者并慷慨解囊。但到 16 世纪中期，这里的慈善施舍逐渐消失了，收容所被一个枪械铸造厂所取代，经纪人（买卖代理人）、卖旧衣服的人以及其他人，在这里建立起业务。平凡的村社在一定程度上被取代了，那些贫穷的卧病不起的人也不见了。许多人挨家挨户乞讨，那些不能乞讨的人只能躺在自己家里并因为缺乏富人的帮助而死去。曾经这条路是那些善良的男女乐意行

---

①　阿尔文·施密特. 基督教对文明的影响 [M]. 北京：北京大学出版社，2004：126.
②　LANE A. Charities [M]. London：The Bowering Press Plymouth，1973：34.
③　陈晓律. 从习俗到法治 [J]. 世界历史，2005（5）.

走的，但伴随着贫穷的加深和流民以及商业活动带来的陌生人的急剧增加，散步不再像以前一样吸引人，探访者愈益减少，被收容者也不再期盼星期五的到来，他们被忽视和遗弃，除了死亡不再期盼任何救济①。传统的慈善救济再也无法满足庞大的社会需求了。

　　流民只是贫穷群体的一部分，但贫穷和流民的产生有着深刻的经济原因。其中一个因素即是农耕地的大幅减少；以牛津郡为例，16世纪后期该郡的耕地面积已经比亨利八世时期减少了40犁地②，而每犁地可以供养6个人。圈地运动剥夺了农民赖以生存的土地，而从农场到牧场以及从种植谷物到养羊的转变，使人们的工作机会变少，要通过生产活动获得生计的困难快速增加。土地的租金却变得更高，据相关调查当时英国的物价增长了2.5倍，而工资仅增加了1.5倍③。那些饲养家禽的村民被迫转行，相应地，村社数量在减少。村民背井离乡，流离失所，形成了一支庞大的失业大军。这时的穷人比他们的老一辈更加贫困，他们没有任何可用的资源，无法以体面的劳动抚养他们的孩子，尽管许多诚实的穷人不愿去乞讨，但是除了乞讨他们没有其他方法。虽然这为即将到来的工业革命准备了充足的自由劳动力，但却给统治阶级造成了巨大的安全隐患，加之玫瑰战争后被解散的军队和修道院解散后大批僧侣的加入，情况愈发严重。"修道院一直是重要的雇主并且行使很多慈善职能，特别是在农村地区。……如果说经济上的变化带来了社会的不满，那么教义的变化则带来了社会的分裂。"④ 到16世纪中叶，英国社会陷入了无序状态。英国很多地方都出现了农民起义，从一个侧面也说明了问题。英国社会随时都有爆发大规模动乱的可能。面对经济结构转型带来的社会失序，都铎时期的政府开始实施系统的社会政策。所谓社会政策也就是政府为解决社会问题而采取的政策，其产生的根源在于英国近代化所引发的种种社会问题。

　　都铎王朝努力寻找解决安全隐患的途径，它首先制定了残酷的法律来控制流浪的失地农民，但是收效甚微。于是1572年，政府又通过了强制征收济贫税的条例，并任命专人负责征收管理，从而为政府的济贫活动提

---

① GRAY B K. A History of English Philanthropy：From the Dissolution of the Monasteries to the Taking of the First Census［M］. London：P. S. King & Son，Orchard House，Westminster，1905：1-3.

② 英文 plough 是中世纪的丈量单位，一犁地相当于一个 8 头牛的耕地组合在一个耕种季节的犁地面积，约 120 英亩。

③ 同①6-8.

④ 阿萨·布里格斯. 英国社会史［M］. 北京：商务印书馆，2015：147.

供了稳定的资金来源，同时规定教区对其贫民负有不可推卸的责任。到16 世纪末，由于一系列灾难性的饥荒，以及西班牙战争所导致的沉重负担，政府对社会贫困问题更加担忧，于是 1597 年的《济贫法》规定，救济贫困既是地方政府的责任也是中央政府的责任，而救济具体由教区和郡县共同负责开展，其资金则在明确税率后由教区居民承担。

1601 年，伊丽莎白女王将已有惯例用《济贫法》的形式固定下来，由官方划出一条贫困救济线，对老人、患病者和孤儿进行收容，对穷人家的小孩进行就业训练，为失业者提供工作，并对不值得救济的人进行惩罚。随后，政府把教区作为救济的中心，进一步完善济贫措施，同时积极鼓励社会慈善事业。这就是 1601 年《伊丽莎白济贫法》，即旧济贫法。此后，《伊丽莎白济贫法》一直被保存下来，并在工业革命开始后进一步加大了实施力度，在社会救济方面发挥了重要作用。后在 1834 年被《新济贫法》所取代。

《伊丽莎白济贫法》的通过和实施具有重要的意义。它不仅救济了贫民，而且缓解了社会矛盾，避免了激烈的社会动荡，从而为工业革命的顺利开展和英国现代化的发展提供了良好的社会环境。更重要的是，《伊丽莎白济贫法》的出台标志着政府职能的加强和完善。都铎政府在积极鼓励商贸的同时，对社会苦难采取缓解措施，通过《济贫法》既分割了贵族和宗教的社会职能，也在一定程度上确立了中央政府的权威。同时，表明了政府为解决现代化进程中的贫困问题所做出的努力。"政府必须将贫穷的人数和贫穷的程度控制在一个不致引起动乱的'度'上。"正是由于英国统治者选择了缓和而不是激化社会矛盾的政策，英国才得以避免欧洲大陆各国那种因现代化而引起的剧烈的社会动荡。与此同时，《伊丽莎白济贫法》是政府通过立法对每一个人强制征收济贫税来救济贫民的第一次行动，它意味着处于绝境的贫民有权利向国家和比他更富有的邻居请求帮助[1]。

值得注意的是，《济贫法》还处于初始阶段，它自颁布以来"一直被看作是一种慈善"，或者被称为"半公益"。在英国，私人公益和国家公益间的关系一直是密切和重要的，但政府明确应负责的行为通常不被看作是公益的[2]。尽管在这一法律下，政府对贫民承担了救济责任，但是贫民并

---

①　陈晓律. 英国福利制度的由来与发展 [M]. 南京：南京大学出版社，1996：13-15.

②　GRAY B K. A History of English Philanthropy：From the Dissolution of the Monasteries to the Taking of the First Census [M]. London：P. S. King & Son, Orchard House, Westminster, 1905：Ⅷ.

没有要求政府必须执行的权利，因而《济贫法》在当时被看作是慈善的。都铎政府希望能够调动所有资金以救济贫困人群，当然也希望贡献自己的力量，即通过政府征税的形式来丰富慈善资金、提高慈善的救助能力。

《济贫法》虽然只是政府为避免社会动荡的一种权宜之计，但是这一社会政策还包括了政府对社会慈善的态度，即积极鼓励慈善事业，1598—1601年政府的济贫法令"为慈善行为确立了一个更为牢固的法律地位，并确立了一种获悉和整治违法行为的新程序"[①]。英国政府不仅在1601年《济贫法》中明确鼓励慈善事业的发展，还进一步积极为慈善发展提供优越的司法环境。在1601年以前，许多慈善基金经常由于衡平法院[②]缺乏有效的程序而无法得到有力监管，进而削弱了政府意图通过鼓励慈善事业来济贫的效果。慈善需要一套完备的司法程序来解决相关慈善管理和诉讼的种种缺陷，以确保慈善捐赠依照捐赠者的意图得到合理使用。最早的《慈善用途法规》便在1597年应运而生，该法在四年后被予以修正并紧随《济贫法》颁布，即著名的1601年《慈善用途法规》。

1601年《慈善用途法规》授权（衡平法院）大法官依法成立（慈善）委员会（Commission），并完善了委员会的调查程序。同时该法规定每个郡都需要任命至少5位慈善事务专员，用于相关慈善案件的调查和听证，教区主教或其执事长必须是其中之一，其他的慈善事务专员则必须是品行端正之人，即便不是司法人员，也须是本郡有名望的绅士。任何品行不良、欺骗虚妄者，都不得担任慈善事务专员。慈善事务专员接受委员会的领导，并需要在委员会规定的时间内完成相关调查。

"慈善事务专员拥有很大的权力以确保财产能够依照捐赠者的意图，用于设立符合《慈善用益法》序言要求的慈善用益。慈善事务专员被授权：对用以慈善用益的地产、保有产，以及租金、年金和利润、可继承产、动产、金钱，是否合理地被使用，做出命令、判决和裁定。"其权力随着违法问题的增多而不断扩大。慈善事务专员有权对违反信托约定的行为予以纠正，也有权对不完整的慈善捐赠予以完善。同时，在符合捐赠者

---

① McINTOSH M K. Poor Relief in England, 1350-1600 [M]. New York: Cambridge University Press, 2012: 295.

② 英国法律体系有两大主要法律渊源：普通法（Common Law）与衡平法（Equity）。当普通法无法提供法律上的救济措施时，便通过衡平法院来实现。英国在11世纪形成了用途法制度，也被称为"尤斯制度"（the Use），但这套制度没有获得普通法的认可，所以当事人就只能求助于衡平法院。衡平法院以及衡平法体系因此也和用途法制度以及之后产生的信托制度联系了起来。到18世纪，用途法制度转变为现代意义上的信托制度。

的意图的前提下，可以对慈善用途予以限制，当然，慈善事务专员始终受大法官的监督。大法官基于更好地执行捐赠者之意图的目的，可以变更慈善事务专员的裁定，也可以对蔑视裁定的当事人追究责任。慈善事务专员"最初的工作非常成功，这可以从其在 1597 年《慈善用益法》颁布至詹姆斯一世驾崩的 24 年中，其审结了超过 1 000 起案件予以证明……与之形成鲜明对比的是，在 1400—1601 年的 200 多年间，大法官所审理的涉及慈善信托的案件，其每年至多不超过两起。"① 慈善事务专员们直接深入各个郡县的教区之中，极大提高了有关慈善案件处理的司法效率。

1601 年《慈善用途法规》的序言，对长久以来赋予慈善的特权予以梳理，使慈善遗赠获得了许多私益遗赠所未曾享有的特权，例如慈善遗赠不会因为界定时的不确定而被认定为无效。1545—1700 年，慈善被授予的特权呈现出不断变化和逐步扩张的态势，其中影响最为深远的两项是：第一，大法官不允许慈善信托因形式上的瑕疵或受赠人资格的欠缺而被确认为无效；第二，大法官在慈善信托财产应被认定为无效时，可以主动适用近似原则将慈善（信托）的财产转交给目的近似的慈善（信托）②。这些特权在法律上保护了慈善捐赠资金使用的优先权，使捐赠得以最大限度地执行，从而极大鼓励了慈善信托的发展，促进了慈善事业的繁荣。

1601 年《慈善用途法规》虽然未尝试对法律中的慈善直接予以界定，也未在文本中对那些非慈善的用途予以界定，但是却在序言中开创性地明确了慈善行为的主要范围：救助老人、弱者和穷人；照料病人、受重伤的士兵和水手；兴办义学和赞助大学里的学者；修理桥梁、码头、避难所、道路、教堂、海堤和大道；教育和抚育孤儿；兴办和支持劳动教养院；帮助穷苦的女仆成婚；支持和帮助年轻的商人、手工艺者和老朽之人；援助囚犯或俘虏赎身；救助交不起税的贫困居民等。这些也是慈善事务专员被授权调查的慈善用途，范围的明确有助于减少慈善过程中的欺骗等违法行为。可以说，该法的主要目的是确保那些用于济贫和救助流浪者的慈善信托资金能够被合理使用。因而，此序言全面罗列了经由大法官拓展后的世俗慈善目的，并不包括宗教目的。

1601 年《慈善用途法规》的序言，使"公共受益"成为慈善法律含

---

① 加雷思·琼斯. 慈善法史：1532—1827［M］. 北京：社会科学文献出版社，2017：50-
　　55. 在该译著中，译者使用的《慈善用益法》，本文采取史学界常用的《慈善用途法规》
　　的译法。
② 同①63.

义的关键①。这一思想一直指导着后来英国慈善事业的发展。正如贝弗里奇所言，《慈善用途法规》的一个持续影响是（对慈善的指引），如果一个立遗嘱者的基本目的是慈善的，不管其表达的目的有多么糟糕，法庭也应该毫无异议尽力确保遗赠用于该法序言中囊括的慈善目的，并尽可能地与立遗嘱者的意愿接近。这意味着慈善在本质上必须用于公共用途而非私人用途，土地、金钱或其他任何东西的给予都不是为了特殊个体的利益②。该法使任何基于"公共受益"的慈善行为都受到衡平法律的保护。

法律环境的改善也进一步促进了宗教改革开启的慈善世俗化的发展。有学者认为，《慈善用途法规》是伊丽莎白女王济贫法体系中的一部分，因为该法赋予了各郡县委员会及其慈善事务专员调查违反信托约定的权力③，但这也恰恰证明了慈善在英国整个社会救济体系中的核心地位以及在政府政策中的重要性。慈善机构被赋予了公共职能，与此同时其神性在不断下降。都铎王朝以教区为中心，通过教区征税的方式来救济那些无力生存的穷人，这个曾经的神职单位，此时也被用于新的民政目的，成为地方管理的主要单位。这时期的教区，"是一个整体，既是为神职（教会的）目的也是为济贫法或民政目的而存在，它有自己的教堂、负责接收什一税的教区牧师或传教牧师、教堂执事和监察员"④。

教区世俗职能的增加深刻说明了其宗教纯正性的下降，慈善也随之走下神坛走向世俗。人们开始关注行善的社会功效，慈善遗嘱不再局限于捐给教会，更多的是直接指明捐赠的慈善用途，从而促使慈善信托在 17 世纪出现了快速发展。关于慈善的遗赠案件起初完全由教会法院进行管辖和审理，但由于教会法院的诉讼费用过高，加之人们普遍认为教会法官腐败，所以从 15 世纪起申诉者开始转而向衡平法院大法官寻求帮助。此后，慈善遗赠处于衡平法院大法官与教会法院主教的共同管辖下。那些为慈善用途之利益而向衡平法院提起申诉之人无须支付额外诉讼费用，且无须担心无法再在宗教法院提起诉讼，自此人们更乐于向衡平法院寻求保护。这一关于慈善遗赠司法管理的变化亦深刻体现了慈善摆脱教会束缚走向世俗

① GLADSTONE F. Charity，Law and Social Justice [M]. London：Bedford Square Press of the NCVO，1982：47.
② BEVERIDGE W. Voluntary Action：A Report on Methods of Social Advance [R]. London：George Allen and Unwin，1948：188.
③ 加雷思·琼斯. 慈善法史：1532—1827 [M]. 北京：社会科学文献出版社，2017：24.
④ SNELL K D M. Parish and Belonging：Community，Identity and Welfare in England and Wales 1700-1950 [M]. New York：Cambridge University Press，2009：367.

化的发展。

1601 年《济贫法》在一定程度上标志着以国王为代表的世俗贵族力量开始分担教会的社会管理职能，而《慈善用途法规》的出台，将以往教徒对上帝的义务转变成教区对邻人的义务，而不论其信教与否。这是英国慈善发展的一次飞跃，此后的英国慈善活动沿着世俗化方向不断前进。关于慈善的世俗化，"我们可以在'慈善团体'（a charity）观念的最早使用中看到曾经纯粹是一种内在品质的东西的客观化和制度化"。英文中对"慈善团体"（charity 被理解为一个机构）的最早提及之一，是在 1687 年英国皇家学会会员的日记中①。charity 的这一外在物化含义的附加是其世俗化发展的一个有力昭示，尽管在 1888 年《慈善用途法规》被废除，但其包含 charity 界定的序言一直被延续下来，成为当时和后来的人判断捐赠是否属于慈善以及是否应该享有善款特权的标准。后来的法官以其精神而非文字进行解释，因而它从未阻碍法院认可那些《慈善用途法规》所未能想到的新的赠予和新的需求②。

与此同时，agape 在《圣经》英文版中翻译的变化也反映了上述倾向。《圣经（武加大译本）》对希腊语 agape 的翻译，有时译成拉丁文 caritas，有时译成拉丁文 dilectio。14 世纪，威克里夫版英文《圣经》出现，它通常将《圣经（武加大译本）》中的拉丁文 caritas 译成 charity，dilectio 译成 love。宗教改革后，英国掀起了一股英译《圣经》的热潮，其最初成果便是《圣经（丁道尔译本）》（1525 年），后又出现多个译本，并在英王詹姆士一世的支持下翻译钦定译本，即《圣经（詹姆士王译本）》（1611年）。从丁道尔版本到 1611 年的国王译本，它们将 agape 有时译成 love，有时译成 charity，并未遵照拉丁文通俗译本中的 dilectio 和 caritas 进行翻译，而且 love 的使用更为经常（约 86 次），charity 仅出现在关于使徒圣保罗、《大公书信》和《启示录》中的 26 段文字中。在 1881 年的修订版本中，这 26 段文字中的 charity 都被换成了 love，所以现在 agape 统一用 love 表示③。从中亦可看出，charity 一词逐渐从宗教之爱的束缚中解脱出来。

---

① 彼得·哈里森. 科学与宗教的领地［M］. 北京：商务印书馆，2016：199.

② BEVERIDGE W. Voluntary Action：A Report on Methods of Social Advance［R］. London：George Allen and Unwin，1948：194.

③ The Online Etymology Dictionary［Z/OL］.［2017-05-05］. http://www. etymonline. com/index. php？term＝charity.

　　慈善逐渐突破了宗教的约束，发展成为对一切不幸的人提供怜悯和关心，慈善的这种公共受益精神引导了慈善在以后的世俗化发展。可以说，英国社会存在着教会、贵族和政府三大慈善力量，但三大力量在社会救助上是并行的，未曾有一个强有力的力量在17世纪前能够主导慈善的发展，且贫困救济一直是当时慈善活动的主要表现形式。

第二章　18—19 世纪自由主义时代的 私人慈善活动

　　18 世纪的英国经历了重商主义的终结和自由时代的开启，同时这也是"一个不同社会阶层为自身利益的诉求而相互角力的过程，一个以合法的形式为自己争取权益的政治文化逐步形成的过程"①。这推动慈善发展出现了一个显著特征，即商人慈善的兴起，并伴随着合股形式和实用主义的新思想。18 世纪可谓是慈善从传统走向近代的一个转折时期，具有承前启后的重要地位。工业革命后，英国开始了从农业社会向工业社会的转型。国家奉行不干涉主义，贵族多居于乡村，城市化的迅猛发展使慈善在自由资本主义时代发生了新的重要变化，以广大工厂主为代表的中等阶级②，开始成为英国社会慈善活动的主力军。这时期的慈善活动范围异常广阔，几乎涉及生活的各个方面，特别是教育、健康、住房、失业与贫困、儿童等领域规模庞大，慈善的人力、物力、财力发展到前所未有的水平。中等阶级私人慈善活动的兴起与发展已不再是一个单纯的个人问题，而是具有重要的社会意义，它是理解自由资本主义社会形态下慈善变迁的一把钥匙，更是解读英国从封建时代向自由资本主义时代过渡的一个途径。本章通过对中等阶级私人慈善活动概况、特点、原因、意义的分析，揭示慈善活动如何安然度过 19 世纪英国社会的转型。可以说，在 18 世纪前，慈善更多的是个体参与到具体直接的行动之中，通过与他人发生联系来帮助他人减轻痛苦，而自由资本主义时代的慈善是努力寻求解决社会问

①　H. T. 狄金森. 十八世纪英国的大众政治 [M]. 北京：商务印书馆，2015：封面页.

②　英文是 middle class，恩格斯将之界定为和贵族有别的有产阶级，本书借用钱乘旦先生对这一词语的界定，即"就财富和社会地位而言"，他们处于社会的中间阶层，包括有钱的工厂主、店主、商人、律师、军官、牧师等。（钱乘旦. 思考中的历史：当代史学视野下的现代社会转型 [M]. 北京：北京师范大学出版社，2015：23，40.）

题与社会需求的方式，它通过知识的进步和系统的组织激励了社会改革，推动了社会进步。

第一节 18 世纪的商人慈善活动

18 世纪，在英国历史上被赋予了很多名称，这些名称也铭记了其主要特点。在哲学上，这是一个理性的时代；在政治上，这是一个辉格崛起的时代；在经济史上，这是一个工业革命的时代；最卓越却也时常被忘记的是，这也是一个仁善的时代①。但这个"仁慈时代"所依存的社会背景已与早期的慈善活动背景迥然不同。

18 世纪，英国的财富增长十分迅速。"有人估计，在 1688—1701 年之间，国民财富增加了 20%。经济史学家菲利斯·迪恩估计在 1700—1780 年之间国家的总产出增长了 67%，到 1800 年增长了 151%。商业财富增长很快，而对外贸易是其中的主要部分②；英国"大概有五分之一的家庭依靠贸易和销售谋生"③。光荣革命后，重商主义为英国朝野上下所接受，伦敦等重要城市出现了大量的富豪商贾。可以说，18 世纪英国经济发展的一个基本特征是商贸的繁荣。

农业和农村社会也发生了巨大的转变。早期圈地一般得不到政府支持，但光荣革命后圈地成为官方的行为。圈地是以牺牲小土地所有者为代价的，小土地所有者在土地重新划分后，往往得到贫瘠的土地，而且由于面积小，缺乏资金，很难进行土地改良或耕作改进，最终只能卖出自己的土地。而圈围公地对穷人的打击更大，公地被圈围成为私人财产后，那些以公地为生的人，要么去做农业工人，要么成为流浪汉，沦为社会的最底层。总之，圈地消灭了自由土地持有人，少数人成为租地农场主，多数人成为农业工人，农业中的三层结构即地主—租地农场主—农业工人的结构由此形成。这种三层结构把资本主义生产关系带进传统的农业生产，整个

---

① JONES M G. The Charity School Movement：A Study of Eighteenth Century Puritanism in Action [M]. London：Frank Cass and Co Ltd，1964：3.
② 钱乘旦，许洁明. 英国通史 [M]. 上海：上海社会科学院出版社，2002：206.
③ 琳达·科利. 英国人：国家的形成，1707—1837 年 [M]. 北京：商务印书馆，2017：86.

农村社会由此发生变化①。

　　农村社会的变化导致农村的贫穷现象日益严重。与此同时，在 18 世纪 30 和 40 年代，农产品价格特别低，一些重要的工业产区，尤其是老的纺织中心，失业情况非常严重，而且还常常出现骚乱。当时的英国缺乏切实可行的方法来解决由于最底层群众人数不断增加而生活水平不断贫困化带来的问题。在最坏的情况下，贫苦的劳动者和他们家庭的生活几乎相当于甚至可能低于美国的奴隶或俄罗斯的农奴。定居法强迫那些无房居住的人必须住在他所出生的教区，除非他有自己的每年至少收入 10 万英镑的房产②。

　　各个地方的济贫负担随之日益加重。伊丽莎白时期形成的济贫制度仍在继续发展，济贫税在 18 世纪后半期迅速增长，且经常扩大到定期的户外救济。旧济贫法发展的顶峰便是 18 世纪末出现的"斯品汉姆兰制度"。1795 年，英国一个叫斯品汉姆兰的小村庄，把穷人得到的生活救济与面包市场价格挂钩，面包价格提高，救济也相应增加。1796 年，英国议会认可了《斯品汉姆兰法》，并在全国范围内推广此种制度。斯品汉姆兰制度"把就业者与失业者都包括在救济范围之内，只要他们的收入低于一种最低生存标准"，这直接导致了英国接受救济的人尤其是接受济贫院院外救济的人数量巨大，据 1803 年的济贫法实施状况统计，英格兰和威尔士接受济贫法救济的有 1 233 768 人，其中 956 248 人接受的是院外救济，只有 83 468 人在济贫院中接受救济③。斯品汉姆兰制度使工业革命前的政府救济程度达到了顶峰，但也加重了纳税人的负担，并且使民众对救济产生了依赖意识，社会上也出现了大量反对斯品汉姆兰救济的声音。

　　与此同时，18 世纪英国的慈善活动沿着宗教改革后的轨迹继续发展。一些学者对当时的慈善活动做出了自己的评价。英国著名文学家丹尼尔·笛福（1660—1731 年），十分关注自己所到之处的慈善机构和慈善活动。尽管他是非国教派人士，但是他认为宗教改革后 200 年内所培养出的学者、所储藏的书、所修建的上好建筑要比罗马教皇统治的 800 年期间多。相比天主教徒对学者所做的捐赠，笛福说道，新教徒的捐赠才是"真正地对整个世界的慈善之举，是真正的慷慨之举，是真的出于对学习和有学问的人的尊重，且不会因为自己的灵魂和其父的灵魂得到被救助者的祈祷，

①　钱乘旦，许洁明. 英国通史［M］. 上海：上海社会科学院出版社，2002：209-210.
②　肯尼斯·O. 摩根. 牛津英国通史［M］. 北京：商务印书馆，1993：396，403.
③　丁建定. 英国社会保障制度史［M］. 北京：人民出版社，2015：133.

得以脱离炼狱，准备进入天堂而手舞足蹈"①。

　　贵族慈善，仍旧十分重要。虽然光荣革命后，议会作为全民的代表确立了至高无上的权力，但英国仍是一种贵族体制，贵族在政治经济方面的控制和影响力丝毫未减弱。土地仍然是财产与权力的基础。议会中绝大多数议员都是土地利益的代表者，各郡的郡长和郡守一般都由本郡势力最大的贵族出任，郡以下的管理则由地方士绅承担。乡绅既抵制了中央政府专断的倾向，同时又有效地控制着地方。贵族所占据的土地利益也在增长，从1700年拥有英格兰土地的15%～20%上升到1800年的20%～25%。除土地之外，他们还经营矿山、房地产，投资海外商业，开凿运河，建筑港口，并同商业与殖民地开发有着密切的联系，从而使其与其他社会阶层有沟通的渠道，便于日后向工业社会转变②。贵族的优势也承载着相应的义务和某种道德责任，英国著名史学家汤普森提出了"道德经济学"这一概念。汤普森指出：18世纪流行的一种价值观是，绅士对社会进行统治，民众则应顺从，而绅士也要对民众的生存负责，保证他们可以维持基本的生存条件。汤普森以粮食骚乱为例，指出在饥荒发生、粮价被哄抬时，民众无力购买粮食就会自发组织起来冲击市场，强制粮商以平价出售粮食。这是在提醒绅士统治者，他们必须采取措施来纠正不合理的市场价格。当统治者采取措施抑平粮价后，骚乱随之平息，民众恢复顺服③。道德经济学体现了传统的权利与习惯，体现了共同体内部的社会法规和义务，而贵族作为传统的领导阶层，无论是在物质层面还是在价值观方面，都主导着当时的英国社会。他们有责任缓解社会疾苦、帮助贫弱者。因而，贵族慈善依然非常活跃。例如，爱德华·哈利（Edward Harley，1689—1741年），第二任牛津伯爵，是蒲柏的文学创作的赞助人，亦是18世纪仁善贵族的代表。约翰·克尔（John Kyrle，1637—1724年），是一个地主，每年都会从其收入中拿出近600英镑的钱，用于改善社区④。

　　教会慈善是处理贫穷问题的又一重要力量。英国的启蒙运动在高扬理性的同时，并未走向彻底的反教会立场，理性与信仰之间也没有呈现对立

---

　　① 罗伯特·H. 伯姆纳. 捐赠：西方慈善公益文明史［M］. 北京：社会科学文献出版社，2017：62.

　　② 钱乘旦，许洁明. 英国通史［M］. 上海：上海社会科学院出版社，2002：208.

　　③ THOMPSON E P. Customs in Common［M］. Exeter：Merlin Press，2010：184-258；钱乘旦，许洁明. 英国通史［M］. 上海：上海社会科学院出版社，2002：212.

　　④ 同①76.

关系，相反却显示出一种共存与互动的关系。18世纪同样也是宗教的时代。宗教仍是一个无处不在的因素，渗透于社会生活之中。教区承担着教会和民政双重职能，在同一地域内这两种角色交织在一起，教会教区和民政教区在旧济贫法下实际上是同一的。这种状态持续了很长一段时间。简单来说，教会教区（堂区）领圣俸者对居民负有权利和责任，而民政教区是指可以征收济贫税或有一位被任命的监察官。从17世纪初到1800年甚至以后，绝大部分教区的民政和教会事务都是同义的①。因而18世纪的教区委员会是世俗和宗教管理的结合体，它在世俗事务上发挥着重要作用，教士也承担着多重角色：他们耕种、打猎、管理司法和济贫法、负责重要事宜的登记，运营着衣服俱乐部、零钱储蓄所、友谊协会、慈善机构等等。18世纪的教堂在很大程度上实现了机构的、社会的和宗教形式的融合②。基督教在18世纪不仅仍然强调道德以及善行的宗教价值，而且还承担着救济社会的公共责任。

清教徒十分重视慈善。信仰和慈善的亲密关系，"是清教徒生活最典型的指导原则"。慈善实践是清教徒极力倡导的一种行为。对于他人的身体，你必须根据自己的能力去减轻他们的匮乏，满足他们的需求，贡献出自己收入的一部分，拥抱做善事的一切机会，因为你预先被赐予了财产③。威斯敏斯特的每个教区每年都会为穷人募集数千英镑的资金。教会参与到济贫院、医院、学校等一系列活动中。特别是在教育领域，18世纪的英国政府并不过问教育，所以英国没有统一的国民教育体系，在教育问题上承担主要责任的是各宗教教派尤其是国教会，教育的主要形式也是国教会及其他教派兴办的各种慈善学校。

英国国教内还出现了一股福音主义运动，即约翰·卫斯理（John Wesley，1703—1791年）领导下的循道会慈善。卫斯理反对国教高高在上、脱离民众的态度，主张一切人不论是高贵的王子还是社会的弃儿都有权获得上帝的拯救。他打破常规、走出教堂，到田头、工场宣讲福音，传达上帝对每个人的爱。卫斯理希望通过向穷人讲授福音，引导他们过一种正直向上、容忍和慈善的生活，因而其信徒多数都是普通的劳动人民。这

---

① SNELL K D M. Parish and Belonging：Community，Identity and Welfare in England and Wales 1700-1950 ［M］. New York：Cambridge University Press，2009：368-369.

② 钱乘旦. 英国通史：第4卷 ［M］. 南京：江苏人民出版社，2016：234.

③ JONES M G. The Charity School Movement：A Study of Eighteenth Century Puritanism in Action ［M］. London：Frank Cass and Co Ltd，1964：10.

些信徒后来形成一个新的教派，即卫斯理宗，也叫循道宗，意思是所有信徒都应该循规蹈矩，遵从耶稣的教导。史学家汤普森在评价卫斯理宗的历史作用时说，它一方面启发了工人的觉悟，使他们感到自己也是尊贵的人，另一方面又教导工人要遵守纪律，服从管辖，从而为即将到来的工厂时代培养了第一批讲纪律的劳动者①。卫斯理也十分认可慈善的重要性，他认为财富有可能助长自我放纵，侵蚀人的信仰，只有按照耶稣建议的那样，散尽家财，才能保持内心真正的信仰。他还曾指出任何人只要努力都可以得到救赎，这深深影响了 19 世纪的慈善活动以及人们的观念。

社会越来越看重行动而不是信仰。基督徒是那些为人行事像个真正基督徒的人，而行善是献身宗教事业的最明显的表现。18 世纪的许多慈善布道，都极力赞美那些为满足社会需求而做出贡献的人。但宗教职能的发挥到 18 世纪下半叶受到了严重挑战。面对快速变动的英国社会，国教会就显得力不从心了。人口的快速增长和人口分布的巨大调整（集中在新兴工业区）使英国原有的教区划分不能应对新的形势。1750 年曼彻斯特的人口已达到 2 万，却只有一座国教教堂。由于增设教区及增加教士会相应减少现有教区和教士的收益，并需要专门立法，因此这一问题一直延续到 19 世纪才逐渐得以解决②。

值得关注的是，18 世纪的慈善活动还出现了一个新变化，即大量富有的商人阶层对慈善发展做出了巨大贡献。根据对光荣革命时期国民收入的估计，在总收入中大约有一半来自农业。但这个比例到 1780 年已大约下降为 1/3。土地的首要作用在逐渐减弱。重商主义的发展使英国社会出现了一批富有的中等人士，他们既有垄断着巨额资本财富的城市大老板，也有代表商业化英国的支柱的小商人和手工艺者，既有农村里不久就可能获得绅士美称的有钱农民，也有在城市发迹的商人、医生和律师。他们自力更生，并积极发挥自己的才能。他们控制着经济中最活跃的一部分，在大小城镇都占绝对优势，并俨然以统治阶级自居③。他们为贫穷城镇的生活条件提供援助，并帮助修缮或重建教堂。

医院是商人们关注的一个重要方面，特别是在 18 世纪上半叶，捐赠医院成为英国社会的一种时尚。例如，托马斯·盖（Thomas Guy，

① 钱乘旦，许洁明. 英国通史 [M]. 上海：上海社会科学院出版社，2002：210.
② 钱乘旦. 英国通史：第 4 卷 [M]. 南京：江苏人民出版社，2016：238.
③ 肯尼斯·O. 摩根. 牛津英国通史 [M]. 北京：商务印书馆，1993：408-409.

1644—1724 年），一个《圣经》出版商，他没有把巨额财富留给自己的子孙，而是把钱拿出来做公共慈善，他出资在伦敦建立了一所医院，收治无法治愈的病人。

孤儿院是一个新兴领域。托马斯·科拉姆（Thomas Coram，1668—1751 年）是一位船长的儿子，1694 年他作为伦敦一些商人的代理人横渡大西洋到达波士顿，并在北美殖民地生活了 10 年。返回英国后，他开始为更广泛的世俗慈善事业四处游说，并把注意力放到了被遗弃的私生子身上。他准备成立一个收容所，专门接收和照顾弃婴。为了给这个项目寻找支持，科拉姆曾向乔治一世提议但无果而终，他不得不忍受人们对于私生子的种种偏见。在经历了十几年的努力奋斗后，1737 年乔治二世认可了一份 375 人的管理者名单，尽管其中有一些名人显贵，但是绝大多数积极活跃的管理者都是商人或科拉姆那样的人①。伦敦弃儿收容所（London's Foundling Hospital）正式成立，专注于救助被遗弃的私生子，保障他们的生活和教育。这是一个由个体组成的志愿性组织，也是英国第一个专门的儿童慈善机构。

改革监狱是 18 世纪的又一重要慈善成就。约翰·霍华德（John Howard，1726—1790 年），其父是伦敦一名家具商人，早期霍华德在贝德福德郡（Bedfordshire）的乡绅之间以其对自己房客的仁慈而获得美名，他重建村舍、为孩子建立学校，减轻人们的不幸，并要求人们远离酒馆和其他低级娱乐、努力工作。不过，他更以一名监狱改革者而闻名。他在 1773 年担任英格兰贝德福德郡的治安法官时，实施了一项重要的措施，即狱卒的工资全部改由郡基金支付。此前狱卒都是自己通过向囚犯收钱谋生的，所以，除非犯人支付了监狱押解费，否则他们拒绝释放任何一个人——哪怕是那些没有被起诉的或者被证明是无辜的人。1774 年后，霍华德以普通市民的身份调查了大不列颠和欧洲大陆的监狱，并出版了《英格兰和威尔士的监狱状况》（1777 年）一书，揭露了英格兰和威尔士的监狱条件状况。他还致力于改善传染病院，在 18 世纪 80 年代，霍华德走访了多家疫病和隔离医院，采集它们的信息，以获取关于该院状况的第一手信息，后不幸死于热病感染。在霍华德去世前 10 年，18 世纪英国著名的政治家埃德蒙·柏克曾对其做出如此评价：他对监狱和疫病医院的调查是

---

① 琳达·科利. 英国人：国家的形成，1707—1837 年 [M]. 北京：商务印书馆，2017：89.

一场"慈善巡查"，为囚犯和令人恐惧的疾病的受害者们奔走呼号①。

　　慈善学校是 18 世纪最受人喜爱的慈善形式，也是这个时代诸多社会实践中最显著的，数以千计的慈善学校得以建立。热心教育者为社会底层阶级的孩子提供了一个接受自由教育的途径。很难找到一个比慈善学校更为持续和持久的其他慈善事业了。17 世纪政治和宗教的动荡在很大程度上推动了中上层阶级为穷人树立社会原则以使他们服从于新的社会秩序。18 世纪的上层人士对那些不幸被忽视了身心利益的儿童深表同情并认为有责任改变这种情况。慈善学校的产生即要为帮助儿童承担他们生命的主要责任提供条件②。同时，也是既得利益者出于对社会反抗的恐惧，力图通过教育控制社会的一种愿望。

　　1712 年，理查德·斯蒂尔（Richard Steele，1672—1729 年），《观察者》（The Spectator）的联合创始人，盛赞慈善学校是"代表这个时代公共精神的最伟大的个案"。这场建立慈善学校的运动是由基督知识促进会（SPCK）于 1698 年发起的，它大力推动教区教堂组织学校，教给穷人家的孩子阅读《圣经》和教义问答，并向孩子们提供关于信仰和道德的建议③。但世俗的力量更为重要，无数来自公司的中等阶层慈善家为学校做了大量的捐赠。这批中等阶层主要是活跃于贸易的各个行业的商人，他们作为清教主义的支柱，积极追求财富并将之看作是一种宗教责任，为了荣耀上帝，他们通过奉献自身和努力工作的献祭形成了一个共同的目的和行为习惯。对财富的花费也受到同样原则的指引，即荣耀上帝。慈善是义不容辞的，给予穷人有序的慈善是他们对自己富足的一种报酬。财富的不平等和贫穷是上帝的旨意，解决的方法就是系统的慈善。

　　中等阶层用他们的捐赠款项建立了大量实用的、进步的教育场所。罗伯特·尼尔森是 18 世纪清教主义的一个重要代表。他从 1699 年直至 1715年去世都不遗余力地为慈善教育而努力。他与约克、比弗利、牛津、塞伦赛斯特、莱斯特、特林、布雷等地的热情同伴通信交流有关慈善学校的意见。他是霍尔本（伦敦的一个区）圣安德鲁教区慈善学校的经理；负责温莎郡所有附属于圣乔治教堂的学校；他起草了建立学校所需的打印表格；

---

① 罗伯特·H. 伯姆纳. 捐赠：西方慈善公益文明史 [M]. 北京：社会科学文献出版社，2017：82，84.

② JONES M G. The Charity School Movement：A Study of Eighteenth Century Puritanism in Action [M]. London：Frank Cass and Co Ltd，1964：3-4.

③ 同①63.

为儿童编制了教义问答书；他还忙于为伦敦苏荷区的圣安妮学校以及巴斯的慈善学校寻找教师，并承担组织伦敦慈善学校周年庆的责任等①。到1800 年，英格兰和威尔士有大约 20 万名孩子参加星期日学校的学习，30年之后几乎有 6 000 所这样的学校教导着 140 万名儿童，其他免费和廉价学校的数量及其学生人数也在大幅增长，英国许多地区的识字率迅速提高②。

商人阶层还赋予了了英国慈善活动一些新的特点。首先，它具有明显的实用主义特点，即关注穷人的实际需要。慈善投资必须通过提升人的有用性来促进上帝的荣耀，并能够提升社会效益。例如在教育领域，传统观点认为，对穷人的教育从经济上是不合理的、从社会上是具有破坏性的，这种观点根深蒂固。为反对这一观点，关于学校的实用主义价值观在争取大众支持的布道中被很好地呈现出来。牧师们宣称要以上帝的荣耀拯救那些生活在贫民窟和遥远村庄里的孩子的灵魂；对社会秩序引导的价值被放在首位，如果穷人的孩子在学校中得以规训养成守秩序、讲规矩的习惯，那么社会罪恶也就可以消失了。而且，让儿童养成良好的习惯远较于去改造成年人更为有效。虔诚、政治和秩序创造了一种统一的热情，慈善学校运动发展快速。尽管当时未能确立一个全国范围内的大众教育体系，但是这股运动却为将来政府致力于这一"全民关注"的工作奠定了基础③。在校读书期间，孩子们都身穿统一制服；到时机成熟之时，他们还会被传授一门手艺。此类学校的倡导者指出：兴办此类学校，对捐赠人的益处在于培养了"一批优良且能干的仆人"④。同时，这种教育也适应了中等阶层的子女到各种职业和商业部门任职的需要，为商人阶层提供了他们所必需的基本的教育，也有助于形成一种重实效的中等阶级文化，为 19 世纪工业资本家的崛起奠定了文化基础。

商业世界中流行的一些经营形式也被引入到慈善活动中。工商业领域的合股公司为 17 世纪英国社会所需资本提供了新途径。人们对于小投资大回报的股份公司尤为热衷。18 世纪英国慈善发展的另一个重要特点即

---

① JONES M G. The Charity School Movement：A Study of Eighteenth Century Puritanism in Action [M]. London：Frank Cass and Co Ltd，1964：7，9.

② 琳达·科利. 英国人：国家的形成，1707—1837 年 [M]. 北京：商务印书馆，2017：279.

③ 同①13-14.

④ 罗伯特·H.伯姆纳. 捐赠：西方慈善公益文明史 [M]. 北京：社会科学文献出版社，2017：63.

是合股形式的联合慈善的出现。许多人乐意捐赠金钱为社会做出自己的贡献，同时他们也希望通过合作的形式以确保救济工作的持续。于是，人们将股份公司运用到慈善公益中，通过运作资金，成立了一些志愿性组织，目的是在正式制度下进行规范运作，而且这些组织的领导人每年通过选举产生。尽管这个观念看似普通，但其中的理念与运作方法是史无前例的创新。因为对于慈善组织而言，公司式的运作方法可以使慈善组织拥有资产、制定合同，像做生意一样一直经营下去。最早使用这种形式的慈善机构即是科拉姆的伦敦弃儿收容所。该收容所有自己的理事和合法身份，它以伦敦的股份公司为模板，采用了许多商业的形式来吸引公众注意、筹集资金，服务于其慈善事业，并为合股形式的联合慈善机构树立了榜样。学校则是将股份公司形式用于慈善事业的典型，它们从书商、工匠、其他小捐赠人，以及富人那里募集资金。这种慈善的新形式，并没有否认传统的捐赠慈善（endowed charity）形式，捐赠慈善仍在继续发展，但是慈善救济的新方法具有更好的调节能力来适应变化的需求。

新方法激起了人们不同寻常的兴趣，促使慈善协会大量涌现。以教育领域为例，志愿协会占据了私人经营的教育和国家控制的教育之间的中间位置。在英格兰、苏格兰、爱尔兰和威尔士，大量的慈善协会成立起来以促进教育，成员条件得以制定，执行委员会被任命，地方通信员被招募，教师资格被认定，入选学员的个人调查得以执行，学者的行为、衣着、教导说明、教科书等方面的规章制度都被细致地描述出来[1]。而协会的成功与合股筹资的方式密切相连。18 世纪穷人教育的改革者需要募集资金来资助他们的工作，而合股捐赠使那些教育慈善组织能够建造它们所需要的会议场所并支付相关人员的工资。整个 18 世纪，合股筹资的方法为教育领域吸引了庞大的捐赠，从而使大量的慈善学校得以建立，而这些捐赠不仅来自富裕的上层，更多的是来自庞大的中等阶层，因为这种筹资形式不会危及捐赠人所从事的事业或其家庭的利益。慈善的社会基础被极大地扩展了。

慈善新形式的发展也得益于英国在 18 世纪出台了对慈善活动进行监管的实体法，即 1736 年的《永久经营法》。"世俗信徒们畏惧教会看似无尽的财富，畏惧庞大的如安妮女王津贴基金会那样的宗教慈善（组织），

---

① JONES M G. The Charity School Movement：A Study of Eighteenth Century Puritanism in Action［M］. London：Frank Cass and Co Ltd，1964：12.

而宗教慈善的章程允许其接收任何数额的财产",或获得王国内任意一块土地。世俗信徒们害怕神职人员会效仿他们中世纪先祖们的做法,恐吓他们以便要求他们为虔诚的事业进行遗赠,剥夺继承人本该获得的遗产。正是这些根深蒂固的恐惧,催生了《永久经营法》。该法案规定,地产或者为了用于购买地产的资金,均不得赠予任何个人或者法人用于设立慈善信托。"任何为开展慈善而遗赠不动产的行为将被认定为无效,而不动产也将归立遗嘱者的法定继承人所有。"①

《永久经营法》虽然禁止不动产遗赠,但是并不禁止纯粹动产的遗赠。其制定源于对教会和宗教慈善的担忧,它是为了防止土地通过用途的方式被永久转让给教堂或其他非法人组织而陷入固化状态。可以说,《永久经营法》在一定程度上反映了政府对宗教慈善的不信任,并通过限制土地财富的流失,进而保障了个人财产,从而在客观上有助于商人慈善的开展。更重要的是,《永久经营法》体现了18世纪的英国开始出现公共领域和私人领域的分离,而法律优先保护了个人权利,这便极大促进了19世纪英国私人领域的发展,同时大量可流动的个人财富也刺激了后继的19世纪中等阶级私人慈善活动的兴盛。

"18世纪真正的慈善事业有时被人遗忘。这在很大程度上无疑是因为这种慈善事业绝大多数是自愿的和非正式的。它没有像在后来的时期甚至以前的时期中那种对慈善活动进行记载的官方或国家的文件,因而很容易被人忽略。"② 但这难掩它在英国历史上的重要性。18世纪的慈善活动既承袭了17世纪的慈善特色,又发展出了新趋势。"英国早期的慈善公益是由社会精英和商人通过自上而下的方式发展起来的"③。这些商业阶层人士,不再像其祖辈们一样"虔诚"地开展慈善活动了,他们的善行不仅仅是表达自己对上帝的慷慨,也是为了展示他们的社会地位,慈善也随之更像是一种施舍或恩赐。而新的联合慈善的方法以及实用主义的作风进一步增强了英国慈善的世俗化。正是方法和功用的结合将18世纪的商人慈善与此前的慈善活动区分开来,并为19世纪中等阶级私人慈善活动的繁荣提供了新的动力和源泉。

---

① 加雷思·琼斯. 慈善法史：1532—1827［M］. 北京：社会科学文献出版社,2017：117-118.

② 肯尼斯·O.摩根. 牛津英国通史［M］. 北京：商务印书馆,1993：405.

③ 劳伦斯·弗里德曼. 美国历史上的慈善组织、公益事业和公民性［M］. 上海：上海财经大学出版社,2016：28.

第二节　19 世纪中等阶级的慈善活动

贵族在 19 世纪继续执行其家长制的责任，其慈善活动仍然很活跃。"1816—1855 年，贝特福德公爵花费 11 875 英镑修建教堂和学校，1856—1895 年类似的捐助高达 186 751 英镑。再如斯卡伯罗伯爵，19 世纪后期捐资了 5 000 英镑铺设道路和修建教堂，花 450 英镑资助学校，2 000 英镑修筑板球场，2 000 英镑建造牲畜市场，2 000 英镑改革地方供水系统。"[1] 不过，贵族逐渐退居次要地位，中等阶级的涌入是这时期私人慈善活动的显著特点。工业革命给广大的工业企业家带来了巨额财富，但这些财富并未立刻到达慈善领域，创业和置办家园占去了很大一部分，而且慈善也需要一段时间来接纳新的参与者。到 19 世纪中等阶级的私人慈善才显著起来。他们不再依附于教会，也不再采取遗赠的方式，而是建立了大量的慈善机构来统一领导和组织慈善活动。中等阶级逐渐成为英国社会慈善活动的引领者和主力军。

慈善水平在 19 世纪达到前所未有的高度，无论是参与的人数、捐助的资金，还是慈善的范围、规模和程度都超过了以往任何时期。慈善组织的发展尤为显著，"19 世纪 60 年代，单伦敦就有 640 个慈善机构……这些慈善机构大都具有很长的历史，其中 144 个机构创办于 19 世纪 50—60 年代，279 个机构创办于 19 世纪 50 年代以前，114 个机构创办于 18 世纪，103 个机构创办于 18 世纪以前。慈善机构拥有巨额资金，1860 年，伦敦慈善机构的各种财产收入为 83 万英镑，个人捐款 160 万英镑，当年支出近 143 万英镑"[2]。这些规模宏大的慈善组织，不只出现在伦敦，在许多工业城市都很显著[3]。

慈善活动的领域是广泛的，伦敦注册慈善机构的资金流向表明了这些慈善活动的优先性。1868 年的一项调查报告显示，1868 年伦敦慈善机构资金的 24.84% 流向健康医疗，所占的比例最高，其次是教育，占资金支出总数的 22.14%，如表 2-1 所示。

---

① 阎照祥. 英国贵族史 [M]. 北京：人民出版社，2000：284.
② 丁建定，杨凤娟. 英国社会保障制度的发展 [M]. 北京：中国劳动出版社，2003：8-9.
③ 参见附录 1 "1780—1899 年间布里斯托尔慈善机构每 10 年新增数量统计"表。

表 2 - 1　　　　　　　　　伦敦慈善机构状况概要，1868 年（节选）

机构分类	支出（英镑）	所占总支出的比例（%）
疾病	506 595	24.84
疗养	28 482	1.40
收容所	197 696	9.69
孤儿院	128 319	6.29
教育	451 772	22.14
自助	9 871	0.48
教派	24 301	1.19
未来福利	102 395	5.02
职业	413 428	20.26
教会	70 597	3.46
年老	2 595	1.27
一般救助	81 086	3.97
总共	2 040 897	100.00

资料来源：Harris，Bernard. The Origins of the British Welfare State ［M］. London：Palgrave，2004：69.

在这些规模宏大的慈善活动中，中等阶级重点参与的可以归结为以下五个方面，其内容是与工业社会的需求相一致的。

一、贫困救济

贫困救济可谓是分布最广的。贫穷是指最基本的生活必需品的缺乏，其标准随社会时代的变化而变化。"一般说来，贫穷并不在联合慈善的范围内"，"只有当贫穷被寒冬、灾荒或瘟疫等其他因素复杂化的时候，它才被认为是在联合慈善的合理范围内"①。但随着工业革命后贫穷问题的日益广泛和复杂，有组织的机构的介入成为必需。

工业革命的发展和新城市的兴起使工业城市的穷人成为社会景象中最明显的特征之一。整个 19 世纪，工业城市以可怕的速度持续增长，而城市里的穷人也在持续增长，成为一个庞大族群，危及了整个社会的健康。在 19 世纪 30 年代，"工业化的英格兰经历了死亡率的明显上升。在这 10 年中 5 个主要城市的平均死亡率由 21‰上升到 31‰"。城市死亡率明显大

---

① OWEN D. English Philanthropy 1660-1960 ［M］. MA：Belknap Press，1964：105.

于乡村。贫穷甚至广泛的赤贫状态成为城市不可避免的命运。贫困问题随之成为私人慈善活动面临的最主要问题和最艰巨的任务。早期的维多利亚人习惯于将社会问题归于道德，《新济贫法》则认为私人慈善活动将提供更具建设性的帮助。于是，"慈善不仅承担了解救不幸个体的责任，而且承担了减轻工业人口无止境的苦难的责任"①。

中等阶级普遍要求建立一种惩治贫困、激励穷人自立的新机制，因而在对待穷人问题上，他们采取了区分的策略，救济那些值得救济的人，不值得救济的人则留给政府。解决问题的第一步就是与穷人建立联系，探访工作是建立联系的一个主要途径，而且作为基督教的责任，探访穷人有着悠久的历史。家庭成为早期维多利亚人多种多样的区域探访计划的主要对象。家庭探访机制的目的一般是将宗教影响与道德和现实忠告联合起来，鼓励人们节约和努力奋斗以摆脱贫困。不同于随意的施舍，探访者除了给予物质援助外，还是贫困家庭的朋友和咨询者、施赈人员，努力满足不同家庭的特殊需要。

19 世纪二三十年代，各种探访协会在伦敦和各地区迅速发展。1843年，英国还出现了指导各地探访工作的总体性机构——"首都探访救济联合会"，希望通过各地区探访协会将可能的救济给予那些最需要帮助的穷人。"等到 19 世纪 50 年代，已有数百个探访协会活跃在首都伦敦，在各大城镇乃至全国也活跃着不计其数的探访协会。"② 中等阶级广泛参与了探访工作，是地方协会及"首都探访救济联合会"的主要领导人，给穷人提供了极大的帮助。

家庭探访只限于那些有家的穷人，还有许多穷人没有固定的住所，这些无家可归的人不但有游民、临时工，还有失业的手工业者、季节工和各种不幸事件中的受害者。天气灾害会进一步加剧他们的困苦，带来更大的经济压力。"救助无家可归的穷人协会"（Society for Relieving the House-less Poor）发挥了重要作用，该协会不但鼓励政府、公司、剧院提供帮助，还建立了"夜间避难所"（Night Refuges）。这种慈善性质的"夜间避难所"为人们免遭城市的许多灾难提供了屏障。"在'救助无家可归的穷人协会'的带领下，伦敦和其他地方也建立了许多避难所。……19 世

---

① OWEN D. English Philanthropy 1660－1960 ［M］. MA：Belknap Press，1964：135－136.

② KIDD A. State，Society and the Poor in Nineteenth-Century England ［M］. London：Macmillan Press，1999：81.

纪 40 年代中期，‘伦敦协会’下属的三个‘无家可归的穷人庇护所’(Houseless Poor Asylums) 为 1 200 人提供了住所，可以夸耀地说这一组织已经供应了大约 1 500 000 个夜晚寄宿房间和超过 3 500 000 人的面包配给。"①

二、教育

"造成工人阶级悲惨状况的一个主要原因是对国民教育的忽视。19 世纪 30 年代英格兰的基础教育大大落后于欧洲的许多地方。"长久以来英国基础教育的目的不是促进教育的发展，而是提高穷人的宗教情感②。但是充分服务于农业环境的教育已经不能满足工业社会的需求了。对国民教育的忽视带来了穷人与富人之间日益扩大的鸿沟。而且 30 年代少年犯的数量持续增长，威胁到整个社会的安定发展。那些日益增多的被忽视的孩子——流浪儿童、孤儿以及少年犯逐渐成为一个社会问题。教育必须对新的压力做出回应。同时，到 19 世纪 40 年代人们也看到了受教育的工人阶级的优势。托马斯·伯纳德爵士（Sir Thomas Bernard）是那个时代英国慈善家的代表，他强力谴责了当时存在的反对将教育的总体福利扩大到穷人的偏见以及无知的人将会产生一个勤劳和有道德的成熟年代的论断。"渐渐地，无知和没有文化的工人阶级与国家福利不相容的观点在改革者间及更多的人之间传播开来。正是私人慈善首先接受了这一挑战，并努力寻找合适的方法来解决它，尽管不是完全的成功。"③ "作为对约 1/4 或 1/3 的劳动人口完全没有文化和更大比例的人口其文化仅能应对最初级挑战的回应，中等阶级开启了日益增加的初级学校设备的供给。"④

私人慈善在教育上的努力在 19 世纪中期全面开展起来，其发展可以主要概括为三个方面：对一般的普通家庭孩子的教育，对遗弃儿童的教育，对少年犯的教育。

针对普通儿童的教育发展迅速，总体国民教育水平大大提高。主日学校和慈善学校承担了基础教育的大部分责任。主日学校是工业化的产物，因为工厂只能在安息日为孩子提供教育，且希望培养顺从、勤劳、守纪的

---

① OWEN D. English Philanthropy 1660-1960 [M]. MA: Belknap Press, 1964: 145.

② YOUNG A F, ASHTON E T. British Social Work in the Nineteenth Century [M]. London: Routledge, 1956: 13.

③ 同①93.

④ HARRISON J F C. The Common People [M]. London: Croom Helm, 1984: 287-288.

劳动力。这一想法的最初构建来自一个商人慈善家威廉·福克斯。"早在
19 世纪 30 年代初，参加主日学校的孩子就超过了 100 万。"① 主日学校的
发展使大众教育逐渐成为一个公众问题。慈善学校也为众多的孩子提供了
教育机会，并加强了教育作为慈善的一个分支的观念。这时期许多古老的
慈善学校继续存在，一系列新的慈善学校也相继建立起来，设施较好的慈
善学校成为下层孩子的"贵族学校"。其中"国民协会"和"不列颠及域
外学校协会"是两个典型的慈善协会，尤其后者更是一个世俗的慈善联合
会。慈善协会的成功极大促进了初等教育的进步。许多慈善协会从其建立
到 1859 年，募集了丰厚的资金，如表 2 - 2 所示。

表 2 - 2　　　　　　　　部分慈善协会募集到的教育资金

协会名称	资金数（千英镑）
国民协会	725
不列颠及域外学校协会	157
天主教贫民学校促进会	72
本土与殖民地协会	116
教会教育协会	10
卫斯理教育促进会	88
教育联合会	174
伦敦贫民免费学校总会	58

资料来源：OWEN D. English Philanthropy 1660 - 1960 ［M］. MA：Belknap Press，1964：
119.

　　"最让仁慈的维多利亚人感到害怕并对他们的同情心提出挑战的社会
不幸，是那些被无情地忽视的孩子以及城市中的弃儿。"② 他们是贫困和
危险阶级的孩子。如果不帮助他们的话，他们很可能会从事犯罪职业。
"遭受不良父母有害影响的孩子生活在街道上的现象，震惊了足够多的路
人，使他们主动发起了一股慈善洪流以缓解这一问题。"③ 贫民免费学校
（日校或夜校）应运而生，它是这一时期的新生学校，是与社会需求

---

① HARRIS B．The Origins of the British Welfare State ［M］. London：Palgrave，2004：71.
② 同①145.
③ KIDD A. State，Society and the Poor in Nineteenth-Century England ［M］. London：
　　Macmillan Press，1999：86.

紧密相连的。贫民免费学校是宣传最好、招收孩子最多的学校，参加该类学校的主要是最底层的贫民窟里的孩子。阿什利勋爵和查里斯·狄更斯对此做出了巨大贡献。1843 年底，狄更斯以非正式的施赈人员的身份参观了菲尔德·莱恩学校（Field Lane School）。在调查后，他得出结论：这是一种冒险，但是真正仁慈的人都应当接受它。1844年，伦敦的一批教师成立了贫民免费学校联盟，使中央的管理和资助成为可能。阿什利担任主席，并负责此联盟 40 多年，极大地推动了这一运动的发展。"从参加人数和资金援助看，伦敦的贫民免费学校联盟是维多利亚时期一项更为繁荣的事业。例如，1861 年，联盟宣称它管辖大约日平均 25 000 人参加的 176 个学校，年收入超过 35 000英镑。"①

对少年犯进行教育的管教院运动是这时期教育的一大特色。19 世纪40 年代随着少年犯罪统计数字的持续让人惊讶，这一问题变得更为紧迫。19 世纪 50 年代早期，这项改造教育运动正式开启。它强调少年个人和家庭监管人的私人关系，同时学校更注重劳动改造。一系列的教养院建立，它们多是由慈善机构管理、私人捐赠资助、政府授权的机构，并努力寻找更简单经济的方法，最著名的是玛丽·卡彭特的"金斯伍德管教所"（Kingswood Reformatory）和她的"瑞德洛奇女性教养所"（Red Lodge Girls' Reformatory）。1854 年的《少年犯法》赋予了私人团体建立管教院的权利。"在 19 世纪中期，管教院的捐助者名单上已经包括了大约 1 200个名字，其中从英国银行就收到了 2 125 英镑，从遗赠中获得了近 105 000英镑。"② 尽管这些学校很大程度上由政府监督和帮助，形成类似官方的系统，但它们本质上是独立的、慈善的机构。等到 19 世纪末，这项慈善事业已经成功地进行了 60 年。

三、医疗救济

19 世纪的慈善活动在各方面都得到了快速发展，但如果从其资源来衡量，世俗慈善中最惊人的增长发生在医疗部门。鉴于医院的落后带来的危害比它治愈病患带来的益处还多，19 世纪五六十年代，伦敦人每年捐赠给医院和药房的资金约 155 000 英镑，"在 1861 年，超过 1/4 的英国医

---

①　OWEN D. English Philanthropy 1660-1960 [M]. MA：Belknap Press，1964：148.
②　同①153.

院和多于 1/5 的医院床位都是由慈善机构管理的"①。本杰明·戈尔登是一位著名的医生，他坚信医疗慈善的重要性，他建立的"西伦敦医院"开启了医院建设的新时期，他和他的朋友募集了丰厚的资金，有力地支持了这项运动。在伦敦，"到 1891 年，一般医院的数量已达到 385 家，另外还有大量的专科医院出现"②。各郡县医疗机构的增长也是显著的，1820—1860 年 40 年间建立的机构约是此前 40 年的四倍。

针对性病、热病及产妇等特殊情况的治疗，英国成立了一些专科机构。到 19 世纪中期，大量新的设施建立起来以应付其他的疾病。这时慈善人士更关注的疾病是心脏疾病、眼耳疾病、儿童疾病及畸形缺陷。妇科医院、儿童医院、眼耳医院、牙科医院及治疗性病的洛克医院等广泛建立起来。"至 1860 年，66 个专科医院捐赠收入近 755 000 英镑，投资和地产收入约 80 000 英镑。"③ 医学专家更是以其技术而非金钱的形式在整个医疗慈善中做出了不可估量的贡献。

医疗发展的另一个巨大进步是 19 世纪 60 年代早期开启的在护士和护理训练上的变革。英国人佛罗伦斯·南丁格尔（Florence Nightingale，1820—1910 年）领导的护理革命使护士成为一项受尊敬的职业，提高了医院的护理水平和护士的整体素质。南丁格尔是护士职业的创始人和现代护理教育的奠基人。她虽出身贵族，却对当时地位低下的护士行业产生了浓厚的兴趣，她积极地学习各方面知识，并在克里米亚战争期间率领护士队奔赴前线。她总结了战地救护和医院护理管理的成功经验，写出了《医院札记》《护理札记》两本著作以及 100 多篇论文。1860 年，她在英国圣多玛医院首创近代护士学校，为近代护理学的形成奠定了基础。在她的努力下，护理学逐渐成为一门科学和职业，赢得了应有的社会地位，走上了近代发展的道路。她的办学思想也传到欧美及亚洲各国。这些开拓性的努力为英国以后医疗慈善的发展指明了道路。

四、住房

除了日常的关于人们生活的救济外，慈善的另一个重要发展是住房慈

① HARRIS B. The Origins of the British Welfare State [M]. London：Palgrave, 2004：71.

② KIDD A. State, Society and the Poor in Nineteenth-Century England [M]. London：Macmillan Press, 1999：92.

③ OWEN D. English Philanthropy 1660-1960 [M]. MA：Belknap Press, 1964：171.

善的兴起和繁荣。不同于以往为无家可归的人提供避难所的形式，住房慈善为新兴工业城市中大量的下层民众提供新型住所。

住房成为工业社会的一个特殊的经济问题，是因为买房的花费是非常高的，人们如果想拥有自己的住房需要获得贷款或者是向房屋所有者支付房租，但日益上升的利率达到了一个工人们无法承受的程度。19 世纪上半叶，随着新工厂在日益发展的工业城镇的不断扩散，来自衰败农业区域的移民不断涌入工业中心来寻找工作和更好的生活。这导致房屋严重不足，过度拥挤、不卫生和疾病充斥着工业城市。因而，住房在工业革命兴起后才真正成为一个重要的社会问题。

为了满足人们的需要，一些建筑商很快建造了一批出租房屋。但是这些房屋不仅租金高、质量差，而且数量严重不足。由于城市住宅建筑成本高、周期长、利润低，很难吸引到足够的商业资本，加之政府干预极为有限，所以私人慈善力量在住房问题上所发挥的作用显得格外重要。与此相适应，住房慈善的救助对象不再以农民为主，而是以工厂工人为主，工厂附近区域也随之成为工人的主要活动场所。一些工厂主"为他们的工人在工厂或矿藏附近建立了附属房屋（tied houses，即雇主拥有但租给雇员住的房屋），许多至今仍在。这一时期还出现了富有的赞助人捐赠的慈善信托，以低租金为工人阶级提供住房"[1]。类似的慈善信托日渐增多，从 19 世纪 40 年代到 20 世纪初，英国兴起了一场颇具规模的"模范住宅运动"（Model Dwelling Movement），它主要体现在一系列模范住宅公司（Model Dwelling Company）的建立上。所谓"模范住宅"是指在卫生设施、排水系统、空间大小、舒适程度等方面都符合当时英国住房立法规定的最低标准，且房租便宜、适合工人租居的住房[2]。

最早的模范住宅公司是 1841 年在伦敦成立的"改善都市工人住房协会"，其宗旨是"在保证收回成本的前提下，为劳工的生活提供舒适和方便"。1844 年，另外一个模范住宅公司"改善劳工状况协会"（The Society for Improving the Condition of the Labouring Classes）在伦敦成立。在阿什利勋爵的带领下，该协会提出了解决城市住房问题的三种方式，分别

① MAYS J，ANTHONY F，OLIVE K. Penelope Hall's Social Services of England and Wales [M]. London and New York：Routledge，1983：126.

② 周真真. 慈善视野下的英国模范住宅公司 [J]. 历史教学，2014 (6).

是：在伦敦郊区引入个人经营的小块土地使工人进行独立生产；在伦敦近郊建造经济舒适村舍；完善贷款资金管理①。截至 1875 年，"改善都市工人住房协会"共修建 1 122 套家庭住宅，"改善劳工状况协会"共修建 453 套家庭住宅和 200 套单身公寓②。

19 世纪六七十年代是模范住宅公司发展的兴盛期。"皮博迪信托公司"（Peabody Trust）、"改善工人住宅公司"（Improved Industrial Dwellings Company）以及"技工劳工住房公司"（The Artizans，Labourers and General Dwellings Company）等模范住宅公司相继成立。至 19 世纪末，伦敦就已经有 30 多家模范住宅公司。"皮博迪信托公司"到 1894 年，已经为近 2 万人提供了 5 000 多套住房。"改善工人住宅公司"到 19 世纪末，已经为 3 万人提供了住宅，其提供的住房分布在伦敦的 45 个街区。"技工劳工住房公司"是伦敦最大的模范住宅公司，主要在伦敦郊区靠近铁路线的地方为工人修建村舍式住房。到 1900 年，它已为 4.2 万人提供了 6 402 套住房，在郊区与市区所建住宅占地总面积达 218 英亩。

工人住房大致按照两种方法来解决：一种是在原有老城镇上发展起来的工业城市，把原来一家一户的旧住宅，改成兵营式的住宅，这些改装过的住房，每一间房子住一家人。另一种是建立标准化的楼房。这些廉价住房的建造在一定程度上缓解了工业城市的住房问题。此外，慈善住房信托公司还在一定程度上参与了城市的规划和管理。以住房协会为代表的慈善机构，由志愿人员和支取薪俸的专业员工一起运作，集储蓄、贷款、建房、售房、租赁、维修与管理等业务于一身。它们在住房管理和城市发展规划上的参与有效缓解了英国的住房问题。

五、其他方面

19 世纪的慈善活动几乎无所不包，其广阔的范围显示了中等阶级的开阔视野和强大力量。慈善家们设立了专门机构来帮助盲人、聋哑人等残疾人和老年人③，对不幸事件的受害者给予特殊的帮助。他们还为一些破

---

① TARN J N. Working-class Housing in 19th Century Britain [M]. London：Lund Humphries for the Architectural Association，1971：5.

② RODGER R. Housing in Urban Britain 1780—1914 [M]. New York：Cambridge University Press，1995：45—46.

③ 救济院（Almshouse）是英国用于帮助弱者的传统机构，从 15 世纪中叶开始主要用于为当地老年人提供食宿，19 世纪中后期救济院继续发展，参见附录 2 "1841—1901 年英国部分地区的救济院数量统计"。

产的商业和职业人员提供津贴，最著名的就是"国立慈善协会"（National Benevolent Institution）。慈善家们还极力吸引本阶层的人进行遗产捐赠，去帮助那些勤劳的人，援助缝纫女工、女帽制造者，以及资助一系列的日托机构。城市中还有一项十分紧急的任务就是与住房问题相关的洗浴、卫生设备等，特别是免费饮水的需要，是中等阶级的又一项重要工程。

中等阶级慈善努力的另一个显著标志是许多全国性慈善组织的建立，特别是"皇家国民救生艇机构"（Royal National Life-Boat Institution，RNLI）和"皇家防止虐待动物协会"（Royal Society for the Prevention of Cruelty to Animals，RSPCA）两大机构的成立。它们都努力将慈善和接近英国人心灵的其他兴趣联结起来。"皇家国民救生艇机构"，是一个在不列颠群岛附近海域提供救生服务的慈善组织，它成立于 1824 年，其贡献之大、得到的捐助之多是显著的。同样成立于 1824 年的"皇家防止虐待动物协会"，是世界上最早的动物保护机构，也是英国最大的动物保护机构，它反对虐待动物，倡导善待动物、减轻动物痛苦的理念，改变了公众对待动物的情感，赋之于爱和道德，促进了动物福利的发展。

国内外传教协会和其他服务于宗教的机构，是另一大类吸引了中等阶级大量捐赠的项目。19 世纪的中等阶级是虔诚的，慈善这一少数分支机构却显示了其在资金上的显赫收入。1861 年，五大协会的总收入超过了450 000 英镑，如表 2 - 3 所示。

表 2 - 3　　　　　　　　　　1861 年五大宗教协会慈善收入情况

协会名称	收入（英镑）
基督教传教士协会	145 000
循道宗传教士协会	107 000
伦敦传教士协会	95 000
福音传播协会	90 000
浸礼会传教士协会	30 000

资料来源：OWEN D. English Philanthropy 1660 - 1960 [M]. MA：Belknap Press，1965：180.

自豪感的光环笼罩着 19 世纪的整个慈善事业。有学者曾言："在 19 世纪，慈善给予至少和国家福利支出是相等的。"[1] 私人慈善活动几乎在

---

① KIDD A. State，Society and the Poor in Nineteenth-Century England [M]. London：Macmillan Press，1999：67.

方方面面都承担起了社会的主要救济责任，成为当时英国最重要的一支社会救助力量。

第三节　私人慈善活动的特点

19世纪中等阶级的私人慈善活动在异常活跃的同时，也具有自己突出的特点。它强调科学慈善和自助原则，追求人道化发展，致力于解决社会问题，从而形成了近代意义上合理化、规范化的慈善发展模式。与此同时，女性慈善活动前所未有地活跃起来，这与慈善本身的历史发展有关，更与中等阶级的阶级属性有关。

一、"科学慈善"

许多慈善事业被看作是感情用事的、缺乏良好组织和有害的，针对这一问题的解决方式在于根据科学原则对慈善机制进行重建①。而中等阶级作为在工业革命中致富的一批人，深谙市场规律和管理制度以及科学的重要性，他们将科学的工作方法运用到慈善中来，从而使这时期的私人慈善活动呈现出"科学慈善"的发展趋势。私人慈善活动的组织化、职业化，科学工作方法的运用以及"5％的慈善"都是"科学慈善"的运用和体现。

其一，慈善的组织化。慈善组织是慈善活动的策划者、实施者，没有慈善组织就没有近代意义上的制度化的、规范的、经常性的慈善事业。随着社会问题的加重，个人能力不足以解决问题，而缺乏有效途径去寻找那些最需要救济的人及熟悉被救济者的状况也阻碍了个体慈善者的活动，这必然要求将分散的力量集中起来。同时，个体慈善者的日益增多，也相应要求加强彼此间的联系与合作，慈善组织便成为慈善家行善的一个重要媒介。

工业革命也是一场社会革命。这场社会革命的一个重要特点就是人类组织的大规模增长。不但有工业、商业、政府、宗教组织的大规模增长，

---

① PATRICIAL G. The Impact of Philanthropy: Housing Provision and the Sutton Model Dwellings Trust 1900－1939 [J]. Economic History Review, LIII, 2000 (4)：742－766.

慈善组织，不论是世俗的还是宗教的，也同样膨胀，而且出现了各领域分散组织的联合，形成领域内的联合组织。1869 年，慈善组织协会（COS）作为全国性慈善组织的总联合，也应运而生。它的任务主要不是执行具体的慈善救济工作，而是统筹规划，负责指导各分组织的工作，协调资源分配，加强各组织的合作及行为的有效性。慈善工作者越来越多地通过组织机构来处理社会问题，他们希望以此不仅能控制人们的身体，而且能控制人们的思想以更好地改造他们的行为。同样，组织化的发展，也使人们乐意将前来乞讨的人引到各种收容所或相关的慈善机构。毫无疑问，慈善活动的组织化发展，集中了各种社会力量，加强了彼此间的合作与联系，为"科学慈善"的实行打下了基础。

其二，慈善的职业化。慈善组织的分类愈细，愈要求更多的专业知识，领导人员也要有更强的领导力。慈善活动范围的不断增大，也对慈善组织的工作人员提出了更高的要求，但不幸的是志愿者并不总是供应充足，有时许多协会的计划因志愿者人数的不足和不稳定被迫缩小，而且 19 世纪中期以后志愿者在持续减少。志愿者减少在一定程度上是因为，富人更喜欢环境优美的郊区和宁静的乡村，他们大量离开市中心，这与郊区化的进程是一致的。城市的嘈杂与拥挤使他们向往昔日的恬静与广阔，郊区既有他们想要的东西，又靠近市中心，无疑成为富人理想的栖身之地。"曼彻斯特和索尔福德地区节约协会的经历是一个典型。19 世纪 30 年代，协会要建立一个约有 1 000 名志愿者参加的覆盖整个城市的区域委员会网络的计划，被证明是太狂妄了。1835 年的志愿者人数是 259 人，但到 1837 年，协会就被志愿者的匮乏所困扰；等到 19 世纪 60 年代，这个数字降低到 24 人。尽管区域探访仍是一个目标理想，但寻找某些可替代的方法是必然的。"[①] 解决问题的一个途径就是给探访者报酬。这些被雇用的下层劳动者是协会所探访地区的居民。他们会在监督者的带领下进行工作，并事先接受有关圣经、卫生和济贫法等方面的培训。所以，雇用一批社会工作者并支付其薪金成为发展趋势。支薪人员的出现是慈善组织走向职业化的一大表现。

为了更好地做好分内工作，慈善人员还需要加强相关方面的专业基础知识，提高专业素质，这样对组织人员的职业训练便成为必需的了。同

---

① KIDD A. State, Society and the Poor in Nineteenth-Century England ［M］. London：Macmillan Press，1999：82-83.

时，相关的工作制度方面的改进也势在必行。例如，在护理革命中，就需要慈善人员具备一定的专业知识才能更好地参与活动。在个案研究工作中，工作人员需要掌握工作方法、具备较强的调查能力，仅凭爱心和热情是不够的。支薪人员的出现以及工作人员专业技能的训练，正是慈善活动职业化的最明显体现。一些中等阶级男性特别是一些较成功的工厂主、企业家，多在退休后成为全职的慈善工作者，将其职业热情完全投入到慈善中来。充当"家庭天使"的中等阶级妇女，更是将慈善看作她们的事业。

其三，在慈善的组织化、职业化中，渗透的是科学的工作方法。只有实行科学的工作方法才能使慈善工作更充分地展开，以资源的最小化达到效用的最大化。

个案研究工作，是这时期"科学慈善"工作方法的最重要发明，也产生了深远的影响。"没有调查就没有救济"是其基本原则。查尔默斯（Chalmers），一个数学家、经济学家、神学家，同时也是一个有广泛社会阅历的人道主义者和社会改革学家，他写作和论述了他在"慈善"方面的理论，即个案工作理论，特别是家庭个案工作。一方面，他认为社会不幸的根源并不在于外在的条件而在于个人性格，因而主张通过调查研究以达到区分目的；另一方面，为了显示慈善工作的价值，他主张要在穷人和富人间创造更为亲密和富有同情心的关系。个案工作恰好能够达到上述目的，查尔默斯在圣约翰教区工作的四年也证实了他的理论。他的这一理论方法广受欢迎，被大部分慈善组织所采用，虽有差异，但基本遵循着同样的原则，即通过暗中调查和正面拜访将每个慈善接收者区分为值得救济者和不值得救济者，资源将用于那些有望变好或暂时陷于困境的人，从而摒弃了以往不加区分的济贫行为。其中，慈善组织协会（COS）将这一方法看作其工作的轴心，COS认为贫困是由于道德败坏，是个人意志选择的结果，故而极力反对不加区分的慈善。为了准确地将穷人区分开来，COS严格地开展个案工作，对一切申请者都进行详细的调查研究，记录每一位申请者的情况，并对协会予以帮助的人做进一步分类。COS还将其所做的详细记录提供给其他组织参考，并作为后续慈善救助的依据。

在实际行动中，一些慈善组织也会发明或运用一些科学方法。例如"改善协会"（Bettering Society），在穷人饮食问题上就进行了一次有益的尝试。"在 1800—1801 年食物严重缺乏时期，协会在其成员中募集了

4 000 英镑，用于供应鱼给伦敦的穷人，并且这一方法被应用于其他地区。"① 后来协会又成功的以土豆和大米代替面包的供应，以有限的资源救助了更多的人。汤的大量运用亦随之出现，以至"汤店"（Soup Kitchen）几乎成为伦敦贫民生活的永久特点。慈善组织希望通过科学的工作方法帮助穷人实现"自助"，同时也树立良好的公众形象以吸引更多的捐助。

其四，"5％的慈善"亦可谓是科学工作方法的一种，但由于它是这一时期慈善发展的一个新方向，而且主要出现在住房领域，故单独列出。"5％的慈善"也是 18 世纪商业化原则运用于慈善领域在 19 世纪的一个延伸发展。

在住房问题成为一个威胁社会健康的重大问题后，英国出现了一批致力于解决工人住房问题的模范住宅公司。为了让这种良好的行为在一个商业世界里开花结果，模范住宅公司采取了合股公司的方式，由投资者集资并分红，参加者还能有 3％～5％ 的收益，故被称为"5％的慈善"。"5％的慈善"是一个在住房史上经常出现的词语，这种形式的慈善不但使其房屋质量较高，而且能够最大限度地吸引一切可能的力量加入到这项慈善事业中来。

起初模范住宅公司由于预期收益低难以吸引社会资本的加入，"改善劳工状况协会"在最初四年内只筹集了 2 万英镑。"加入到社会住房工程的富有资产阶级认为，如果双方都能从一项慈善事业中受益，双方将会被更好地服务"。到 19 世纪 60 年代，模范住宅公司出现了新变化。以皮博迪信托为例，"信托基金会的成员们认为基金必须能够保持自身的长久存在，以便于后代也能够从中受益，鉴于此，它所建造的所有住房都应该有适度的回报"②，信托公司履行着"慈善和 5％"的原则，即保持 5％ 的收益，其资金一直非常充裕，拥有充足的资金保障。

沃特罗公司也希望能够建造一些简易的住宅单位并以合理的价格租给工匠。为了使他的朋友将钱投资到一项有益的事业，且这项事业还能提供适度而稳定的红利，沃特罗希望他的公司有 5％ 的回报，并指出"只有慈善和市场经济联系起来，才能解决住房问题"③。"改善劳工阶级住房总协

①　OWEN D. English Philanthropy 1660-1960 [M]. MA：Belknap Press，1964：107.

②　TARN J N. Five Per Cent Philanthropy：An Account of Housing in Urban Areas Between 1840 and 1914 [M]. Cambridge：Cambridge University Press，1973：46.

③　ADAM T. Philanthropy，Patronage，and Civil Society：Experiences from Germany，Great Britain，and North America [M]. Bloomington：Indiana University Press，2004：8.

会" (General Society for Improving the Dwelling of the Labouring Classes) 在其第五条目标中明确指出：协会如同那些公开声称其目标是追求资本利润率的公司一样，会保证投资的安全，协会将通过收租和管理体系使投资者能够没有风险地增加其财富①。"5％的慈善"原则也与模范住宅公司的租户选择和房屋管理理念有关。慈善家们相信通过为技术工人提供居所，底层工人的住房问题自然也会迎刃而解，因为前者搬走以后能够为后者提供新的房源，而且技工群体的经济状况能够保证住房成本的收回。

"5％的慈善"反映了将房屋质量和支付能力结合起来的关键在于投资者接受少于其资本正常商业收益 7％～10％的意愿②。这体现了慈善的一种新的变化趋向：它与社会市场紧密联结起来，显示了慈善商业化的一个发展方向，突破了慈善单方面给予的特点，从而使慈善有了更广阔的发展空间。

二、自助原则

19 世纪中等阶级的私人慈善活动有着自己独特的原则，即自助原则。"自助是维多利亚中期英国社会的重要传统之一，这种传统认为，无论从经济上还是从道德上，一个人主要应该依靠自己而不是依靠别人，在社会发展方面，这种自助传统的基本观点是：'社会的发展和进步最终不是依靠集体的行为，也不是依靠议会的立法，而是依靠自助实践的发扬和光大'。"③

自助，"是一个最受欢迎的座右铭，它在各个阶层都有卓越的领导人物"④，它也是"19 世纪英国的一项伟大美德，在各友谊协会和互助协会中最为明显"⑤，可谓是自由主义理论在社会领域的体现。它既是英国制定社会政策的根本出发点，也是各种社会组织活动的一项准则。工业革命中，中等阶级凭借自己的艰苦奋斗、勤俭节约积累了雄厚的财富，成为社

① TARN J N. Five Per Cent Philanthropy: An Account of Housing in Urban Areas Between 1840 and 1914 [M]. Cambridge: Cambridge University Press, 1973: 29.

② SMALLEY G. The Life of Sir Sydney Waterlow [M]. London: Edward Arnold, 1909: 68.

③ 丁建定. 从济贫到社会保险 [M]. 北京：中国社会科学出版社，2000：122.

④ TREVELYAN G M. English Social History [M]. Harmondsworth: Penguin, 1967: 523.

⑤ HALL P. Social Services of England and Wales [M]. London and New York: Routledge, 1969: 258.

会中新兴的富有阶层，因而他们普遍认为贫穷是由个人的懒惰、不节俭造成的，是个人性格缺陷的结果，是酗酒、堕落和放纵的标记。相反，"自助和独立被看作美德，没有这些优点的人会受到鄙夷。这些态度不止局限于那些富有阶层，维多利亚时期英格兰的熟练工人、'工人贵族'也以屈尊的态度看待下层工人"①。当时英国许多著名的人物都持类似的观点。例如，英国杰出的现代主义戏剧作家萧伯纳（1856—1950 年），在论及值得和不值得救济的穷人的各种主张时，认为从经济上来说，以私人的善举满足那些不值得救助的人的无端需求是不现实的，但帮助他们，"是一个公共义务，就像强制推行环境卫生一样，应由公众来承担"。因而，萧伯纳建议公共事业的赞助人，"绝对不要给公众所想要的东西，而要给他们缺少的、实际上没有的东西"。他赞扬约翰·罗斯金（John Ruskin）的做法，罗斯金给谢菲尔德捐了一座博物馆，他之所以捐建这座建筑，是因为他认为通过这种方式，这里的人可以开心地换一种方式度过周末，而不是成天喝酒打发时光②。慈善家们希望通过为公众提供良好的环境，改善其不良的生活习惯，为民众能够自助提供条件和基础。

　　所以慈善组织倡导积极的自助精神。早在 1802 年，英国就成立了"反恶习协会"（The Society for the Suppression of Vice），在穷人中鼓励勤劳、节俭、谨慎、礼貌和存贮。他们认为贫民应主要依靠自己的勤劳与节俭，而不是公共或私人慈善事业来应对生活中的困难，把大量的钱花在工人阶级身上帮助他们应对本应该由他们自己预料和解决的困难是一种极其有害的和错误的行为。疾病、贫困、生育、老年等都是一个人生活中的普通的事，如果人们发现这类问题可以依靠国家或私人慈善解决，他们就会产生依赖之心，而这种依赖之心对所有进步都是一种致命的危险，有了依赖之心，人们就不会去考虑改善自己的生活条件，很快就会走上懒惰的道路，其生活会比以前更糟。那些生活舒适的人乐意对工作勤奋、生活节俭的贫困者表示同情并提供帮助，如果正常的困难出现，他们就会出现在贫困者的身边，甚至在等待着对贫困者提供帮助。COS 的书记洛赫曾更

---

① ADAM T. Philanthropy, Patronage, and Civil Society: Experiences from Germany, Great Britain, and North America [M]. Bloomington: Indiana University Press, 2004: 21.

② 罗伯特·H. 伯姆纳. 捐赠：西方慈善公益文明史 [M]. 北京：社会科学文献出版社，2017：170，171.

简洁地表达说："我们必须用慈善事业来创造自助的力量。"①

　　这种自助思想在慈善起源中也可见一斑。《荷马史诗》是希腊文学中保存下来的最古老作品，"在《奥德赛》中，荷马对公元前 9 世纪人们在行乞和给予的态度上提供了一瞥。……荷马和他所创作的人物都鄙夷那些撒谎和行骗的流浪汉，并倡导要对其严惩以'教会流浪汉不要欺诈'。另一方面，行乞者又可能是伪装的神，因而人们理应对行乞者表示关心"。这明显体现了慈善接收者的两重性和慈善施与者的内心矛盾。古罗马著名政治家、哲学家西塞罗更是对慈善提出了三点原则。他在公元前 44 年完成的《道德责任》一书中，在讨论捐赠时提出了三点警告："第一，捐赠不应该引起对接收者或是其他人的偏见；第二，捐赠量不应该超出捐赠者的收入或者是使他的家庭陷入贫困；第三，捐赠应该与接收者的良好品质联系在一起，考虑其性格、关系、对捐赠者的态度和服务。"② 其中第三点明显反映出早在古罗马时期人们就主张要对接受救济者进行区分，只是后来它被宗教虔诚所掩盖，但 18 世纪以后区分思想再次复兴起来。

　　因而，对穷人的区分便成为慈善活动的必要条件，也是 19 世纪慈善活动的一大特色。例如，慈善组织协会对申请救济者有严格的条件限制，申请人要想得到救济必须具备以下条件："（1）申请人必须正在尽其全部所能进行自助，对于申请人来说，从慈善机构所得到的这种暂时的帮助有可能意味着在将来一个很长时期里他不会再仅仅依靠这种救济；（2）申请人必须提供全部的资料，以便使地区委员会判断是否对其实施帮助以及实施什么样的帮助；（3）申请贷款帮助的人必须找到合适的担保人，贷款也必须定期归还；（4）申请人如果由于自己的过错而被抛入失业的行列，不能指望从慈善机构中得到任何帮助；（5）有酗酒、道德败坏、懒惰习惯者除非向地区委员会证明自己正在改正，否则，不能得到慈善机构的任何帮助；（6）除非在特殊情况下，协会不对支付欠租或支付丧葬开支提供帮助，但是，当有人提出这种要求时，应该给以其他方式的较好的解决。"③

　　慈善组织不再给予单纯的物质帮助，而是更多地帮助救济者找到自力更生的手段，并努力为他们提供工作。慈善机构用于教育、医疗、养老、疯人院等公共福利方面的支出也远远高于用于个人救济方面的支出。

---

①　丁建定. 从济贫到社会保险［M］. 北京：中国社会科学出版社，2000：128-129.

②　BREMNER R. Giving：Charity and Philanthropy in History［M］. NJ：Transaction Publishers，1994：5，7.

③　同①129.

三、人道化慈善

在前资本主义时代，慈善更多的是提供关乎人们日常生活的基本救济，但进入自由资本主义时代后，情况发生了重要变化。工业革命虽然创造了巨额财富，但由于工厂制度没有建立"正当的保护措施"，所以人们感到他们是"受害者"①。财富都流入了新兴的资产阶级手中，英国到处是无法形容的贫穷。与此同时，英国还经历了史无前例的城市化进程。1851 年，英国"已有一半以上的人口生活在城镇"，成为"世界上第一个重要城市国家"②，城市化带来的人口膨胀、卫生状况恶化、医疗不足、住房短缺、道德下滑等一系列社会问题威胁着人们的生活。因此，慈善活动不再局限于救济穷人，而是针对工业化、城市化带来的诸多社会问题，关注于一切关于人道主义的事业，并在救济的同时希望能够从根源上解决问题。

这一特点从"慈善"一词英文表达的变化上也可以看出。许多学者喜欢用 philanthropy 而不再用 charity 来表示慈善自近代以来的发展，而在汉语中为表示区分，许多人将 philanthropy 译为公益，将 charity 译为慈善，那么这两个英语词语的区别何在？尽管 20 世纪后 philanthropy 一词与 charity 表示的意思接近且经常被互换使用，但它的源起以及在 19 世纪的发展都与 charity 有明显不同。philanthropy 一词出现于 17 世纪早期，如前所述它源于古希腊语 philanthropos，主要表示"爱人"和"性善"。相比之下，charity 来自拉丁语 carus，意思是 dear，常被用来表示对比自己不幸的人给予帮助或救援的行为。切克兰德比较贴切地指出了这两个词之间的一个重要区别，他认为 19 世纪的基督教慈善（Christian charity）是一种社会习俗，主要是为施与者的安心而非接收者的利益而为。而 philanthropy 是一个更宽泛的概念，它基于人道主义的关心，并不包括对接收者做出的道德判断③。

philanthropy 强调人道化的帮助。"西塞罗曾说：'任何不会造成个人损失的恩惠都应该去做，即便是对一个陌生人。'"④恺撒死后就将其财产

---

① 阿萨·布里格斯. 英国社会史 [M]. 北京：商务印书馆，2015：234.

② 马丁·威纳. 英国文化与工业精神的衰落：1850—1980 [M]. 北京：北京大学出版社，2013：65.

③ HARRIS B. The Origins of the British Welfare State [M]. London：Palgrave，2004：59.

④ BREMNER R. Giving：Charity and Philanthropy in History [M]. NJ：Transaction Publishers，1994：7.

留给了所有罗马市民。与 charity 最初强调的施与者对上帝的爱不同，philanthropy 更关心的是慈善行为本身对接收者带来的益处，因而它与农业社会发展体系下以救济穷人为主的 charity 不同，而是与积极参与人道主义改革运动联系起来，活跃于改善对罪犯和精神病患者的态度、废除奴隶制、为妇女和劳工谋求权利等。

可见，philanthropy 的行为对象更为广泛，它包括一切人道主义行为，如为有需要的人提供新服务、监督政府服务项目的效用，以及为弱势群体寻求政治权利等多方面的努力。在 1832 年《泰晤士报》刊登的《致编辑的信》中，作者将 philanthropy 和基督教精神并列使用，用于描述一个人的优秀品质①。这在一定程度上说明 philanthropy 并不包括基督教方面的行善。同样，在 1860 年的一篇文章中，作者仍是并列使用了虔诚和philanthropy 来描述一位卓越的人②。在谈及某位政治人物的情怀时使用的亦是 philanthropy 一词而不是 charity③。

但是英国人并不怎么习惯使用 philanthropy 这一新词，从表 2 - 4 中可以看出，不论是在 19 世纪还是在 20 世纪，人们还是更习惯于使用charity 一词。不过，19 世纪 charity 在人们心中的含义也在悄然发生变化。它除了表示爱上帝爱邻人外，还经常出现在广告④、法律报告⑤中，并经常与"公共"⑥ 一词相连表示多样的慈善行为。其使用范围的拓展显示了其内涵的增加。charity 概念变化的一个重要表现即是其官方界定的调整。法官们对慈善的界定高度依赖于 1601 年《慈善用途法规》的序言，而这也被他们的继承者所继承。但随着社会的进步和慈善的发展，这一界定变得过于狭隘，于是塞缪尔·罗米利爵士在 1805 年对慈善采取了另一种描述性的界定，罗米利概括："从法律上来说，慈善可以区分为四类目的：第一，救济贫困，这包括通过提供钱财、食物、教育、医疗救助等；第二，促进教育；第三，促进宗教；第四，也是最难（界定）的一种，促进公共事业（general public utility）的发展。"⑦ 这一概括式的界定，后在

---

① To The Editor of The Times [N]. The Times，1832-03-02.

② Society，Mission and Asylum Life [N]. The Times，1860-04-19.

③ The Farce of Constitution-giving in Naples [N]. The Times，1860-06-06.

④ Advertisement [N]. The Times，1832-05-12.

⑤ Court of Common Pleas，Westminster，May 16 [N]. The Times，1832-05-17；Court of Chancery，Thursday，Aug. 9 [N]. The Times，1832-08-10.

⑥ Public Charities [N]. The Times，1860-04-03.

⑦ 加雷思·琼斯. 慈善法史：1532—1827 [M]. 北京：社会科学文献出版社，2017：134.

1891 年英国议会上院审议"特殊用途所得税专员帕姆萨尔"一案中（Pemsel's case），被大法官麦克纳坦爵士（Macnaghten）所采纳和完善，麦克纳坦详细论述了如何从法律意义上正确理解慈善或者慈善用途的问题，他提出了四大慈善目的：救助贫困，促进教育，推广宗教，服务社区①。任何慈善都必须直接或间接地服务于此。

表 2-4　　charity、philanthropy 在《泰晤士报》的出现频率统计

年份	charity		philanthropy	
	全文	关键词（文章题目和引文数据）	全文	关键词（文章题目和引文数据）
1785	101	4	12	0
1800	107	5	0	0
1832	359	17	15	2
1860	764	48	40	0
1890	1 021	56	62	1
1900	882	70	46	3
1928	693	142	39	0
1945	261	29	6	1
1960	523	71	8	2
1979	114	13	0	0
1985	1 111	144	21	3
1785—1850	17 433	957	1 085	40
1851—1985	101 493	10 172	4 151	199
1785—1985	118 926	11 129	5 236	239

资料来源：笔者据《泰晤士报数字档案（1785—1985）》（*Times Digital Archives*，1785—1985）数据库整理而成。

1891 年对慈善目的的归纳，既承袭了 1601 年《慈善用途法规》对慈善范围的规定，又极大丰富了慈善的内涵，特别是"服务社区"目的，不仅涵盖了多领域的慈善行为，而且体现了慈善的阶层变化。具有改进社会环境作用的"服务社区"对经济发展、财富创造的价值不言而喻，这正符合了新兴中等阶层对创造财富的追求，它使富人同样可以受益。中等阶层还推崇科学和进步，他们把探索社会问题的根源和帮助弱势群体的努力更

---

① GERARD D. Charities in Britain：Conservatism or Change？［M］. London：Bedford Square Press of the NCVO，1983：53.

多地建立在理性基础上而不是诉诸仁爱，因而对穷人的区分和对自助的推崇即变得合理，这样不仅提高了资源的使用效率，而且将慈善从对邻人的义务中解放出来，使之成为一种备受推崇的社会道德。这也进一步推动了慈善活动在世俗化和合理规范化道路上的发展，charity 开始泛指一切旨在解决社会问题的仁慈行为。中等阶级虽然取代不了贵族的优势地位，却发展了贵族的慈善模式，将自己的价值观融入其中，并使相对零散的捐助活动演变为合理化、规范化的新型慈善事业，为当代社会服务树立了典范。1891 年对慈善目的的归纳正是慈善新发展的重要标志。

可以说，philanthropy 的含义在一定程度上已经被赋予了 charity，故本书全文采用"慈善"一词来表示 charity 和 philanthropy，并未将后者区分为"公益"。如上节所述，19 世纪的慈善活动不仅涉及保障健康、促进教育、拯救贫穷和发展宗教方面的行为，而且随着时间的推移出现了一些涉及拯救妓女、改造犯人、教育穷人、节制改革、促进道德等问题的专业化的活动及相关组织机构。这些活动生动体现了慈善的人道化发展，也预示着慈善突破了传统的贫困救济模式，近代意义上的合理化、规范化的慈善模式开始形成。

四、女性慈善的活跃

19 世纪私人慈善活动还有一个值得注意的方面，即中等阶级妇女慈善活动的兴起与发展。人们往往更关注妇女的"家庭天使"角色和稍后争取选举权的女权运动，对中等阶级妇女慈善活动的重要地位，没有放到应有的高度。这些"家庭天使"不但广泛地进行家庭探访救济贫穷，而且走上街道、走进罪恶的巢穴拯救一切堕落的人，她们活跃在慈善机构和公共机构的各种活动中。虽然最初她们只是作为男子的助手出现，没有任何权力，但随着其活动的深入，她们掌握并管理了很大一部分慈善活动。

中等阶级在发展壮大中逐渐有了对自身的认同，同时为巩固并加强自己的地位，他们也在塑造自身的观念。"'家庭'是一个人生活的地方，但也是一种想象的东西，一个寄托精神的场所。"① 男性在家庭观念上提出了一种"双重领域"的思想意识，即男子活跃于家庭之外，而女子则应该留在家中，充当贤妻良母型的"家庭天使"，"成为担负起维持家庭乃至整

---

① 杰里米·帕克斯曼. 英国人 [M]. 上海：上海译文出版社，2000：150.

个社会高尚道德水准的'女神'"①。"《家，甜美的家!》是维多利亚时期最受欢迎的一首歌，在它问世的第一年（1823 年）就卖出了 100 000 多份复本。"② 家在人们的头脑中是根深蒂固的。主妇的工作是：（一）使大家高高兴兴；（二）每天给他们做饭；（三）给每人衣服穿；（四）令每人干净整洁；（五）教育他们③。妇女们过着笼中鸟般的生活，"没有一个人会像妻子那样是竭尽一切所能的奴隶"④。尽管"大多数妇女承认，持家和照顾孩子，连同对父亲以及更大程度上对丈夫适度的服从，是她们的首要责任"⑤，但这种"家庭天使"本身是一种矛盾的集合体。社会上"几乎没有工作适合那些值得尊敬的妇女，特别是那些有小孩子的妇女"⑥。她们徒有空洞的道德崇高，没有地位，没有生存能力，与社会大背景下的自由相违背，必然不能持久。贵族妇女的崇高地位和相对自由及下层妇女广泛参与社会劳动，对她们来说无疑构成了强大的诱惑。社会的疾苦、宗教信仰的爱心，促使她们要去救助苦难。于是，慈善活动成为女性走出家庭的第一步。

慈善活动更易被社会所接受。"妇女超出家庭领域应该是最小限度的……慈善工作是个人品德公共表现的主要出路。"⑦ 而且慈善活动属于一种"灰色地带"，无论是私人空间还是公共空间都有可能与之重合。所以"对于中产阶级妇女来说，对穷人的帮助正是令她们的影响力得以在主流意识形态内充分发挥的最主要途径"⑧。"至少和婚姻相比，所有有思想有能力的妇女更喜欢做任何在她们看来并不卑贱的事情，当婚姻给了她们一个拥有她们一切财产的控制者时。"⑨ 因而，这时期中等阶级妇女的慈善活动异常活跃，一时间也成为衡量她们身份地位的一个标志。

中等阶级妇女的主要活动领域是家庭，所以她们早期的慈善活动多是对穷人家庭的随机探访。到 19 世纪中期，这种分散的探访已经发展到系

---

① 王萍. 现代英国社会中的女性形象 [M]. 南京：江苏人民出版社，2005：6.

② PHILLIPS J, PHILLIPS P. Victorians at Home and Away [M]. London：Croom Helm，1979：90.

③ 霍布斯鲍姆. 资本的年代 [M]. 南京：江苏人民出版社，1999：323.

④ 沃斯通克拉夫特. 女权辩护 [M]. 北京：商务印书馆，1995：284.

⑤ 琳达·科利. 英国人：国家的形成，1707—1837 年 [M]. 商务印书馆，2017：318.

⑥ 同②38.

⑦ FLANDERS J. Inside the Victorian Home [M]. London：W. W. Norton & Company，2005：320.

⑧ 同①86.

⑨ GUY J M. The Victorian Age [M]. London and New York：Routledge，1998：533.

统的有组织的协会探访。她们力图通过家庭道德和物质的净化来改革家庭生活。最初，"妇女进入公共领域很大一部分是其作为照顾者的延伸。男人实际领导慈善，决定政策、处理财政、监督管理"①。但到维多利亚前期，这种情况已大大改观。许多由妇女管理的协会出现，如"妇女友谊会""妇女慈善协会"等。其活动涉及贫穷、疾病、分娩等多方面，妇女在国民健康和福利方面发挥着越来越显著的作用。

"慈善妇女不愿放弃任何堕落的人，怀着关注一切细物的热情及妇女本应受到重视的热情，他们将其爱心延伸到那些通常不在地区和机构探访者范围内的个体。她们想净化的是那些流浪者、无技术工人、士兵水手，尤其是妓女。""寻找和拯救"恰当地概括了那些活动。为此"慈善妇女常出现在工厂门口、船厂食堂、工人酒馆、缝纫女工的血汗工厂和无技术工人的宿营地"②。她们走入街道和妓院，采取一切可能的方式说服妓女从良。由于拯救工作的特殊性，妇女担任了大部分的管理工作。没有她们的工作，这项运动就不能开展起来。妇女在这一过程中也得到了锻炼，树立了信心，并得到了越来越多男性慈善者的认可。此外，她们在实践中也逐渐认识到男女地位的不平等严重阻碍了其工作进程，开始要求男女平等。

与探访活动一起发展起来的还有妇女在机构中的活动。"中等阶级妇女在许多慈善机构中很活跃，特别是在有组织的慈善义卖、茶话会、各种募资活动中。"③ 英国也出现了很多女性慈善组织，"有负责施舍汤、煤和毯子的社团；有负责诊疗和探访病人的协会；有负责给孩童考试的社团（训练慈善学校的学生们）；有分发圣经和祈祷书的团体（给坐在教堂免费席位上的穷人分发）；有按月向母亲和新生儿出借婴儿床亚麻布的团体"④。不过，妇女进入慈善机构最初是受到抵制的，大部分慈善机构的领导者都是男性，但妇女的帮助又是慈善机构所需要的。妇女除参加大量的机构活动外，还对机构的内部管理进行观察，提供意见，同时还以个体探访或有组织的慈善机构代表的身份进入医院、工厂、济贫院、监狱等公共机构，对

①　FLANDERS J. Inside the Victorian Home [M]. London：W. W. Norton & Company，2005：323.

②　PROCHASKA F K. Women and Philanthropy in Nineteenth-Century England [M]. New York：Oxford University Press，1980：182.

③　同①320.

④　罗伯特·H. 伯姆纳. 捐赠：西方慈善公益文明史 [M]. 北京：社会科学文献出版社，2017：121.

其进行全面监督，她们还投身于反奴运动、为士兵织袜等公共运动中。19
世纪英国国家机构中的妇女工作者取得了长足的进步，其社会影响力在不
断扩大。

　　妇女还是慈善募捐的一支重要力量。慈善捐助的增多是慈善发展必不
可少的要素。妇女参与慈善活动人数的增多，带来了大量的资金。"19 世
纪 90 年代一项对 42 个中等阶级家庭的调查表明，他们在慈善上的花费大
大超出租金、服饰、仆人工资及除食物外的任何一项支出。"① 但妇女在
其中的贡献却往往被忽视。除了零星分散的救助外，妇女的捐赠行为主要
在机构中进行。从表 2 - 5 中可以看出，妇女捐赠者的比例不断提高，这
也与妇女在慈善机构管理层中的人数成正比。

表 2 - 5　　　　　　　　　妇女在不同慈善机构中的捐赠情况

协会名称、成立时间	捐赠时间	捐赠者总数	妇女捐赠者人数	妇女所占比例
男女共管的慈善协会				
妇女保护和供给联盟，1874 年	1875	54	36	67％
	1889	89	67	75％
济贫院拜访协会，1858 年	1860	133	109	82％
	1864	206	174	84％
妇女管理的慈善协会				
妇女护理协会，1840	1848	236	172	73％
妇女素食主义者联合，1895 年	1896	206	198	96％

　　资料来源：PROCHASKA F K. Women and Philanthropy in Nineteenth-Century England
[M]. New York：Oxford University Press，1980：243-245.

　　这些"家庭天使"作为捐赠者的有效性和持久性令人怀疑，但她们却
找到了获取资金的一条重要途径，即义卖。"义卖是中等阶级妇女参加的
又一项慈善活动，目的在于帮助孤儿、学校、医院这类个人与机构，另一
方面还筹集慈善团体的经费。"② 义卖是 19 世纪慈善募捐的最流行方式，
许多慈善团体的年度基金也要依靠义卖。妇女是慈善义卖的主要参与者和
组织者，义卖的东西也主要是妇女自己制作的手工艺品。为了吸引更多的

---

　　①　PROCHASKA F K. Women and Philanthropy in Nineteenth-Century England [M]. New
　　　　York：Oxford University Press，1980：21.
　　②　马瓔. 工业革命与英国妇女 [M]. 上海：上海社会科学院出版社，1993：69.

人以达到最好的经济效果，皇族及头面人物的利用、义卖场地的精心布置、报纸广告的大力宣传、流程的别出心裁，使"慈善义卖的流行不仅是慈善和妇女慈善活动的要求，而且成为 19 世纪娱乐的一个方面"。大小型的义卖活动在城市和农村绵延不断，义卖收入从最初的 100 英镑左右，逐渐增加到 2 000 英镑，最高的一次竟达 25 000 英镑。义卖可谓是"妇女慈善时代到来的表现"①。

妇女的慈善活动，还存在着一个颇引人注目的追随者集团——儿童。"托马斯·布鲁克斯的画《慈善》（1860 年）表现了一个母亲正在教育她的女儿如何行善。"② 这些孩子小的只有四五岁，平均年龄为 12 或 13 岁，其中 6～16 岁的女孩居多。她们的活动领域很广，包括挨家挨户的探访，加入道德改革事业，举行义卖募集资金，参加年度儿童大会，建立自己的慈善组织，作为辅助机构接受妇女的领导等。儿童成为妇女慈善的追随者，主要是受当时教育模式的影响，一方面家庭是当时主要的教育场所，"正是在母亲的教育下，孩子首先畏惧上帝并感受到道德责任的负担"③。另一方面，教士、主日学校的老师们也不断地引用《圣经》中的说教。这种圣经教育极大地激发了儿童的慈善冲动。儿童的参与给中等阶级妇女慈善提供了有利的援助和支持，同时也加强了儿童的种族和文化认同以及思想偏向的形成，保证了慈善思想的传播及新生力量的培养。

尽管妇女在大部分慈善活动中主要发挥辅助作用，但正如普罗查斯卡所言："在一个几乎所有大门都将妇女拒之门外的时代，她们发现在慈善协会的大门中有一个缝隙。"④ 她们发现了这一机遇并充分利用了它。妇女也因此赢得了尊重，且这种尊重有助于性别平等的开展和妇女解放思想的增长。"从这个意义上说，维多利亚时代是历史上第一个伟大的女性时代。"⑤

---

① PROCHASKA F K. Women and Philanthropy in Nineteenth-Century England [M]. New York：Oxford University Press，1980：58，71.

② FLANDERS J. Inside the Victorian Home [M]. London：W. W. Norton&Company，2005：321.

③ 同①73.

④ HARRIS B. The Origins of the British Welfare State [M]. London：Palgrave，2004：60.

⑤ PHILLIPS Janet，PHILLIPS P. Victorians at Home and Away [M]. London：Croom Helm，1979：105.

第四节　私人慈善活动繁荣的原因

私人慈善活动之所以能够在 19 世纪蓬勃发展并呈现出上述特征，是与当时的社会大背景紧密相连的。其中，从乡村向城市的空间转变、政府法律的变动、教区的调整以及中等阶级的崛起等有力推动了私人慈善活动的繁荣。虽然宗教仍然在社会问题上发挥着重要作用，对每个人的思想具有最基本的影响，但中等阶级在政治、经济、文化上的世俗追求却主导了慈善活动在社会转型过程中的变迁。

一、慈善空间的转变

空间是历史发展的载体，其变化深刻影响着历史的演变。19 世纪英国城市空间变化带来的影响是实在的，且直接作用于当时的慈善发展。城市空间，包括城市面积、空间布局、功能设置、人口密度等多方面的要素。工业革命后，在新的历史条件下近代城市空间在空间布局、功能设置和人口密度等方面都发生了明显转变。

工业革命前的英国城市，教会是社会经济活动、政治生活和人们日常生活的中心。教区是教务行政区，它会根据信徒的分布和教区条件设立教堂，因而，中世纪城市在城市空间布局上的特点就是教堂成为每个城市的中心。教堂是当时的社区中心或是活动中心，市场或集市常设在教堂附近，占一方块广场或楔形空地。之所以设在教堂附近，是因为这里是人们最经常聚合的地方。即便是人口不足 1 万的小城镇，往往也耗巨资建立起一座大教堂，如达勒姆郡的达勒姆大教堂。伦敦更是以威斯敏斯特教堂为中心。中世纪的城市很像今天的乡间小镇，而不像拥挤、现代的商业中心。

然而，工业城市的兴起改变了这种状况。"产生新城市的力量是矿山、工厂和铁路。"① 这些城市的中心不再是教堂，而是工厂。蒸汽动力的应用，使得"工厂主不再需要走进荒地，去建造村庄或小村子来安置劳动力。他们往往将制造厂、工厂或工场建在现有城镇的边缘，工人则被安置

---

① 芒福德. 城市发展史：起源、演变和前景［M］. 北京：中国建筑工业出版社，2005：331.

在四周空地上迅速建起来的排屋（terrace-house）街区"①。生活的每一个细胞都依附于工厂，于是工厂逐渐成为城市的中心。那些棉布工业、化学工业和炼铁工业等工厂，则坐落在滨水区域，这是因为生产过程中需要大量的水供给蒸汽锅炉，还要冷却水，而且河流也是倾倒污水的最便捷场所。而诸如居民供水设施、政府办公机构、医疗、教育、食品检查等基本的市政设施却成为工厂的装饰品，是后来才逐渐建立起来。与此同时，教堂在城市中的地位日益下降，"工厂里看不到同情，看不到上帝，工业城市缺乏宗教空间或者强大的社会道德约束，只有马克思所说的'金钱关系'。到19世纪50年代，去教堂的人数降到了不足50%，像曼彻斯特这样的城市还不到1/3，而此前去教堂曾经是十分普遍的现象"②。

空间布局的变化与城市功能的转变息息相关。以教堂为中心的中世纪城市追求的是基督教所主张的那种神圣生活。虽然修道院和教会倡导劳动，但是它们把从事体力劳动看作是进行修道的一种重要方式，那时的劳动被视为拯救灵魂的重要途径，也被认为是基督徒应有的品德。教会用教义对其经济活动的诠释颇具鼓动性，并且主导了社会的价值取向③。因而，"不论商人本身如何处心积虑地想发财，这种社区的主要经济活动并不是商业贸易；它的主要事业是崇拜上帝、歌颂上帝"④。英国中世纪城市的商业性虽然较许多欧洲国家更浓，但是其主要职能仍是服务上帝。

而以工厂为中心的工业城市的核心功能则是创造财富。这些"堆放机器的大杂院"，不是去推动人类社会谋求更好的生活，而是竭尽所能地去创造剩余价值。城市杂乱无章，"至于在19世纪工业技术时期对城市的生长发展有任何有意识的政治法则的话，那就是，它得按照功利主义的基本原则办事。……'没有计划'这个词在维多利亚时期是一个赞扬性的词"。工业家和政府官员遵循他们认为的自然界发展的道路，将政府的功能降到了最低点⑤。19世纪60年代，古典政治经济学家的信条作为政治原则被广泛接受。以财富为中心的城市发展理念不仅影响到慈善的发展，使慈善运行的方式方法出现商业化的变化，更重要的是，慈善的这种变化进一步

---

① W.G. 霍斯金斯. 英格兰景观的形成［M］. 北京：商务印书馆，2018：226.

② 乔尔·科特金. 全球城市史［M］. 北京：社会科学文献出版社，2014：148—149.

③ 王亚平. 西欧中世纪社会中的基督教教会［M］. 北京：中央编译出版社，2011：2，11.

④ 芒福德. 城市发展史：起源、演变和前景［M］. 北京：中国建筑工业出版社，2005：203.

⑤ 同④335.

增加了城市的商业化色彩，进而强化了城市创造财富的功能。

与之相伴随的是工业城市人口的激增，人口密度不断增大。15 世纪伦敦的人口只有 4 万人，而到 1809 年已达 100 万人，1841 年又升至 223.9 万人。1801 年，在英国本土的英国人有 30％生活在城市里。到 1901 年，英格兰和威尔士只有 1/5 的人口住在所谓的"农村地区"，就是说 80％的人口已经城市化。这一比例比欧洲大陆任何国家都要大①。人口的激增不可避免地带来了一系列的社会问题，贫穷、失业、住房、犯罪、年老等问题困扰着工业城市的发展，这便给政府、教会和社会慈善带来了沉重的救济任务和严峻的挑战。但慈善在被动做出改变的同时，也做出积极回应，以实际行动影响了新的城市空间的发展方向。例如，以各种住房组织为代表的慈善机构建造了大量前所未有的简易住宅，既呼应了以工厂为中心的城市空间布局，也增强了新兴工业城市的财富创造功能，甚至还发挥着社区中心的作用，从而使慈善在某一区域的影响更为直接和深远。

二、政府法律的变动

工业革命带来的巨大社会变动让英国进入一个动荡的时代。工人阶层生活状况的悲惨，工人组织的发展，以及法国革命和美国独立战争的爆发，使英国政府不得不再次采取措施缓和社会矛盾。1774—1824 年间，议会通过了一系列劳动立法，要求雇主对自己的雇工承担一定的责任。但随着社会化大生产将人们前所未有地紧密联系起来，也引起了人们价值观念的变化。济贫法不仅未能消除贫穷问题，反而使济贫负担日益沉重，这迫使人们思考，在社会经济生活中那些无法维持生存的人到底应该如何处置？是个人责任还是政府责任？个人与社会关系的解释变成了一个社会关注的问题。

亚当·斯密将对这一问题的争论正式引入理论探讨的范畴。斯密认为，只要在社会认可的框架内，个人利益和社会利益都能通过市场经济活动的自动调节而达到理想状况，对人类事务的干预有百害而无一利，政府的干预和管理未必比无为而治更有效。因而，他认为社会对穷人没有救助之责。虽然斯密否定了政府行动，但理论家加入这一争论的事实本身，已经表明了英国社会政策的发展进入了一个新的阶段，其权宜性和随意性消

①　肯尼斯·O.摩根. 牛津英国通史［M］. 北京：商务印书馆，1993：444，494.

失，社会政策的发展与福利思想的发展建立了一种密不可分的关系，此后的任何社会政策的变革都是在特定的理论指导下进行的①。

马尔萨斯认为，人类的性欲导致人口不断增加，所以贫穷和痛苦是人类所无法避免的，贫穷又是限制穷人人口增长、刺激他们工作热情的一种必要的社会因素。李嘉图认为，工资应该保持在一种刚好使工人能"维持其自身和种群的生存，既不增加也不减少"的水平上。济贫法不仅不能改善贫民的生活状况，而且会使富者变穷。中等阶级所信奉的自由主义价值观可以概括为：社会领域的个人经济自由，政治领域的政府自由放任，经济领域的自由竞争、自由贸易。这一自由主义价值观又在杰米里·边沁那里得到升华。边沁在 1789 年出版的著作《道德与立法原理导论》中，提出了一个影响深远的原则——功利主义原则，即对任何事物的评判都要依据是否合乎"最大多数人的最大幸福"。为了实现最大幸福原则，功利主义一方面有利于自由放任，方便个人追逐利益和幸福，另一方面则有助于政府干预，政府对那些不合乎最大多数人最大幸福原则的事物进行改造，既限制那些不劳而获的地主贵族们从本应由中等阶级取得的财产中获利，同时又改造济贫法，惩治穷人。

埃德温·查德威克则首先将自由主义理论应用于英国社会政策的改革。"争取个人自由的信念鼓动人们发动了一次又一次的斗争，反对绝对王权，要求信仰自由，进行议会改革等，每一次斗争取得的胜利都使个人得到了更多的自我表达的机会和权利。因此，这种自由主义不仅可以派生出自由放任的观念和信条，也可以成为一切社会改革的思想基础。"奉行自由的先决条件是使人们懂得自由的价值和规则，而此种教育的责任，只有政府才有可能承担。任何社会改革只有通过政府立法的干预，才能获得预期的效果。这是查德威克进行济贫法改革的主导思想②。

查德威克认为，原有的济贫制度破坏了人的劳动本能，必须以一种新的原则来重新修改济贫法。为此，查德威克提出了两大基本原则：第一，任何游手好闲者的生存状况不应明显好于最低收入阶层的独立劳动者的状况，即"劣等处置"原则；第二，为保证接受救济者的生活状况低于独立劳动者，停止一切户外救济，将一切救济活动集中在济贫院进行，即"济

---

①　陈晓律. 英国福利制度的由来与发展 [M]. 南京：南京大学出版社，1996：15-17.
②　同①25.

贫院检验"原则。这两大原则受到议会内外的广泛欢迎。

"有限政府和分权管理的思想是 19 世纪中叶出现的自由国家的一个基本要素。"① 英国政府奉行自由主义和国家权威分散化、地方化的原则。维多利亚时期政府的一致目标是为市民社会的自由运转提供一个基本框架。为此，它强调中央与地方的合作结构，采取不干涉政策，尽量减少国家财政的支出，并认为私人力量可以解决社会问题。旧济贫法是旧的父权制社会秩序的一个基本部分，政府惧怕济贫制度削弱人们的独立性。在这种背景下，1834 年《新济贫法》在议会顺利通过，并付诸实施。"其目的是通过有条件、威慑性的救济降低福利支出，进而减轻纳税者的负担，恢复工作动力，并且再次加强工人阶级适当的附属地位。"② 《新济贫法》"最突出的特点是将贫困的原因归咎于个人，认为应该创造不堪忍受的条件，'教育'贫穷者积极谋生。它规定'无论以任何方式对有工作能力者及其家庭进行救济，使其生活状况超过了组织良好的济贫院的水准，均为非法'。所以，任何请求救济的人都必须住进济贫院，接受'济贫院检验'"③。《新济贫法》确立了"劣等处置"原则和"济贫院检验"原则，将救济穷人转变为惩治穷人。在济贫院里，被救济者从事辛苦的劳动，而且家庭单位被分割，男女分开管理，与外界完全隔离，贫困者被从社会中孤立出来。"济贫院的劣等处置原则不是通过劣质食物或恶劣的住宿条件来实现的，而是通过繁重的体力劳动和对那些懒惰、目无法纪的人实行无法忍受的严酷纪律来实现的。"④ "这些新措施受到劳动人口的激烈反对。"他们被恐惧所缠绕，在新的、红砖建筑物的高大围墙之内，"他们就像犯人"，"生活极度沉闷和不自由"⑤。

由于各地方政府根本无力建立起足够的济贫院，户外救济也就不可能停止，而济贫院条件的恶劣使得人们竭尽所能远离那个地方，所以《新济贫法》并没有取得预期的效果，反而招致了广泛的批评。"不仅工人阶层和广大的贫困救济接收者反对《新济贫法》，那些曾经管理旧济贫体制的人——教区监督者、地方执政官、教区委员会，也被新的中央权力的干涉

① KIDD A. State，Society and the Poor in Nineteenth-Century England ［M］. London：Macmillan Press，1999：2.

② DIGBY A. British Welfare Policy：Workhouse to Workfare ［M］. London：Faber and Faber，1989：31.

③ 钱乘旦，陈晓律. 英国文化模式溯源 ［M］. 上海：上海社会科学院出版社，2003：115.

④ 同①28.

⑤ HARRISON J F C. The Common People ［M］. London：Croom Helm，1984：237.

所激怒。"① 对《新济贫法》的反对，在 1837 年达到高潮。在兰克和西赖丁郡，还出现了有组织的反《新济贫法》的运动。狄更斯曾评价《新济贫法》道："我相信，在英格兰，自斯图亚特王朝开始，没有法律像济贫法一样，如此的名誉扫地，如此的受到公开违抗，如此习惯性地监管不力。曾经发生了很多因为贫穷而导致患病和死亡的令人蒙羞的案件。这些案件震撼了所有公众，并令国家蒙羞。"② 在这种情况下，人们更寄希望于慈善的社会救助功能。许多人在遇到困难后，不是去寻求政府济贫院的帮助，而是会选择慈善。社会上的许多有识之士也更倾向于发挥慈善的作用。

然而《新济贫法》的通过却意义重大：首先，在《新济贫法》的实施中，查德威克创立了第一个全国性的行政机构——济贫委员会，并由常任官员负责。这套行政机构的建立，为以后能在全国按统一标准实施福利政策奠定了必要的行政基础。其次，《新济贫法》为了使个人摆脱受救济的困境而提供救济，说明国家有权干预个人的经济和日常生活，这无异于说明"个人的命运是一个社会问题，国家对个人的命运承担着一种不可推卸的责任"。这为以后英国政府将惩贫为主的社会政策转变为真正的福利政策埋下了重要的契机，而福利国家制度的许多特点也源于济贫法修正案。英国的社会政策开始走向成熟③。同时，英国社会政策的进步也为政府与慈善组织的合作提供了更多的可能。最后，《新济贫法》认为"志愿慈善将会提供更具建设性的援助"④。它将慈善在社会中的地位和作用置于政府之上，从而积极肯定了慈善的重要性，鼓励人们进行慈善和通过慈善的方式来度过困难。

政府在推崇慈善的同时，还关注慈善救济的发展并对之进行一定的引导和调整。早在 1834 年《新济贫法》颁布前，英国政府即对其境内的慈善事业进行调查。"在 1819 年后的 15 年里，英国议会共成立了四个委员会，负责调查英格兰和威尔士的慈善组织。这些委员会报告说，多数慈善信托得到良善的管理，纵然其中很多机构的宗旨和模式并不符合济贫法改

① ADAM T. Philanthropy, Patronage, and Civil Society: Experiences from Germany, Great Britain, and North America [M]. Bloomington: Indiana University Press, 2004: 10.

② 罗伯特·H. 伯姆纳. 捐赠: 西方慈善公益文明史 [M]. 北京: 社会科学文献出版社, 2017: 119-120.

③ 陈晓律. 英国福利制度的由来与发展 [M]. 南京: 南京大学出版社, 1996: 29.

④ OWEN D. English Philanthropy 1660-1960 [M]. MA: Belknap Press, 1964: 136.

革者所主张的'消灭乞丐'这一最严格标准。"① 1853 年，英国慈善委员会正式成立，对永久捐赠慈善机构进行监督。1868 年新任济贫法委员会主席乔治·戈申在 1869 年 11 月 20 日对伦敦的济贫法联合会签署了一份备忘录，表达了对院外救济的增加、慈善基金不加区分的分布以及济贫法和慈善机构给予同一个人双重救济的担忧。戈申努力寻找使慈善基金的使用更有效以及使济贫和慈善有所区分限制的方式②。

　　与此同时，英国政府和议会还进一步规范慈善本身的行为。进入 19 世纪，议会开始努力研究提出新的程序机制，以加强对慈善信托的有效监管。1812 年，《慈善信托财产滥用救济法》顺利通过，该法规定：自该法颁布实施之后，对任何违反或者可能违反慈善信托约定的行为……两人或两人以上有权向大法官或掌卷法官提交诉状……通过诉状的陈述……法官们的听审采取简易程序，并通过听审中的誓证和其他证据做出判决或决定。由以上诉讼程序做出的判决具有终局性③。1812 年的《慈善信托财产滥用救济法》致力于解决慈善信托中的财产滥用问题，尽管它未能完全实现这一目标，但是毫无疑问该法的出台为 19 世纪私人慈善活动的有序发展提供了有力的法律保障。此后，英国政府在 1818 年颁布了《慈善信托法》，1819 年又制定了《慈善基金法》。许多对慈善信托财产的滥用被发现并得到了纠正。从 19 世纪 40 年代开始，英国议会又开始研究如何在衡平法院建立便捷高效又费用低廉的慈善案件受理模式。

　　此外，慈善捐赠继续享受着许多特权，尽管 18、19 世纪的英国司法优先保护个人利益，但是纵观 1700—1827 年的慈善法史，许多特权被非常完整地保留下来，没有受到丝毫的批评，例如大法官亲审即便诉讼标的价值小于 40 先令的慈善诉讼法案。近似原则亦得以保存并进行了一定的修正，规定"如若捐赠用以设立慈善信托的目的自始无效，那么当且仅当捐赠者具有一般慈善目的时，才可以适用近似原则"④。1888 年，英国还通过了《永久经营和慈善用益法》⑤，该法生效后，1601 年《慈善用途法

① 罗伯特·H. 伯姆纳. 捐赠：西方慈善公益文明史 [M]. 北京：社会科学文献出版社，2017：108.

② SNELL K D M. Parish and Belonging：Community，Identity and Welfare in England and Wales 1700-1950 [M]. New York：Cambridge University Press，2009：262.

③ 加雷思·琼斯. 慈善法史：1532—1827 [M]. 北京：社会科学文献出版社，2017：180-181.

④ 同③144，149.

⑤ 1888 年《永久经营和慈善用益法》后被 1960 年《慈善法》所废止。

规》随即被废止，但新法在第 13 条第 2 款保留了 1601 年法序言的效力。这些司法特权和实体法有效地维护了私人慈善活动的运作。

19 世纪前，英国对慈善信托的监管主要依赖于法院，但是进入 19 世纪，除司法外，英国的议会和政府也介入到慈善的监管中，从而使英国的慈善事业得到了更多的监管和保障，这无疑为私人慈善活动的发展提供了有利条件。

三、教区的调整

教区通常包含教区牧师、教会委员、教区委员会、教区医院、教区医生、教区监察官，以及教区执事等。教区在某些方面发挥着重要作用。例如，绑定学徒被看作是 1601 年《济贫法》下济贫的一种形式。《新济贫法》下，贫穷的儿童一般被其监护人或法官所绑定，但此前教区监察官执行了关于学徒的各项工作，并一直延续到 1844 年这一职责被削减。监察官会探访那些与教区绑定的学徒，检查他们是如何被对待的，因为这些孩子是根据教区慈善机构的某些条款来做学徒的。监察官也在教区慈善基金的接受、分发和核算上发挥重要作用①。此外，教区慈善救济很普遍，它们采取了施粥、食物与燃料供应、帮忙找工作等多种方式帮助有困难的人们。但 19 世纪教区的调整，深深影响了教区慈善的发展。

如同旧济贫法促进了教区职能的改变，1834 年《新济贫法》的颁布也影响到了教区。《新济贫法》并没有取代教区，但是它创建了教区联盟，也叫济贫法联盟（Poor Law Union），政府将 15 000 个教区合并成了 643 个济贫法联盟，每一个联盟内都建立济贫院，这使 19 世纪的济贫院增多。

大量新兴工业城市的建立和城市人口的激增，导致许多城市内的教会和教堂严重不足，这在伦敦和新型工业化区域尤为显著。而在一些农村地区，由于大量人口迁往城市，使得部分地区的教堂闲置。为此，需要对教区进行调整，并增建大量的教堂以满足人们的需求。

由于英国国教教会在地方层面的不足，以及出于对公共秩序和扩大教堂教育的考量，在 1818 年，议会拨款 100 万英镑用于建立新的教堂。大约有 600 座新教堂是在这一开创性资助下建成的②。这些新建的教堂通常

---

① SNELL K D M. Parish and Belonging：Community，Identity and Welfare in England and Wales 1700-1950 [M]. New York：Cambridge University Press，2009；353.

② 同①393.

会形成一个教区或地区。因而，英国在 19 世纪的新兴工业城镇建立了许多新教区或重新调整的教区。新教区的形成过程一直持续到 20 世纪。

19 世纪英国教区的创设和调整过程，包括了民政教区和教会教区及其功能的分离，非教区区域的教区化，教区边界的改变，教区合并、分割和重命名等。与此同时，这一过程也伴随着教堂建筑、教堂行为、教堂财务、教士的地位和收入、教堂的地方管理和角色、地方教育框架以及人们的教区归属观念等方面的变化。这些重要的改变带来了教会生活和市民生活的分离、宗教影响的下降等。新教区常设在工业区域，因为教会在工业区所获捐赠大大减少了，这也不利于教区慈善的发展。

教会内部的管理进一步加深了教区民政和宗教功能的分离。教士的概念被福音主义对精神或信仰的坚持所影响着，牛津运动、剑桥卡姆登协会以及许多其他有影响的组织以及出版物提升了教士的精神角色和教堂生活的神圣性的一面，他们呼吁更为专业化的宗教教育，甚至倡导将牧师与世俗事务分离开来。宗教内部管理的改革也倾向于使教士免于民政事务。这种逐渐将民政脱离宗教的教区分离，明显使 19 世纪背离了 17、18 世纪将教会生活和民政管理联合起来的设想。这一状况不可预测地影响到了教区生活。教区早期作为一个道德榜样，是道德关系的基础，但不管它曾经在道德榜样上是多么成功，当教会和民政职能分开后，它变得远不及以往那么可靠。在某些方面，教区归属思想也变得模糊，进而从底层切断了教区作为道德典范的作用，并因此碎片化了地方生活的互惠、相连的特点①。

教区宗教职能与世俗职能的分离，在给教会慈善带来不利影响的同时，却从一个侧面促进了私人慈善活动的发展。教区力量在新兴工业城市明显不足，且工人阶级通常是反教会主义的，这便为私人慈善提供了更多的发展空间；人们教区归属感的削弱，导致宗教热情下降，故而面向教会的捐赠也相应减少；更重要的是，教区道德典范作用的下降使人们开始寻求其他方面的身份认同，中等阶级的价值观开始取代教派教区的身份认同，成为社会流行的世俗价值观和行为准则。教会转而更注重维护道德的严肃性，对其他社会问题的关注则相对淡漠。

与此同时，一些基督教派的理念与整个社会的自由主义思潮相一致，其慈善言行也吸引、刺激了私人慈善活动的开展。特别是 18 世纪末兴起

---

① SNELL K D M. Parish and Belonging：Community，Identity and Welfare in England and Wales 1700-1950 [M]. New York：Cambridge University Press，2009：369-370.

的福音运动极大影响了中等阶级的慈善行为。"在慈善发展中，福音主义者是一个主要影响因素，至少直到 1834 年，有这样一种共同的看法，即有区分的基督教慈善永远优于《济贫法》，马尔萨斯主义的追随者也持有这种观点。"① 福音论者强调基督教生活的严肃性，强调个体同上帝的关系，强调个人责任和自立的品质。

在社会态度上，"所有的基督教教义都强调慈善行为的重要性，但没有比福音派更强调它的了，其力量自 18 世纪末以来一直在上升"②。福音派认为穷人应对自己的不幸负责，故热衷于在穷人中激励他们的自助、克制他们的罪恶，并反对国家干预，力图通过鼓励慈善来解决社会问题。福音派还与马尔萨斯、李嘉图等学者有类似的观点，认为穷困是生活中不可避免的事实。他们希望中上层为下层树立道德行为上的榜样，以重塑行为规范。他们认可政治经济学者的论断：个人利益的追求将导致最大多数人的最大利益，但这些利益也应当被贡献给慈善，他们强调私人行善的责任。因而，"福音主义不仅是一种宗教观点，也是一种生活方式"③。

福音派本身也是一支重要的慈善力量，他们广泛开展各类活动（如传教士运动、废奴运动等），建立慈善协会。19 世纪四五十年代，区域探访和家庭探访活动成为福音社会浪潮的一个通道。他们的活动扩展了慈善项目，推动了慈善组织运动的发展。福音派作为新兴中等阶级的宗教价值观的一个代表，是一种将服务置于教义之上的责任性的宗教教派。福音派还支持女性加入慈善机构、举行义卖等活动，极大激励了中等阶级妇女的慈善活动。"英国慈善，如同整个维多利亚社会，都充满了福音主义的精神。"④ 福音主义与慈善结成了巩固的联盟。

在各教派中，特别是在 19 世纪前半期，"唯一神派"具有举足轻重的地位。唯一神派站在社会进步的立场上，支持当时的社会改革。他们认为，国家会腐化基督教，要求降低济贫法的实施费用，而且认为贫困是由于道德缺失和公共权利损失造成，因而倡导积极的福利思想，即赋予穷人权利。唯一神派抓住了世俗慈善的前进方向，给予了慈善事业有力引导。

---

① KIDD A. State, Society and the Poor in Nineteenth-Century England [M]. London: Macmillan Press, 1999: 22.

② PROCHASKA F K. Women and Philanthropy in Nineteenth-Century England [M]. New York: Oxford University Press, 1980: 8.

③ YOUNG A F, ASHTON E T. British Social Work in the Nineteenth Century [M]. London: Routledge, 1956: 29.

④ OWEN D. English Philanthropy 1660-1960 [M]. MA: Belknap Press, 1964: 95.

他们支持合作运动，在大学教育、成人教育和妇女教育上提出了许多新方案，鼓励自助和节俭，并帮助建立了许多慈善机构。唯一神派同样对女性慈善活动起到了较大的推动作用。"传统上，妇女慈善行为的增长与福音主义的增长有关。……但是，对于异教徒的妇女来说，福音主义在鼓励妇女慈善上的影响没有唯一神派的发展重要。"① 因为"异端教派中的妇女常常享有更高的社会地位和更多的权利"②，而且"唯一神派的妇女力图通过慈善来履行她们的市民责任"③。

唯一神派的许多知识分子在19世纪的慈善活动中受人瞩目。约翰·菲尔登，下院议员，著名的人道主义工厂主，他和沙夫茨伯里勋爵一起领导了《工厂法》运动（Agitation for the Factory Acts），是一名唯一神派人士，也是一位唯一神派牧师。菲尔登只是众多信奉唯一神派信条的工厂主中的一位，其他的如格雷家族、阿什顿家族和斯特鲁茨家族等都是唯一神派者。索思伍德·斯密斯医生，公共健康领域的伟大开拓者，是一位唯一神派人士。伦敦调查署的查理·布思和著名的经济学家杰文斯也是其代表。在伦敦、曼彻斯特和布里斯托尔等地慈善组织的建设中，唯一神派者的作用也是显著的。整个19世纪他们都关注社会公益。

除此之外，其他各宗教派别都在不同程度上激励了慈善活动的开展。"尽管慈善有许多非常重要的世俗作用，但认清宗教情感不仅为慈善行为提供一个总基础，而且对其特点和方向产生影响的程度是至关重要的。"④

四、中等阶级的慈善优势

中等阶级有着自己独特的价值观，这在经济、政治、文化上都有明显表现。他们掌握着巨额财富，信奉"斯迈尔斯神话"，崇尚经济自由，将"进步"看作信条，力图通过慈善帮助穷人实现自助。

1. 中等阶级的经济优势

工业革命造就了一个新的富有阶层，即中等阶级。特别是以工业家为

---

① VICKERY A. Woman，Privilege and Power［M］. CA：Stanford University Press，2001：144.

② 萨哈. 第四等级［M］. 广州：广东人民出版社，2000：2.

③ 同①28.

④ HARRIS B. The Origins of the British Welfare State［M］. London：Palgrave，2004：62.

主的工业资产阶级，具备了救济穷人的能力，而且新情况的出现要求他们发挥传统父权制的影响。

工业家属于一个全新的社会阶层，在芒图看来，"工业家同时是资本家，工厂工作的组织者，最后又是商人和大商人，他们于是成为实业家的新的完美典型"①。工业家和工厂工人之间的关系，从理论上看，是完全自由平等的契约关系。但这二者间的社会关系，却远比契约关系复杂。在工业革命的初始阶段，工业家对工人往往采取了一种家长式的监护态度。大部分工厂社区是由工业家创建的，工业家是其所在的工业社区的设计者和管理者。工业家们首先要承担起为工人提供住宅、食品、日常用品的职责，而且工业社区是不同于普通村庄的新型社区，社区的规划、建设以及社区居民共同道德的培养都需要指导。无论是出于公益还是私利，工业家们都要承担社区管理的职责，而且他们也具备这样的权威。工业家通常首先建造房屋，然后以低廉的价格出租给工人，除了获利，还能起到加强控制和贯彻工厂纪律的作用。

中等阶级为了有效行使自己的"统治权力"，确保权威是必要的，因此展示慷慨、提供娱乐也必不可少。工业家在没有得到国家和地方政府任何帮助的情况下，建造工厂、住房和各类公共设施，在这样形成的工业社区里，他们控制着绝大部分资源，这些工业社区如同他们的"私人领地"。这些工业家所拥有的巨大影响，又通过他们对地方公共权力的控制得到强化。他们还经常会举行一些大规模的庆典、宴会、舞会，参加者大多是工厂的工人和社区的居民。工业家不仅依靠庆典来消除人们对工厂和机器的疑虑和抵触，强化人们对大工业及其生产和生活方式的认同，而且还借举办庆典来强化工厂纪律，鼓励工人勤奋守纪，同时显示其自身的仁慈和社会影响。

不过，中等阶级的慈善理念具有自身的特色。中等阶级在工业革命中掌握的大量财富，不是依靠特权得来，而是依靠自己的聪明才智和艰苦努力积累起来的。"对于维多利亚时期的中等阶级来说，工作是神圣的。一方面，贵族不工作不赚得财富，另一方面，中等阶级必须工作，尤其在他们想要爬到经济和社会阶梯上的情况下。"② 因而他们大力宣扬"斯迈尔

---

① 保尔·芒图. 十八世纪产业革命 [M]. 北京：商务印书馆，1983：308.

② PHILLIPS J，PHILLIPS P. Victorians at Home and Away [M]. London：Croom Helm，1979：42.

斯神话"（the Smilesean Myth）。

1859 年，塞缪尔·斯迈尔斯出版了《自助》（*Self Help*）一书，他认为早期的工业家们大多出身卑微，作为工资劳动者开始其职业生涯，他们通过勤奋、节俭，加之具有某些发明创造才能，并能抓住机遇，白手起家，创建了一番事业，成为富裕并受社会尊敬的人。斯迈尔斯在工程师、发明者和企业家中找到了他的英雄们，这些中等阶级自我奋斗成功的神话被称为"斯迈尔斯神话"。该书将维多利亚人赞颂的"工作真理"，以书面的形式系统提出。"这本书取得了显著的成功，在它发行的第一年就售出了 20 000 本，到第五年时达到 55 000 本，等到 1905 年时已超过 25 万本。"①

许多成功的工业家自己也支持"自我奋斗成功"的各种说法，并乐于承认、宣传自己白手起家的经历。阿克赖特的最重要的合伙人，大棉纺厂主杰德狄亚·斯特拉特给自己撰写的墓志铭是："这里安息着 J. S.（即杰德狄亚·斯特拉特）——他把自己从没有财产、没有家庭、没有朋友的地位提升到在这个世界上有财产、有家庭、有名望的地位——他没有智慧却有足够的普通常识——没有天才却得到全面理解能力的真实祝福——他很少有炫耀之处却鄙视卑鄙无耻之事——不尚宗教教义及仪式的虚饰却度过了诚实而有道德的一生——虽说不知道死后将会如何，却对死后世界充满信心：若最后的审判真实存在，它必会酬赏有德行的好人。"② 1828 年，曼彻斯特的大棉纺厂主约翰·肯尼迪对一个法国来访者说："我从没见过哪一家从一开始就拥有丰厚资本的企业能够成功经营的，真正能发财的人都是白手起家的。他们把事业看作自己的生命，并且从小就养成了节俭的习惯，只有这些人才拥有足够的能力带领自己的企业克服各种危机，渡过难关。曼彻斯特主要的工业家们都是这类人。"③

"斯迈尔斯神话"歌颂"自我奋斗成功的人"。正如狄更斯在小说《艰难时世》中刻画的那个工厂主"焦煤镇的约瑟亚·庞得贝"一样，他有着工业革命时期"自我奋斗成功的人"的典型经历，出身社会中下层，父母

① BRIGGS A. Victorian People [M]. Chicago：University of Chicago Press，1972：116-118.
② FITTON R S，WADSWORTH A P. The Strutts and the Arkwrights 1758-1830：A Study of the Early Factory System [M]. Manchester：Manchester University Press，1958：108.
③ CROUZET F. The First Industrialist：The Problem of Origins [M]. Cambridge：Cambridge University Press，1985：38.

是小店主，受过一定的教育，当过学徒，在创业中得到老板的赏识和资助，通过艰苦奋斗最后发家致富①。同样，工业家群体中的多数都属于这类"自我奋斗成功的人"。

新兴工业家们一方面大力宣扬自己勤劳创业的经历，以赢得外界的赞扬和尊敬，并给自己罩上"上帝选民"的光环；另一方面也是反对工厂制度的贵族—乡绅们的回应，是新旧两种价值观的对抗、交锋，是两个阶级的斗争。18 世纪和 19 世纪中期以前的英国，是一个贵族—乡绅的价值观占主导地位的国家，这种价值观的形成跟贵族—乡绅的主要财产形式——土地有关，而获得这种财富的主要形式是家族继承。工业革命带来了社会主要财富形式的转换。中等阶级看中的是才能、品德、奋斗经历，衡量的标准是所取得的成就与财富，不管出身如何低微，通过奋斗取得了成功，就实现了人生的价值。但在贵族—乡绅价值观念占主流的社会，出身卑微被看作是一种耻辱，并且是唯一无法改变的标记，所以在贵族和那些"白手起家"的工业家之间，存在着很大的社会鸿沟，这些传统的社会统治精英看不起那些出身低微、行为粗鲁的"暴发户"，即使那些人得到了爵位，进入了议会，也不能获得他们的认同。正如当时有些贵族嘲笑罗伯特·皮尔爵士那样，他的父亲，老罗伯特·皮尔早年的典型装束是腰系一条脏兮兮的羊毛围裙，上身穿一件小牛皮做的马甲，拖着一双磨破了的木屐，赶着一匹老马拉的破车，他走村串店，收集那些布莱克伯恩的原色布和格子布，而他的儿子，那位后来的从男爵，则提着铅皮桶到布莱克伯恩的大街上叫卖牛奶。在这种情况下，"斯迈尔斯神话"便成为新兴工业家阶层对抗贵族—乡绅价值观、寻求合法性辩护的意识形态工具。这个神话使上层社会的贵族—乡绅们钦佩工业家们的才干和勤奋，从而认可其地位的上升并给予足够的敬意；它告诉下层社会的人们，社会给他们创造的提高社会地位和生活标准的机会很多，但他们没能抓住，一切的贫困和不平等都是由个人自己的原因造成的，不应该归咎于其他人②。

"斯迈尔斯神话"所起到的积极作用就是给人一种成功的希望，以及为了实现这个希望而努力奋斗的信念。各种成功人士的事迹遂成为模仿和学习的榜样。无论一个人处于怎样的困境，只要他的心中还有希望和梦

①　查尔斯·狄更斯. 艰难时世 [M]. 上海：上海译文出版社，1978.

②　PERKIN H. The Origins of Modern English Society 1780－1880 [M]. 2nd ed. London and New York：Routledge，2002：225，423.

想，就是一个积极的人，他也就还有成功的可能。"斯迈尔斯神话"一方面论证了工业家财富来源的正当性和合法性；另一方面也赋予工业家道德上的优势地位，即工业家通过奋斗取得了成功，证明了自己就是上帝所眷顾的"选民"，而那些没有取得成功的人，自然就是上帝的"弃儿"，不能抱怨也不值得同情，如果给予他们救济的话，就会惯坏他们，让他们变得好吃懒做。从这个角度上看，"斯迈尔斯神话"几乎是马尔萨斯主义的一个翻版。

中等阶级不仅创造了神话，也为他们的财富和大量的贫穷的存在在功利主义哲学家和经济学家的理论中找到了理论和道德支持。"没有一个人是靠政策致富的，而和平、勤劳和自由，却能促进贸易和财富，此外别无其他途径。"[①] 于是，"进步"成为中等阶级的信条，追求物质财富的增加成为他们不懈努力的目标，他们也相信最终所有人都会从中受益。"他们期待穷人通过节俭和奋斗也能在丰裕的进步成果中收获属于他们的那一份，但若不是通过自助，他就不值得获取成功。"[②] 中等阶级不理解劳动阶层会必然面临许多上层社会可以避免的灾难，他们也没有意识到他们的繁荣依赖广大的劳动人口，因而极力鼓吹"斯迈尔斯神话"，希望通过自己的方式来重塑社会行为，而慈善正是其中最有效的方式之一。

2. 中等阶级的政治文化追求

中等阶级在政治上推崇个人主义哲学，但也不完全否定国家的干预，从而使私人慈善与政府的合作有了更广泛的认可。与此同时，情感文化发展起来，其文学、艺术作品强调情感、同情，积极鼓励慈善，给予了慈善充分的话语权。

中等阶级的经济优势并不能必然带来政治上的优势，"维多利亚中期的社会并不允许最富活力的经济团体——新生的商人掌管最高的统治权。在一个不仅强调积极的个体而且强调利益的相互作用和社会冲突的不合理的繁荣社会，他们不能以自己为典范来塑造整个社会。他们被旧的土地利益集团和新的工人阶级所限制"[③]。中等阶级没有与其财富相匹配的社会政治地位，因此极力寻求社会的认可和心理需要的满足。

新的工商业精英全面反对贵族特权，但贵族可能是维多利亚时期变化

---

① 达德利·诺斯爵士. 贸易论［M］. 北京：商务印书馆，1964：123.

② Young A F, ASHTON E T. British Social Work in the Nineteenth Century［M］. London：Routledge, 1956：18.

③ BRIGGS A. The Age of Improvement 1783-1867［M］. London：Longman, 1979：406.

最小的一个阶级。"它继续行使巨大的政治权力，为威斯敏斯特的两个政治派别提供众多的成员，几乎拥有英帝国所有的高级官职，管理各郡地方政府，充当军队军官。"① 他们攻击工厂主忽视工人的生存，根本不顾工人的死活，认为只有贵族才是社会真正的主人、工人的朋友。贵族俨然以工人的保护者自居，并且通过制定各种济贫法令和工厂法，或多或少做出了有益于下层劳动者的事。贵族阶层抓住了工业革命时机向穷人显示了自己对他们的关心，以此来对抗中等阶级在经济上的胜利，并通过承担"主人"应该承担的社会责任，最终使自己重塑社会主人的形象，而中等阶级不得不对自己暴发户的形象进行修饰，并在不知不觉中向贵族阶层的价值观念靠拢②。

那些新兴的工业巨子虽然成为万人瞩目的大富豪，但他们在英国历史上"不仅是不招人喜欢的人物之一，而且根本就没被当回事"③。这些人从权力和社会地位方面来说，远不如贵族，故被称为"中等阶级"。英国还是个典型的贵族社会，慷慨和好客被视为绅士的重要标志和主要品质。乐善好施，也是进入贵族圈子的基础。正如霍布斯所言，"财富如果和慷慨结合在一起，那也是一种权势"④。中等阶级要寻求与其经济地位相称的社会地位，必须有意无意地模仿贵族。于是，他们以贵族乡绅的行为方式为楷模，骑马打猎、放鹰养犬，同样承袭大家长作风，救济贫苦、乐善好施，以赢得社会的肯定和认可。慈善可谓是中等阶级步入上层社会、获取社会软权力的一条重要路径。

但中等阶级在模仿贵族行善的同时，也将自身的价值观赋予其中。他们推崇哲学激进者的政治理论，认为贫穷是正当的、合理的，是社会中的一个必要元素，故必须实行低工资、适度救济穷人、坚持"济贫院检验"等。他们反对陈旧的国家限制，但也不否认国家应当适度干预以确保最大多数人的最大幸福。"任何事情都需要个人的谨慎、节俭和努力，这些品质能够使人抵御疾病、年老和失业。"⑤ "因为只有感觉到匮乏，穷人才会被激励去工作。不是贫穷（poverty）而是贫困（pauperism）或赤贫

---

① 肯尼斯·O.摩根. 牛津英国通史 [M]. 北京：商务印书馆，1993：510.

② 陈晓律. 大英衰落特征与当前美国征兆对比 [J]. 人民论坛，2011（10）.

③ 马丁·威纳. 英国文化与工业精神的衰落：1850—1980 [M]. 北京：北京大学出版社，2013：180.

④ 霍布斯. 利维坦 [M]. 南昌：江西教育出版社，2014：57.

⑤ YOUNG A F, ASHTON E T. British Social Work in the Nineteenth Century [M]. London: Routledge, 1956: 21.

（destitution）才被看作是社会问题。"① 亚当·斯密也曾说："人人都是他自己利益的最好判断者，因而应该让他享有按自己方式行动的自由。假如他不受外界的强力干预，他不仅会达到他的最高目的，而且还有助于推进公共的利益。由于上帝给了社会以自然秩序的规律，社会便自然会产生同样的结果。"②

随着中等阶级经济优势地位的确立，他们的价值观不断赢得社会的认可，"其重大成果之一便是按工业阶级的意愿改造了'绅士'的观念"，他们将正直、向上、勤奋、节俭、自尊自助等理念赋予绅士观念③。这些独特的价值观特别是中等阶级最具代表性的思想精髓——自助，是他们在慈善活动中所极力倡导的，中等阶级希望以此鼓励个人的努力奋斗，并促使个人自觉承担社会责任。这种新慈善的主题是："（1）在给予中区分；（2）建立与穷人的个人联系；（3）在穷人中鼓励自助。"④ 为此，中等阶级借助合理规范的工作方法，并通过加强公共事务管理，追求社会改革，倡导公共精神、市民责任，进一步向下层传播他们的价值观。大量的劳工阶层逐渐意识到他们被赋予了改变自身命运的途径，因此对中等阶级的慈善活动和价值观表示欢迎。中层模仿上层，下层模仿中层，正是中等阶级将贵族精神发展成为现代的"绅士风度"，牢固树立起了本阶级的价值观。

在思想文化方面，中等阶级具有虔诚的宗教观，同时也发展了情感文化。教会是中等阶级生活的一个平常部分，是中等阶级获得教育和娱乐的中心，是成年人见到异性的地方。这一时期对中等阶级私人慈善事业影响最大的莫过于福音派和唯一神派。福音派认为，人只是拥有对财富保管的权利，为了让财富有价值，需要对教徒的生活负责。福音派在英国催化了反奴隶协会、改善女囚情况协会及慈善学校运动等许多活动。宗教制度和价值观是中等阶级文化认可的一个最基本的要素。"如果它不是足以移动大山的一种信念，至少也是身处困境或时代艰辛时的一个屏障和一个依托力量。"⑤ 言明了宗教信仰对中等阶级的重要性，它赋予了私人慈善活动

① ADAM T. Philanthropy, Patronage, and Civil Society: Experiences from Germany, Great Britain, and North America [M]. Bloomington: Indiana University Press, 2004: 7.

② 钱乘旦，陈晓律. 英国文化模式溯源 [M]. 上海：上海社会科学院出版社，2003：81.

③ 同②348.

④ KIDD A. State, Society and the Poor in Nineteenth-Century England [M]. London: Macmillan Press, 1999: 74.

⑤ CROSSICK G. The Lower Middle Class in Britain, 1870 - 1914 [M]. London: Croom Helm, 1977: 142.

原动力。

正义和平等思想同样影响了人们的行为。中等阶级还发展了情感文化，形成了一种慈善话语。早在 18 世纪的启蒙时代，慈善就是一个重要内容，科学和慈善是启蒙时代精神的重要部分，激励了个体的良好行动。到 19 世纪，在中等阶级中存在着一种特殊的文化，即情感文化。1797 年爱丁堡的《大英百科全书》（第三版）中对"情感"的定义如下："它是对快乐或痛苦、美丽或缺陷的所有美好而微妙的洞察。它和味道非常相似，就其本质而言，似乎依靠神经系统的组织形成。然而，它可以培养，并且相比于野蛮的国家，在文明的国度里人们能够更大程度上感受到它。相比于粗野的文盲，在受过高等教育的人那里更能体会到。"这个词条解释了情感对快乐或痛苦的觉察，并延伸到对美德和恶习的觉察①。

情感文化在 18 世纪逐步发展起来，其影响一直持续到 19 世纪。18 世纪监狱改革者霍华德的名著《英格兰和威尔士的监狱状况》，强调"囚犯的不幸"，这即是情感上的一种意识，也是英国情感文化的一个象征。反对奴隶制度的贵格会教徒威廉·艾伦（William Allen）出版了《慈善家》（*The Philanthropists*，1811）的创始刊，其中描述了"培育仁慈行为的责任和愉悦"。可以说，情感文化定位于人道，与慷慨和同情紧密相连。情感主义和情感小说意在激发仁慈，鼓励读者施善。同时，它对社会慈爱的倡导使作者和读者间形成了一种特殊的自我意识，这种自我意识进入文化领域，加之包括情感因素在内的贵族绅士风度的影响，"唤醒了我们最美好、最纯洁的情感，并倾之于仁慈、怜悯和友谊"②。同时，它又对那些不能感知疾苦的人嗤之以鼻。特别是情感小说是普及情感文化的最有效方式之一，而情感小说"代表了正在崛起的中等阶级的价值观"，这类文学"支持穷人有整洁、干净、庄重和虔诚的品质，对那些没有这些品质的人表达了厌恶之情"③。

这时期的出版物大大增多，多为强调良好品质的情感方面的内容，情感文学充分利用报纸、书刊、传单、诗歌、小说等手段广泛宣传，使慈善

---

① 劳伦斯·弗里德曼. 美国历史上的慈善组织、公益事业和公民性 [M]. 上海：上海财经大学出版社，2016：49.

② BARKER-BENFIELD G J. The Culture of Sensibility [M]. Chicago：University of Chicago Press，1992：227.

③ 同②228.

深入人心。英国下层民众具有阅读的普遍性，"讲究实用的英国人把读书看作是谋生的一种手段，有了知识在劳动力市场上地位就更加巩固，这些因素却加强和巩固了工人队伍中的学习风气，培养出一种热爱读书，追求知识的传统。"① 众多的文学形象对中等阶级慈善行为起了良好的榜样、示范作用。"许多的新兴中等阶级喜欢和阅读（除《圣经》外的）一切书籍——他们的妻女也一样。"此外，"艺术家们也和他们的中等阶级资助者和谐愉快地工作。……资助者以最小的努力和代价得到了他想要的文化，艺术家则赚得了社会的财富、荣誉和最好的房子"②。

中等阶级通过资助文学，树立了他们希望的文化倾向，并在文学中给予了慈善充分的话语权，全面地展示了中等阶级的慈善观念。此外，慈善话语也促使了时代主题的变化。"随着更多女性作家陆续写作和出版大量的小说，小说也在内容和形式上经历着变化"③，不再拘泥于传统的浪漫英雄主义，而是开启了一种公开的具有社会批判性质的现实主义形式。与此同时，许多的中等阶级人士建立了众多的俱乐部和协会组织，鼓励人们相互关心，感知彼此的生活，以形成普遍友善的社会环境，也促使各种社会组织产生了仁慈和人性化的活动原则。而这些组织或个人的慈善活动又被情感文化所倡导和报道。

个人不幸经历的弥补、情感的释放、理想的追求等诸多因素都会影响慈善事业的发展。无论中等阶级是出于何种目的进行慈善活动，它都在一定程度上帮助了穷人，拉近了二者间的距离，将贫富两大阶层重新联合起来，从而有助于社会的平稳、进步。同时，中等阶级也以其实际行动革新了英国的慈善活动，赋予了其新的理念和活动方法。

第五节　私人慈善活动的历史意义

自由资本主义时代的私人慈善活动，作为当时社会救助的一支重要力

---

① 钱乘旦，陈晓律. 英国文化模式溯源 [M]. 上海：上海社会科学院出版社，2003：294.

② PHILLIPS J，PHILLIPS P. Victorians at Home and Away [M]. London：Croom Helm，1979：38，50.

③ BARKER-BENFIELD G J. The Culture of Sensibility [M]. Chicago：University of Chicago Press，1992：210.

量，不但对英国慈善活动的近代化发展，而且对中等阶级社会地位的巩固以及英国大众社会的形成都具有深远的影响。

一、促进了慈善活动的近代化发展

私人慈善活动的广泛开展，使慈善活动本身以及慈善活动所施行的主体和客体，都较以前发生了重要变化。慈善，这项古老的活动突破了传统框架，近代意义上的慈善开始形成和发展起来。

首先，从慈善活动本身而言，慈善活动在数量上和质量上都发生了激剧变化，从根本上改变了慈善事业的形象和方向，以往的教区捐助和特许慈善机构模式让位于自由资本主义时代的个人捐赠、慈善组织以及慈善委员会构成的新型慈善形式，慈善活动逐渐走向了近代慈善事业的发展道路。慈善的范围更广、分工更细，规模亦达到前所未有的水平。特别是"科学慈善"的发展，让慈善从一项分散的民间传统活动真正成为一项崇高的事业。慈善的捐献者和受助者逐渐走向分离，慈善组织充当了其中的中介，此后慈善沿着科学化、组织化、职业化、制度化的方向大踏步发展起来。

更重要的是，慈善事业还加强了与市场的联系。"5％的慈善"使慈善突破了单纯的施与，提倡有少量的盈利，既激励了更多的人参与，也大大扩展了慈善的覆盖面。慈善组织"处于公民与国家之间，是消解两者紧张博弈关系的中介，也是两者相互沟通的桥梁；既是公民自身权利、自由、利益表达的特殊渠道，也是国家意志和利益的间接代理者，承担起了'上情下达'和'下情上达'的特殊角色"①。慈善活动适时地做出相应的调整，顺应了时代潮流，真正体现了其本身的进步。

慈善活动本身的发展变化，与其施行主体的变化是分不开的。在前资本主义时代，教会和贵族构成了慈善的主体，而到19世纪，中等阶级成为慈善的主体，慈善组织成为中介。中等阶级不仅贡献了雄厚的人力物力财力，而且将他们的价值观和先进思想带进了慈善活动中，用他们先进的经营理念和商业思想来开发、管理慈善，从而为英国的慈善活动注入了前所未有的活力，有力促进了慈善活动的变革。

慈善的客体在自由资本主义时代也相应有了新的变化。在工业化以前的农业社会，大部分人口都居住在农村，农民是慈善的主要对象。慈善强调的是施与，因此对被救济者不加区分。而在工业社会，城市人口不断膨

---

① 商文成. 第三次分配：一个日益凸现的课题［J］. 兰州学刊，2004（4）.

胀，新的社会问题层出不穷，城市贫民成为最严重的威胁，因而慈善的主要救助对象转向城市，工人阶层成为慈善的主要接收者。慈善也更注重对被救济者的区分，以提高资源的有效使用并鼓励穷人自立。

慈善近代化的另一个突出表现是它必须正视与政府的关系问题。尽管慈善空前发展，但仅仅依靠个人或一些社会团体的努力已经不可能有效解决工业社会的种种问题，需要国家的直接干预。慈善机构作为一种社会自发力量的结合，资金来源不稳定而且数量毕竟有限，它所能提供的福利与社会救济也就必然存在很大的局限性和不足。1874 年，慈善组织协会的35 个地区委员会共收到各类申请 12 656 件，其中的 4 738 件被认为不符合条件，余下的 7 918 件申请中，3 163 件被转到其他部门，从慈善机构得到帮助的只有 4 755 件。19 世纪 80 年代情况有所改进，有一半的申请者得到了慈善机构的帮助。1886—1896 年的 10 年间，伦敦慈善组织仅为 800名失业者提供了工作①。对中等阶级妇女来说，几乎"家内服务是她们所能提供的唯一工作"②。而且慈善也需要一个政策框架来对之进行规范和引导。随之，"志愿服务和法令服务的关系及它们各自的作用在 19 世纪后期被广泛讨论"③。慈善与政府的关系问题首次成为一个影响到慈善发展前景的重要问题。

在某些领域，慈善与政府的关系已经日益密切。例如，模范住宅公司在发展中体现了与政府的联系和互动在不断加强。首先，政府不再仅仅将住房问题看作是环境问题，它通过皇家特许状④来规范和鼓励模范住房公司的发展。通过这一手段，政府赋予模范住宅公司特许的法人地位，同时也使模范住宅公司在住房问题上承担着一定的公共职能和责任，既使其住房有质量保证，又可以在一定程度上约束规范其发展。其次，模范住宅公司在资金和管理上亦受地方当局的影响，特别是 19 世纪六七十年代后的立法极大影响了模范住房公司的发展。1866 年的《工人阶级住房法》开始为住宅公司提供政府低利率贷款，利息为 4%，期限为 40 年，这为慈善住房建设提供了诸多便利。"1867 年，沃特罗公司获得了政府 5 000 英镑

---

① 丁建定. 从济贫到社会保险 [M]. 北京：中国社会科学出版社，2000：131-132.
② PROCHASKA F K. Women and Philanthropy in Nineteenth-Century England [M]. New York：Oxford University Press，1980：154.
③ HALL P. Social Services of England and Wales [M]. London：Routledge，1969：213.
④ 皇家特许状是一种由英国君主签发的正式文书，专门用于向个人或法人团体授予特定的权利或权力，一般具有永久效力。

的贷款。到1874年，该公司从政府那已经获得了高达84 000英镑的贷款。公司与公共工程贷款委员会的关系总是良好的。"① 此外，政府还以低价出售土地给住宅公司。"《技工住宅法》（The Artizans Dwelling Act）为伦敦中心地带的大量新住房的建造提供了场所，因为它通过将土地以故意低价卖给住宅公司的方式资助了它们。"② 1875—1890年的政府立法使社会对住房问题的兴趣重新活跃起来，一系列新的住房组织成立，与此同时一些老的住房组织也获得了新的生存机会。再者，模范住宅公司的发展也促进了政府在解决住房问题上的努力。模范住宅提供者的重要性在于它通常被看作是促进了地方当局建营住房的出现③。例如，1864年劳工阶级住房会议召开，会议提出应该细化法律在提供住房协会低利率贷款上的准则（1866年的住房法在某种程度上满足了这一点），会议还提出应该在法律上废除住房的商业目的以便为更多的人提供平等的住房。此后，还有机构提出应该赋予地方政府充分的权力使其能够督促住房建造者建设完善的排水系统，并在那些密集居住区进行有效的监督④。这些建议极大推动了地方政府机构的发展。1889年作为住房权威机构的伦敦市政议会的创建，以及1890年《工人阶级住房法》的通过，使地方政府在建造住宅上变得更容易⑤。

　　在政府通过特许状和立法等手段对模范住宅公司的运行施加影响的同时，模范住宅公司也给英国政府提供了解决住房问题的一种途径，并促使政府在这一问题上日益承担责任。"那些令人钦佩的、值得尊敬的、有能力的商人致力于他们所推崇的商业原则，尽管他们的努力可能失败了，但是事实上对政府住房政策将来的发展产生了巨大的影响。社会理论的发展与模范住宅组织实践行为的并驾齐驱使得政府行为对扭转住房问题具有必不可少的作用的这一观念日益发展。最终这一观念认为住房问题不应该由慈善企业来解决，而应该成为国家的责任。"⑥ 1885年皇家工人阶级住房

① TARN J N. Five Per Cent Philanthropy：An Account of Housing in Urban Areas Between 1840 and 1914 [M]. Cambridge：Cambridge University Press，1973：54.
② 同①93.
③ MERRETT S. State Housing in Britain [M]. London：Routledge & Kegan Paul，1979：30.
④ 同①70.
⑤ MALPASS P. The Discontinuous History of Housing Associations in England [J]. Housing Studies，2000，15（2）：195-212.
⑥ GAULDIE E. Cruel Habitations [M]. London：Allen & Unwin，1974：235.

委员会报告给人的印象是，慈善和半慈善的住房组织正在衰落，地方政府正在以房屋老板的身份出现。

　　19 世纪末政府作为社会救济的角色越来越突出。特别是在政府发挥作用较强的地方，慈善活动则日渐淡出。例如"将强制义务教育扩展到所有儿童的 1870 年《教育法》，削弱了贫民儿童免费学校的作用。尽管贫民儿童免费学校一直持续到 20 世纪，政府对儿童教育的直接干预改变了慈善力量的方向"①。慈善与政府的合作增强了对抗社会问题的力量，但慈善机构对这种合作又具有一定的保守性。很多机构单纯地将社会贫困看作是个人的错误，没有认识到贫困是社会制度的弊端，反对任何形式的政府干预，甚至将政府的帮助看作是危害，缺乏对政府作用的全面认识。而双方已有的合作，也是不充分的、匮乏的。特别是 COS 固守其建立在自助理论上的原则，盲目反对任何与协会原则不符的公共或个人的救济行为，甚至提出国家干预就等于全民的贫困化。不过，也有一些组织反对 COS 的上述观点，认为应当对政府的干预持积极的态度，或者是有选择地反对政府干预。

　　总体而言，英国的慈善组织突破传统模式走向近代化，一方面形成了合理、规范化的发展模式，另一方面它与政府的关系问题首次成为一个影响其发展的重要因素。如何解决这一问题成为慈善在走向国家垄断资本主义过程中必须慎重对待的一个问题。

二、巩固了中等阶级的社会地位

　　济贫院的苛刻和教会救济的不足，使中等阶级的慈善活动适时地迎合了社会的需要。由于英国社会并没有从组织形式上为中等阶级提供发挥他们自身影响并获得社会声望的现成条件，所以中等阶级必须创立自己的机构，慈善组织恰好是发挥这一作用的机构。"由慈善行为表明的同情心成为个人品质和阶级地位的重要象征。"②

　　中等阶级的慈善捐赠首先为他们带来了丰厚的经济回报，因为许多的捐赠都用于购买国内生产的消费品，如为士兵募集的金钱大部分花在了购买鞋、手套、马甲等物资上，而且捐赠者的名字会出现在印刷品上，提高

　　①　KIDD A. State，Society and the Poor in Nineteenth-Century England ［M］. London：Macmillan Press，1999：88.

　　②　ELLIOTT D W. The Angel out of the House ［M］. VA：University Press of Virginia，2002：12.

了捐赠者的威望及对其价值的社会认可。更重要的是，中等阶级在慈善组织的活动大大加强了本阶层的思想意识。无论是对个人还是一个群体、一个社会，最可怕的事情不是面临怎样的艰难险阻，而是失去希望，看不到前景，处于一种绝望的状态。"斯迈尔斯神话"恰恰给了正在奋斗的中下层阶级一种成功的希望，并使之拥有为了实现这个希望而努力奋斗的信念。"富有的中等阶级更乐意救助那些像他们的人"，且"最好救助那些面临滑下这个阶梯危险的中等阶级"①。他们在慈善中将这种希望和信念带给了接受救济的人们。

中等阶级在慈善活动中树立了一种新的文化榜样。"这些慈善活动，如同戴维·欧文和布朗·哈里森已经表明的一样，其对捐助人的利益常大于对接受者的利益。例如它给无聊和受挫的中等阶级妇女提供了消遣的途径，给追求社会地位上升的人提供了无尽的机遇。"② 慈善是中等阶级实现自我、获得认可的一种手段。如同"维多利亚时期英国中等阶级地位的一个最好的标志是拥有仆人"，慈善活动成为中产阶级身份地位的另一大象征。"权威，不只是个别文化产物的传播，而是将这些文化产物组织起来形成'一个既定文化世界'的方式。"③ 慈善活动是中等阶级显示富有和仁慈、与贵族抗衡的一个佳径。中等阶级把解决社会问题、进行慈善看作是自己的责任，开始以主人翁的姿态出现。同时，他们在慈善活动中加强了内部成员之间的联系和合作，使这个阶层在联系与合作中得到了团结和巩固。他们还在慈善活动中构建了属于他们的公共领域，从他们的受益人中收获了新的文化上的价值认同，这个互动的过程也是中等阶级社会地位得到巩固的过程，这充分体现在它与英国社会另外两大阶级——工人和贵族的融合。

中等阶级在慈善活动中将自己的思想意识、价值取向传播到下层，使社会两个最大的阶级在文化上没有分明的对立，而是出现了融合的趋势。19 世纪英国社会的一个显著特点是人道行为上的巨大进步。而这种道德上的共识深受中等阶级的影响。中等阶级在慈善活动中向工人阶层积极地

① FLANDERS J. Inside the Victorian Home [M]. London：W. W. Norton & Company，2005：322-323.

② ADAM T. Philanthropy, Patronage, and Civil Society：Experiences from Germany，Great Britain, and North America [M]. Bloomington：Indiana University Press，2004：22.

③ CROSSICK G. The Lower Middle Class in Britain，1870-1914 [M]. London：Croom Helm，1977：63，149.

灌输他们的思想、价值观，引导工人阶级按照中产阶级的行为模式来处事。特别是自助，在工人阶级特别是工人贵族间产生了重要影响。"维多利亚中期社会相对稳定的一个关键因素是工人贵族的存在"①，这些工人贵族自认为是工人中的精英，有着一种优越感，极力模仿中等阶级的一举一动，并力图爬到中等阶级一层。而中等阶级保持并服务于和工人贵族的联系，进一步加强了工人阶级的意识。即便是在困难时期，许多工人也支付会费进入各种各样的节俭俱乐部。"棉花的勤杂工是迅速发展的节约运动的典型代表，事实上这意味着工人接受了中等阶级的思想而不是用革命的方式来反对他们。中等阶级钦佩工人的努力，因而也更乐意容忍工人阶级在其他方面的要求。"② 从而，两大阶级在思想文化上有了共同的追求，可以说，"自助成为实现社会和平转变的最广为采用的方式"③。

工人阶级认可中等阶级的文化、两大阶级融合的显著表现是 19 世纪中期互助合作运动的兴盛。"合作运动不仅仅在经济上是重要的，它给许多劳动人民这样一种感觉，即他们也是'国家的一股'。它教给人们勤劳和自助的习惯，将他们通过那些鼓励改进教育和改善自我的协会联合起来。"合作运动的理性和道德影响远远大于经济上的节约，它在数以万计的工人阶级家庭中掀起了一场有益的革命，"在很大程度上有助于不列颠的社会转型"④。下层学会了自我奋斗，在互助合作中努力寻求生活的保障，而不是依靠救济。友谊会、工会、合作社是下层互助的三种主要形式。友谊会大约出现在 18 世纪，其会员定期交纳一定的会费，遇到失业、疾病或贫困时可以得到一定数量的津贴，如果会员死亡，其家属也可以得到一部分津贴，概括来说其职能是为会员提供种类繁多的福利，它以友谊会、丧葬会、共济会、募捐会为主要组织形式。一些有能力的下层民众通过加入友谊会以寻得生活保障。友谊会不仅是一种自助方式，也为下层提供了一种社会生活方式。到 19 世纪中叶，英国各种形式的友谊会已经具有相当的规模。"曼彻斯特联合共济会在1848 年已经拥有 26 万名会员和 34 万英镑的收入，就连有关该共济会的

---

① CROSSICK G. The Lower Middle Class in Britain，1870 – 1914 [M]. London：Croom Helm，1977：48.

② YOUNG A F，ASHTON E T. British Social Work in the Nineteenth Century [M]. London：Routledge，1956：23.

③ HARRISON J F C. The Common People [M]. London：Croom Helm，1984：271.

④ TREVELYAN G M. English Social History [M]. Harmondsworth：Penguin，1967：560.

调查委员会也惊叹。……丧葬会在 50 年代以后也得到了普遍的发展，1853 年斯托克波特济贫区的 8 万居民中有 5 万人是丧葬会会员，在威根，丧葬会的分会有 46 个，利物浦也有 9 万丧葬会会员，到 1872 年，募捐会会员已经有 100 万左右。"① 工会是另一种重要的互助组织，其基本职能是协调劳资之间的关系以及决定劳动条件，会员限定在某种特定的职业上，工会的开支主要用于工人的福利方面。互助性的合作社，是一种特殊的互助形式，最早出现于 1844 年前后，然后迅速遍布全国。合作社大多以合股形式建立，社员集股，股金一般为 1 英镑。最初多是消费性的合作社，批量购进价格低、质量好的商品，满足社员与他人的需要，所获利润按股分红。消费合作社是一种互助性组织，社员还有红利，因而深受收入较好者的欢迎。19 世纪 70 年代以后，英国还出现了生产性合作社，合作社的总体规模不断壮大。

中等阶级在私人慈善活动中也赢得了贵族的尊重，他们逐渐挤进公学，接受贵族教育，加强了与上层贵族的联系，从而有助于双方共同生活方式的培养。"在考察对维多利亚中期的人们的影响因素中，学校具有核心的重要性，尤其是公学，它对社会领导者的态度与价值观的确立有很大影响。"② "公学在 19 世纪英国社会史中的重要性是双重的。首先，它创造了'绅士'，即如同塞缪尔·斯迈尔斯的自助英雄一样卓越的类型的人"，"公学核心重要性的第二方面在于它是旧的家庭体制的代表与新的中等阶级后代的混合。这种社会混合将以往分离的新旧统治团体接合起来"。"因而，公学为阶级间的日渐融合和他们共同价值源泉的形成提供了空间。"③ 这是中等阶级私人慈善活动带来的一个更深远影响。

毋庸置疑，中等阶级在慈善活动过程中，加强了与下层工人和上层贵族间的联系，使不同阶层的社会意识达到了一定程度的融合，促进了英国社会统一思想意识的形成。中等阶级以其实际行动推动了慈善的进步，推进了英国社会的整合，从而保障了英国在社会转型时期的平稳过渡。中等阶级私人慈善活动开启了后来公共机构负责的许多活动，也为后来的"福利国家"所借鉴，可谓是通向福利国家的一个中间环节。

---

① 丁建定. 从济贫到社会保险 [M]. 北京：中国社会科学出版社，2000：136.
② BRIGGS A. Victorian People [M]. Chicago：University of Chicago Press，1972：140.
③ 同②143-145.

三、助推了英国大众社会的形成

工业革命前，英国是典型的贵族等级社会，出身、土地和家长式道德构成了社会的基础。但工业革命开启后，新兴的工业城市既没有出身高贵的人，也没有占有大量土地的人，传统道德更是在社会巨变中不断沦丧。在工业化、城市化过程中，英国依靠广泛的自发的社会组织，如教会、社团、慈善机构等应对物质的短缺和不均以及精神和道德的沦丧。特别是慈善组织，不仅是社会救助的一个重要依靠对象，更是社会重塑的一个途径，使一个松散社会的人们得以联系起来。

工业文明给英国社会带来了明显的分层，一方面财富大部分流入中等阶层手中，另一方面它也真正造就了一批完全依赖于工资过活的穷苦的工人阶层，他们在一生中会不可避免地出现生活的几个断层，需要第三方力量的帮助。"迪斯雷利的名言：英国被分裂成富人和穷人两大民族"①，形象地反映了工业文明带来的社会结构的变化，社会越来越分裂为贫富两大对立的阶层，打破了以前的身份等级格局。一项调查表明，占人口 65％ 的工人阶级只取得了国民收入的 37％②。"1841 年，曼彻斯特布道团对工人生活状况进行调查，结果证明：在工业革命的这个心脏地区，等待着工人的却是饥饿、失业和死亡。试看以下调查记录：查尔斯顿街区传教士认为在他的地域内有三分之一的人失业……萨福德市靠近伯里街的区域据称有一半人抱怨工作不正常，一大批人已完全失业了。萨福德另一传教士说：'我的地域内有许多人家无米下锅，这是由失业造成的……'"③19 世纪末，布思和朗特里的调查都显示大约 30％的人口生活在贫穷之中。

慈善组织则成为沟通英国贫富两大阶层的桥梁，它对英国社会的构建是至关重要的。一系列的志愿慈善组织在全国范围内创建，提供了管理社区、构建阶级身份和缓和阶级关系的一种无价的方式，支持并促进了无数社会和文化服务的发展。早在 18 世纪，一系列自发组织的各种协会就在英国各地迅速出现，如街道俱乐部、促进商业和制造业协会、军人救助协会等。进入工业时代，在像曼彻斯特一样的城市里，市民们创建的一系列志愿慈善机构，囊括了医疗照顾、社会福利、教育、戒酒和道德改革等多

①　TREVELYAN G M. English Social History [M]. Harmondsworth: Penguin, 1967: 559.

②　YOUNG A F, ASHTON E T. British Social Work in the Nineteenth Century [M]. London: Routledge, 1956: 8.

③　钱乘旦，陈晓律. 英国文化模式溯源 [M]. 上海：上海社会科学院出版社，2003：84.

方面。这些慈善机构对整个民族文化心理和道德架构影响深远。

"维多利亚中期的自信不仅基于经济发展而且基于社会平稳"①。中等阶级的慈善无疑是促成这种平稳的一支重要力量。它缩小了财富差距及分配的严重不均，缓和了社会矛盾。"有的学者将慈善事业视为市场经济条件下的第三次收入分配。……第一次是由市场按照效益进行分配；第二次是由政府按照兼顾效率与公平的原则，通过税收、扶贫及社会保障统筹等方式来进行的分配；第三次是在道德力量的作用下，通过个人收入转移及个人自愿缴纳和捐献等非强制方式再一次进行分配。第三次分配的主体不是传统意义上的市场与政府，而是慈善公益组织（民间组织、非营利组织）。第三次分配是建立在资源的基础上，奉行'道德原则'，以募集、自愿捐赠和资助等慈善公益方式对社会资源和社会财富进行的分配，以使社会分配更趋公平。"② 例如，美国的富裕阶层——企业和个人，每年通过各类基金会进行的慈善公益捐助达 6 700 多亿美元，通过第三次分配的财富，占美国 GDP 的 9%③。19 世纪中等阶级的私人慈善活动无疑起到了这种第三次分配的作用。工人们开始享受到进步带来的一些好处，"尽管年老、疾病、失业和寡居仍持续威胁着穷人们，但是穷人们的生活总体状况已不像 19 世纪 30 年代那样。自 19 世纪 50 年代，获得了更大的改善"④。下层民众的生活状况大大改观。人们坚信经济增长和节约、自助、勤奋原则能够消灭穷困。到 19 世纪 90 年代，"任何一年接受贫困救济的人一般都不会超过 2.7%"⑤。而影响济贫法救济数字的主要是人们的自助、互助和志愿慈善。

可以说，18、19 世纪见证了私人慈善活动的活跃和飞速发展，也见证了英国大众社会的形成和发展。英国社会和政治生活的许多方面都是由一支由众多志愿团体组成的队伍开展的。各种市民社会组织为个体的生存和自由提供了工具和途径。独立于政府之外的社会慈善组织是英国成功的大众社会的一个重要特点，它在解决社会问题的同时，也促使公民个体权利和责任意识不断加强，构建了适应于工业社会的新型价值观。

---

① BRIGGS A. The Age of Improvement 1783-1867 [M]. Longman, 1978：402.
② 李怡心. 关于国外慈善事业的研究综述 [J]. 道德与文明, 2006 (2).
③ 商文成. 第三次分配：一个日益凸现的课题 [J]. 兰州学刊, 2004 (4).
④ YOUNG A F, ASHTON E T. British Social Work in the Nineteenth Century [M]. London：Routledge, 1956：25.
⑤ KIDD A. State, Society and the Poor in Nineteenth-Century England [M]. London：Macmillan Press, 1999：12.

在 18 世纪前，宗教倡导的各种道德标准，如克制、秩序、规则、诚实、精神约束等，与生活中流行的"道德经济学"①，构成了自由资本主义时代以前英国社会的主流价值观。但工业革命兴起后，"大量农村人口涌入城市，导致原先乡村体制和传统习俗对居民的规范机制土崩瓦解，他们进入城市后，实际上又游离于城市旧有的管理体系之外，新的城市管理体系也尚未建立起来，在某种意义上他们成为了真正的'自由个体'，因此给城市管理和生活带来了很大冲击和压力"②。新兴工业城市价值体系的缺失造成了一种缺乏历史感、自我意识和义务意识的社会状况。而大量廉价住房的建造带来的城市过度拥挤使得社会更加错综复杂、问题丛生。如何在一个狭小和人口密集的城市空间构建一个较为稳定的环境和社会关系网，摆脱失序状态顺利实现从农业社会到工业社会的转型，是一个重要的问题，而构建共同的城市价值体系必不可少。

慈善首先将不同的阶层在实际行动中联合起来。1756 年由俄罗斯公司、东印度公司和成百上千个体商人捐助的"海洋协会"成立，该协会的宗旨是筹集资金收容失业者、流浪者、孤儿和贫穷男孩，为他们提供衣物并把他们送进皇家海军。而海洋协会最大的两位捐款人是乔治二世和他的孙子威尔士亲王，中层与上层和下层在协会中有了紧密的联系。同样，著名的"艺术协会"的成员中有许多贵族和政客，尽管该协会的创立者只是一位绘画大师。对于许多中等阶级的人来说，这些协会为他们提供了与上层阶级社交的机会，并为他们建立有用联系提供了渠道。正如海洋协会的创始人之一俄罗斯公司的乔纳斯·汉韦所言："慈善是统一的伟大纽带，也是社会最可靠的黏合剂"，所有这些协会都尽可能谋求更多人的支持，而不论其阶级、所处地域、宗教、党派或性别③。

工业革命后古典政治经济学大行其道，慈善还将新兴的科学理论，不论是政治经济学还是日渐流行的民主平等思想，赋予各种行动，从而重塑了英国社会的价值观，使其从传统的"道德经济学"转向近代的"政治经济学"，促使了社会从道德到科学和市场的转向。新价值观更强调独立性、努力工作和自我约束、自我克制以及相互协作。这体现在新的社会评判标准的形成。新的可流动的财富承担起了"'新的社会个性形象的建立'，一

---

① 即贵族绅士的价值观，占据优势地位的上层对下层人们的生活负有责任。

② 彼得·曼德勒. 1780—1860 年英国大众社会的起源 [N]. 光明日报，2015-09-26.

③ 琳达·科利. 英国人：国家的形成，1707—1837 年 [M]. 北京：商务印书馆，2017：124-127.

种'基于商业、基于流动财富的可互换形式和基于适用于活动世界的思维方式'的新形象。这是一种新的人和物的结合，体现了人的情感和行为方式，与传统世界存在着鲜明的对立"①。这种社会评判标准不同于贵族统治时期的个人身份和血缘尺度，而是形成了基于民族服务、个人价值和良好行为普遍标志的新的基础。"慈善、个人虔诚、道德的公开表现——一种公共服务的新定义、公共领域的新的自由主观性，或许普遍为大众所接受。"② 这种基于个人权利和责任而非血统和出身的社会评判标准日渐得到巩固，并最终取代了旧有尺度。可以说，新的大众社会，"它是个人自由的体现，也是新型的中等阶级社会或是公共领域的体现，以新的中等阶级价值观代替由王室和贵族确立的文化和标准"③。

英国通常被看作是最先发展大众社会的国家，大众社会从 18 世纪开始强力出现，社会关系在很大程度上采取合作或联合的形式。工业化和城市化带来的社会变化促进了市民社会的快速膨胀。在这个自由资本主义时代，英国的民众加入到许多的事业中——政治的、社会的和经济的——为改变社会而进行各种活动。虽然他们的活动成功或是不成功地挑战了中央和地方政府的权威，但是英国的大众社会本质上并不是反政府的。它与政府的关系并不构成一个社会问题④。因为慈善被整合进了地方治理中，反映了民众政治意志的主张。而英国政府在地方社区的日常组织和管理中发挥的作用则非常有限，英国各种公益活动和公共设施的发展不是靠政府和议会的支持，而是在很大程度上依赖于私人的社群活动来重新设计与改造社会。社会组织而非中央政府或地方政府担负起了促进社会和经济发展并满足集体需要的职责。

从 18 世纪末至 19 世纪中叶，英国不仅是世界上最早进行并完成工业化和城市化的国家，而且也处于向现代大众社会转型的关键时期。城市新群体通过自我适应或自我控制以及外部治理机构的建立和发展，实现了有序城市化和现代化。这一时期英国处在一种失序和秩序共存的动态平衡

① BARKER-BENFIELD G J. The Culture of Sensibility [M]. Chicago：University of Chicago Press，1992：85.

② VICKERY A. Woman, Privilege and Power [M]. CA：Stanford University Press，2001：166.

③ SHAPELY P. Civil Society, Class and Locality：Tenant Group in Post-war Britain [A] // HILTON M, McKAY J. The Ages of Voluntarism：How We Got to the Big Society [C]. New York：Oxford University Press，2011：95.

④ 同③96.

中，各种因素都参与其中并发挥作用。经过较长时间进行主动和被动调整的过程，英国最终建立了符合社会需求的市民社会①。

英国也随之形成了一种尊重个人权利的传统，而组织化的社会慈善亦成为当时英国社会理念的一种主张方式。每个人都可以通过自己的努力改变境况，慈善可谓是个人社会理想的一种表达方式，在19世纪表达社会理念的私人行动比政府的倡议更为频繁。因而，慈善与改革产生了强有力的结合，它成为追求社会平等的一种革新力量，是社会变革的强大动力。慈善组织被看作是与政府相对的社会力量的代表，是对国家权力的制衡和约束，起着监督政治、开拓公共空间、促进公民社会发育的作用。英国几乎所有的社会进步和改革都与慈善有着紧密的联系。正如富兰克林所言："理性的个人利益应该与社会慈善是一致的。"②

同样，大众社会的形成、个人权利的发展对慈善的影响也是深远的。民众作为公民的责任感更为加深，认为有义务有责任改变社会的不公，为不幸的人提供帮助。特别是工业资本家深信自己兼持的追求自由、勤奋工作的高尚道德，在帮助穷人中将之传播开来，这无疑是推动社会进步的一种有效方式。

在自由资本主义时代，面对英国真正进入了工业革命后城市化、工业化社会的新问题，慈善突破了贫困救济与教会和贵族的局限，致力于一切人道化改革，形成了合理规范化的慈善事业。以商人和工业家为代表的中等阶级将其价值观赋予慈善，主导了自由时代的慈善发展。他们将慈善看作解决社会问题的主要途径，以自己的力量实践着他们的社会愿望，希望社会发展成他们所希望的样子。因而，这时期的社会救济模式是私人慈善为主、政府救济为辅。私人慈善活动缓解了英国从传统农业社会向现代工业社会转型时期的激烈冲突，发挥了政府不可替代的作用。它在提高中等阶级社会地位的同时，亦助推了英国大众社会的兴起，确立了以中等阶级价值观和个人权利为基础的社会。但是，慈善力量又有其自身的局限性，在救济的范围和程度上也存在着极大的不稳定性，到19世纪末，政府不得不加大救助力度，这便使英国的慈善活动在世纪之交再次发生重要变化。

---

① 彼得·曼德勒. 1780—1860年英国大众社会的起源 [N]. 光明日报，2015-09-26.
② 劳伦斯·弗里德曼. 美国历史上的慈善组织、公益事业和公民性 [M]. 上海：上海财经大学出版社，2016：28.

第三章　20世纪上半叶国家垄断资本主义确立时期的慈善活动

　　19世纪末至20世纪50年代，是英国国家垄断资本主义确立的时期，同时它也极大挑战了自由资本主义时代慈善居于社会救济主导、政府作为补充的传统关系。所以，从19世纪末开始，慈善救济与政府救济这两大救助体系交织在一起，慈善与政府的关系也随之成为关系慈善组织发展的一个重要问题。然而，慈善并不是被动无为的，它关注社区发展、推动战时慈善与大众民主的发展，与政府和政治的关系变得愈益紧密。但英国政府最终在二战后建立了全方位的福利国家制度，取代了私人慈善在社会救济中的核心地位。在英国走向福利国家制度的过程中，慈善组织是如何处理与政府关系的？是阻碍还是促进了福利国家制度的建立？福利国家制度的建立，是否使慈善组织变得越来越无足轻重甚至失去继续存在的价值？只有对这些问题有明确的认识，才能深入理解慈善组织是如何安然度过英国从自由资本主义时代走向国家垄断资本主义时代的社会转变。不过这一时期英国社会存在大量的慈善组织，宏观上难以清晰地展示慈善自身的演变及其与政府间关系的变化，个案研究则更能展现这一变化。故本章最后一节以全英防止虐待儿童协会（NSPCC）为个案，进一步考察从自由资本主义向国家垄断资本主义转型过程中慈善组织所扮演的角色以及它是如何在新环境下获得新生的。

第一节　19世纪末20世纪初的政府、教会与慈善

一、政府社会干预的增强

　　到19世纪70年代，英国已经形成了以城市和工业为主的国家与经

济。尽管从 19 世纪 30 年代开始穷人的生存状况就吸引了公众零星的关注，但是直到 19 世纪后半叶，特别是到 80 年代，它才成为一个社会关注的主要问题。社会对贫穷和穷人的认识在 19 世纪末发生了变化。

在 19 世纪的大部分时间里，贫困虽然已是人们生活中的常态，但由于人们还保持着与农村的联系，其生活尚不至于比工业革命前差，但是 70 年代后，当人们的生活完全固定在城市后，贫困真正成为人们生活中可怕的威胁。特别是 1875 年后，英国经济发展的黄金时期结束，出现了一个经济和贸易的大萧条时期，劳工阶级的就业状况急剧恶化，贫困问题以及与之相连的社会政策的改革再次成为公众关注的焦点。1834 年《新济贫法》实施以来，济贫费用逐年上升，但是贫困却没有任何改观的趋势。贫穷"几乎已经成为工人阶级所能得到的一种固定的生活方式"①。人们开始怀疑《新济贫法》"惩贫"的社会和经济效果。人口的迅速增加和贫富两极分化的严重，也导致了 19 世纪末英国爆发了激烈的劳资冲突。面对这种情况，自由主义者的理论逐渐失去说服力，社会开始重新思考贫困问题。一些活跃的社会活动家则通过实证来调查贫困的根源。

19 世纪 80 年代，查理·布思开始了对贫困的调查，并写出了 17 卷的巨著《伦敦人的生活与劳动》，对贫困的程度、各行各业的收入、穷人的社会道德情况等进行了详细的论述。其调查为 19 世纪末的人提供了一份关于贫困范围和程度的详细的调查资料，使人们对贫困的理解建立在以科学统计为基础的客观事实之上。

希博姆·朗特里的调查证实了贫困是一种普遍存在的现象，"我们面临这样一种令人吃惊的可能性，即 25％至 30％的英国城镇人口正生活在贫困之中"②。贫困已经成为威胁英国经济效率和政治稳定的因素。他认为贫困的原因在于社会经济结构本身存在问题，而不是由于个人行为。朗特里还提出了贫困周期的概念，他指出，任何工人阶级家庭成员在其一生中都要经历贫困，这是由特定的生活方式决定的。他将工人的一生分为五个阶段：第一为孩提时代，除非父母的收入足以供养子女，否则他将处于贫困；第二阶段，当他或者姊妹能够挣钱时，可暂时摆脱贫困；第三，当他结婚并有两三个孩子时，又重新陷入贫困状态；第四，当他的孩子长大可以做工时，又摆脱贫困；第五，当他的孩子组成家庭，而他自己又步入

---

①　ROSE M E. The Relief of Poverty 1834—1914 [M]. London：Macmillan，1983：7.

②　高岱. 20 世纪初英国的社会改革及其影响 [J]. 史学集刊，2008 (2).

老年时，则再度陷入贫困。由此，朗特里证明，贫困是一个动态而非静止的过程，这大大加深了人们对贫困是一个社会问题的理解。他认为，贫困的范围之大使私人慈善的救助微不足道，政府必须采取新的社会政策来处理贫困问题，补救办法就是充分就业、稳定最低工资、必要的家庭补贴以及较高的养老金①。其分析推翻了贫困源于懒惰的观念，指出了实施福利政策的必要性，为以后的最低工资立法提供了科学依据。

随着社会对贫困问题的调查与反思，英国的社会思潮也出现了重大的转变。赫伯特·斯宾塞，被誉为"社会达尔文主义之父"，他把适者生存的进化论理论运用于社会，认为财富和生存状况的不平等是不可避免的，也是一种自然的现象，并对社会的发展进步是必要的。这一曾经在19世纪广为流传的思想，在世纪之交遭到人们的质疑。英国社会出现了以费边社会主义和新自由主义为代表的集体主义的思想倾向，这种集体主义的社会思潮逐渐取代传统的自由放任思想占据社会思潮的主流，从而为政府干预和福利国家思想的出现准备了条件。

费边社会主义的社会福利思想可以概括为如下几点：（1）从社会有机体的理论出发，强调要提高国民效率，必须保证国民最低生活标准；（2）从平等、自由、民主、协作与人道主义的社会价值观推论出享受此种最低文明生活是每个公民的天赋权利；（3）政府有责任和义务组织各种社会服务，采取各种手段，包括某种形式的财富再分配来达到这一目标。费边社会主义希望在社会改革中能够消灭贫困，为社会谋取最大限度的福利，从而获得最大多数人的最大效率，并最终实现对平等的追求。在实际活动中，费边社一方面积极地鼓励工党参政，推进社会改革，另一方面则为政府提供社会政策改革的方案，这主要体现在1909年由韦伯夫妇起草的"少数派报告"②。该报告认为，接受救济是公民的权利，国家应建立基于普遍性基础的社会服务体系，并由行政官员和特定的社会工作者来负责实施，它成为工党社会改革的基本政策主张。

新自由主义思想则对正统自由主义进行了重要修正，自由被注入了新的要素，即平等和正义，由此产生了新自由主义。其代表人物是霍布豪斯、霍布森和塞缪尔。他们从个人与社会的关系、社会有机体理论、国家观念等提出了一整套新的观念。霍布豪斯认为自由的真正含义是人们能够

---

①　陈晓律. 英国福利制度的由来与发展［M］. 南京：南京大学出版社，1996：49－50.

②　同①63－66.

最好地使用他们的天才、机会、精力和生命，每一件能够提高民族、社会和个人效率的事，都是最接近自由主义的任务，也应成为它今后发展的方向。社会并不是简单的生存竞争，而是要提供给人进步和自我改进的机会。塞缪尔指出："社会改革的目标就是尽量扩大使人们成为适者的机会而不是专门去惩罚那些运气不佳而处于困境的人。"① 霍布森则认为："收入的不平等不仅违反社会正义，而且破坏了经济在正常情况下通过消费和积蓄的某种比例而保持的平衡。"② 广泛存在的社会贫困是财富分配不公平的结果，而贫困又导致消费不足，进而影响经济发展。因而，必须通过国家干预，对社会和经济结构进行调整以建立起健全的经济体系。

"一个时代占主导地位的社会思潮既是那个时代政治、经济和文化传统的产物，又反过来给予那个时代以重大影响，它的出现有助于使各种利益的协调和制度的发展合理化。"③ 新自由主义中包含了正统自由主义所没有的集体主义精神，并力图通过改革来完善资本主义制度，从而为后来的国家干预和大规模的社会政策的实施提供了理论基础。而布尔战争引发的英国社会对国民体质低下的震惊以及由此产生的"国民效率运动"极大推动了政府对社会问题的重视。英国社会对贫困的探讨开始转向经济增长和社会秩序角度。慈善力量的明显不足也让人们日益感到国家干预的必要。于是社会和政治改革家不约而同行动起来。

1905 年，自由党上台执政。已经连续 10 年不在台上的自由党，其传统的自由主义政策已无法应对各种社会问题，它最终选择了国家干预的方向，即新自由主义所倡导的方向。1905 年英国还成立皇家济贫法委员会，调查济贫法的执行情况。经过四年的努力，1909 年委员会提出了一份长达数十卷的调查报告。由于委员会成员之间观点不同，报告由多数派报告和少数派报告组成。但两派报告都认为，政府济贫费用的增加并未带来效果的改善。济贫法是一种综合性的救济，它既无法解决工业社会带来的严重的失业、疾病、年老等社会问题，也无法有效预防贫困，因而其改革不可避免。

于是，自由党政府一方面改革济贫院，把济贫院内的贫民划分为不同的群体，改善济贫院的环境，增加济贫医院的床位，改善济贫院的伙食，另一方面分别对解决养老、失业和卫生医疗等问题进行了区别救济。20

---

① SAMUEL H L. Liberalism：An Attempt to State，the Principles and Proposal of Contemporary Liberalism in England [M]. London：Grant Richards，1902：17.

② HOBSON J A. The Industrial System [M]. London：Longmans，1909：53—54.

③ 陈晓律. 英国福利制度的由来与发展 [M]. 南京：南京大学出版社，1996：18.

世纪初，免费国家养老金制度成为普通民众舆论之所向。1908年，英国的《养老金法》通过，"明确规定了英国国家养老金制度的普遍性和免费性原则。法令第一条第一款即规定，任何人只要符合该法所规定的条件，就可以领取国家养老金，支付国家养老金所需的一切费用均来自议会批准的拨款"。《养老金法》是通过提供国家养老金防止因年老而造成的贫困，这是一种积极的预防性措施①。1905年，英国颁布《失业工人法》，正式对失业问题承担起国家责任，但中央政府并没有对解决失业问题的责任做出明确规定，也不是一种全国性的措施。最终到1911年，《国民保险法》颁布，《失业保险法》也作为该法的第二部分被议会批准，英国建立起解决失业问题的全新的失业保险制度，失业保险费由工人、雇主和国家共同承担。这体现了国家对失业问题承担责任，并为那些经常面临失业威胁的劳动者提供了比较稳定的社会保障。

英国政府早在19世纪中叶就开始关注医疗问题，这是因为济贫法机构和慈善机构提供的服务都存在明显不足。1872年和1875年，英国两次颁布《公共健康法》，加强地方政府在增进健康服务上的职责和权力。英国政府还于1875年、1879年、1882年颁布了一些与健康有关的住房法。声势浩大的"国民效率运动"，促使政府于1903年12月设立了一个联合委员会调查国民体质下降问题并提出了许多具有深远意义的建议。最终在1911年12月，《健康保险法》作为《国民保险法》的第一部分，获得议会的通过，英国正式建立起国民健康保险制度，它包括医疗、疗养、伤残、疾病、产妇等方面。1908年的《养老金法》与1911年的《国民保险法》使英国建立起以社会保险制度为核心的现代社会保障制度。

以社会保险制度为核心的现代社会保障制度在英国的出现，不仅仅是一种形式上的变化，更是一种根本性质的变化。济贫法只是等到贫困成为现实后才实行济贫，它并不采取任何措施来防止贫困的出现。而以社会保险为主要内容的社会保障制度，其目的重在通过养老金、健康保险、失业保险等一系列措施，防止社会成员由于种种个人无法控制的原因而导致贫困，它改变了以往消极被动地提供有限救济的方式，而是积极主动地采取预防措施。在社会保障制度下，各种社会问题被视为具有一定独立性的问题，一个个相对独立的社会保障立法结合在一起，相互补充，相互联系，

---

① 丁建定. 英国社会保障制度史［M］. 北京：人民出版社，2015：237.

贫困不再成为一种耻辱，领取各种社会保险金及福利津贴，成为公民的一种权利，而不是社会对个人的一种施舍。同样在社会保障制度下，政府不再是社会保障费用的唯一承担者，社会成员同样要承担一定数额的社会保障费用，这在一定程度上解决了济贫法下济贫费用仅仅依靠政府财政带来的弊端。由于普通民众需要缴费才能享受福利，他们既有一种权利感，也有一种责任感①。

社会保障制度的出现，并没有导致济贫法的消亡，因为社会保障制度的范围还十分有限，社会仍需要济贫法的救助。但这时期的社会问题，已不再是单纯社会发展落后、财富匮乏的结果，而在很大程度上是社会财富分配不公的结果。因而，政府的社会政策开始放弃1834年《新济贫法》确立的惩罚原则，转而将之确立为维护社会安定、改善人们生活的一个重要手段。

二、教会职能的削弱

随着国家干预的增强，原先由教会管辖的很多事务逐渐被政府接管，教会对教育、家庭、社会秩序等方面的影响不断减弱。这种减弱从宗教改革后一直在持续，曾经在政治、经济和思想文化上都占据主导的教会，在宗教改革后逐步从政治和经济领域中隐退，更多地专注于文化思想领域。进入20世纪，教会在地方社会管理上的影响力也在大幅下降，出现了社会、政治和文化上的全面隐退。

19世纪末20世纪初，许多能够展示人们信仰状态的宗教指标都出现了明显的下滑。以教堂参与为例，伦敦地区在1851年到1886年的35年中，教堂参与率仅由30％减少到28.5％，而在1886年到1903年的17年中，这一指标从28.5％下滑到22％。一些城镇则由1851年的44％下降到1902—1904年的27％。不可知论逐渐在英国大众尤其是社会中上阶层中蔓延，较准确地表达了许多人的信仰状况。他们既不否认上帝的存在，却又不像他们的前辈那样有着明确坚定的宗教信仰②。

教会本身也经历了很大的困难，其中最大的是人员和资金的缺乏。作为曾经受人尊敬、拥有崇高社会地位的神职人员，其招募变得越来越困难。而且一些原本由教会负责的工作这时也开始由世俗人员接管，如英国

---

① 丁建定. 英国社会保障制度史 [M]. 北京：人民出版社，2015：406-407.

② 孙艳燕. 世俗化与当代英国基督宗教 [M].. 北京：社会科学文献出版社，2013：62.

皇家学会和英国科学进步协会的职位。人员招募困难的一个重要原因便是教士的相对收入较其他职业如医药和法律至少从19世纪70年代起持续下降。教会的财务问题也越来越严重。教会的很大一部分资金来源于当地人尤其是富人的捐赠，"这些富人有时不仅出资，还积极参加教会建设和各种活动，有的亲自担任主日学校或查经班的负责人，同样自19世纪90年代以后，愿意为教会提供捐助的人越来越少"①。乡村捐赠的价值在19世纪末降低了，而在城镇，人们开始把更多的钱用于各种消费以满足自我需求。各种休闲生活方式的出现，使宗教不再是人们获取自我满足的唯一地方。

更重要的是，教区内教会生活和市民生活的分离进一步加剧。在整个中世纪和近代早期，市民的和宗教的事务在教区生活中是紧密联系在一起的，但是到1911年，情况已远非如此了。"1911年的全国人口普查数据显示，在英格兰和威尔士约8 322个教区（占全部的58％），民政目的和教会目的不再相连。"② 20世纪早期，英国出现了教会教区和民政教区的明显分组，以及与之相伴随的复杂的各种单位，既有强调地域不同的分组，也有许多重合的实体，教区变得错综复杂。20世纪上半叶，政府管理上的改革不仅没能使这一情况简单化，而且经常使其更加复杂了。这不可避免地影响了教会慈善角色的发挥。

教会在社会各领域发挥的作用下降明显，它所提供的许多服务也逐渐被政府取代。以教育为例，早在19世纪60年代人们发现教会力量已不能提供适用于工业国家所需要的初等教育，于是自由党政府在1870年通过法令建立了教育委员会，其职责是在没有教会学校的地方建立寄宿学校。同时还颁布了教育法令，"根据1870年《教育法案》设立的'双重体系'，一批政府管理的公共学校建立起来，成为教会学校的补充。……政府还向全体居民提供公共图书馆等设施。在社会福利领域，英国政府于1834年制定的《济贫法修正案》将济贫责任从主要由神职人员居于中心地位的教区中剥离出来，而置于新近组成的济贫法联盟的管辖之下，由选举出的贫民救济委员负责管理"。在这种状况下，教会更多关注对正统教义的诠释③。

---

① 孙艳燕. 世俗化与当代英国基督宗教 [M]. 北京：社会科学文献出版社，2013：62.
② SNELL K D M. Parish and Belonging: Community, Identity and Welfare in England and Wales 1700-1950 [M]. New York: Cambridge University Press, 2006: 366.
③ 同①62-63.

　　而城镇中教堂的不足进一步加剧了上述情况。19 世纪和 20 世纪早期英国经历了最明显的农村居民的外迁和城市化。1801 年大约 65％的人口居住在乡下，到 1911 年只剩下 22％。城市人口从 300 万增长到 2 800 万。城镇中教堂的不足，在伦敦和那些新兴的工业城镇尤为明显。这种不足导致了工人阶层中很大一部分人不去教堂，并形成了非宗教的习惯。第一次世界大战的爆发，虽然短暂地刺激了人们的宗教情感，但是战争进一步削弱了宗教的影响，不仅大量的教堂被破坏，而且一度是许多人精神上的指路明灯的教会，也在战后陷入了教徒减少、经费缺乏和丧失威信的境地。"大战严重地破坏了教会的种种道德规范，清教主义和严守安息日主义面临的挑战就更不用说了。连英国国教在战后也得克服许多困难才能继续承担它原来确立的全国任务。"大战本身也促进了世俗的虔诚，以勒琴斯在白厅设计建立的第一次世界大战阵亡将士纪念塔为其象征。尽管世世代代的宗教传统仍然存在，但基督教的影响和神奇作用已明显衰退，对战后一代和复员军人更是如此[①]。

　　为了解决战时被破坏的教堂和市镇更新问题，新的教会教区不断形成。从莱斯特郡、拉特兰郡和剑桥郡来看，新的教会教区在 1904 年、1918—1932 年、1941 年、1951 年至 20 世纪 70 年代有明显变化。在两次世界大战期间的某些年份，在教会委员会的指导下，新教区以每两个星期建立一个的速度被创建。在 1936 年一年内，教会委员会花费了 189 000 英镑捐建新教区。随着越来越多的民政教区和教会教区的形成，这两种教区的分离也在持续发展，特别是 1876 年和 1882 年《教区分离法》（Divided Parishes Acts）的两度颁布更加剧了这种倾向。1910 年后通过教堂集会，英格兰教会自身立法权力的增长，进一步促进了教会教区的建立，同时它也越来越不关注民政教区单位及组织[②]。

　　此外，1868 年教区济贫税的废除和 1894 年《地方政府法》（Local Government Act）的颁布，将教区的世俗职能逐渐纳入一系列不同政府机构的管理下。教会本身也逐渐脱离社会服务——不管是教育、济贫法、教区委员会事宜、健康照顾、慈善机构、济贫院还是法律建议等等。古代教区的管理和福利供给功能逐渐退去。进入 20 世纪，英国教区世俗和宗教

---

① 肯尼斯·O.摩根. 牛津英国通史 [M]. 北京：商务印书馆，1993：559-560.

② SNELL K D M. Parish and Belonging：Community，Identity and Welfare in England and Wales 1700-1950 [M]. New York：Cambridge University Press，2006：433.

职能的联合已基本不在，教区主要致力于教会事宜，只保留和发挥了其宗教角色，"教区"一词也主要被其宗教含义和用途所界定，相应地，其社会救济职能在不断减弱。

三、慈善活动的新发展

19 世纪末 20 世纪初的慈善活动有很大发展。伦敦慈善机构在 1883—1884 年的年收入是 450 万英镑，到 1912 年增长到 850 万英镑，1913 年达近 900 万英镑，这意味着志愿捐赠大约是和国民收入相一致的[①]。慈善活动继续在社会生活的各个方面发挥作用。贫困救济仍是最重要的方面，许多难以维持生计的人，特别是贫困老人经常依靠慈善机构的救济过活，而英国的慈善机构用于养老方面的支出也相当大，"根据 1888 年英国上院的调查，养老支出占当年英国各类慈善机构总支出的第三位"。慈善机构在提供健康救济及医疗服务方面的作用也很重要，"根据统计，慈善组织共建立各类医院 550 多家，其病床数在英格兰和威尔士全部病床数的比例在 19 世纪末为 18.1%，20 世纪初增加到 21.89%，而济贫医院所提供的病床数仅占 16.7%。一些慈善组织和机构还建立了巡回医疗队，并在各地建立诊所，为许多人（包括贫民）提供医疗及健康方面的服务。20 世纪初，仅伦敦地区的慈善医院每年就收治病人数十万次"[②]。

但是 19 世纪 70 年代后，英国慈善事业的发展较以往出现了极大的不同。最显著的是强调改造环境因素。如前所述，19 世纪 80 年代是英国社会对贫穷理解的一个分水岭。到 19 世纪末，贫穷的广泛存在是无可争辩的，这是对整个民族在道德、经济和政治稳定上的巨大威胁。面对这些威胁，慈善既有对公共健康、住房和环境改进的回应，又有不断灌输个人责任感的回应。人道主义的冲动与对无产阶级革命的恐惧和对个人责任的信仰是联系在一起的。中等阶级认为由于穷人的不节俭和道德上的无能，他们的由工业和贸易所确保的收入从 70 年代开始受到威胁，并将继续恶化。慈善组织开始考虑不同的解决方法。于是，组织和控制穷人的生活便成为一个重要的考虑对策。这时期慈善活动的一个中心点便是强调改善社区（community），这也服务于重塑并巩固新兴工业社会价值观、将"政治经

---

① GRANT P. Philanthropy and Voluntary Action in the First World War：Mobilizing Charity [M]. London and New York：Routledge，2014：10.

② 丁建定. 英国社会保障制度史 [M]. 北京：人民出版社，2015：230，250.

济学"渗透于社会基层的需要。

面对城市的拥挤和混乱，慈善家们很快意识到必须首先加强对工人居住区的管理。奥克塔维亚·希尔（Octavia Hill，1838—1912 年）是一个典型代表。为改变伦敦贫民住房的肮脏和拥挤状况，希尔购置了一些房屋加以改造，增加旧房屋的房间数量、疏通排水系统、确保通风设施等，同时尽量控制每个居室的入住人数。更重要的是，她将房客与房屋一起进行改造，注重培养租住者的卫生习惯和自助精神。她要求租住者自己动手进行房屋清洁；同时教育租住者努力工作来支付房租，如不按时交租则将被清理出去，以此培养租住者的责任感。在这一过程中，希尔也向租住者提供人性化的服务，例如尊重租住者的人格、保护他们的隐私，同时也通过让他们参与房屋的改造和社区服务等活动为他们提供就业的机会。她在1875 年发表《伦敦工人的家》一书，集中表达了其住房改革思想：第一，讲求实际，修缮与新建住房并行；第二，全面考虑，房子和房客一同改造；第三，强调房客和房主建立良好的个人关系；第四，培养房客的社区意识和责任感；第五，将住房改革与公共空间的开辟和环境保护联系起来[①]。希尔所创建的这套住房管理制度被誉为"奥克塔维亚·希尔制度"。希尔制度的核心在于培养下层人们的"自助"精神，并将之确立为人们的行为规范和道德评价标准。奥克塔维亚·希尔还与米兰达在 1877 年联合创办了克尔社团，以美化城市里废弃的死角。

除此之外，伦敦还出现了以汤因比为代表的注重对工人阶层进行教育的一批人。阿诺德·汤因比（1852—1883 年），英国经济史学家，牛津大学讲师。他关心伦敦的贫苦穷人，希望通过和工人讨论日常问题以及教会他们政治经济学的原则来提高伦敦怀特查佩尔区（Whitechapel）的生活标准。他将关于英国工业革命史的研究资料直接给予了工人。他希望能够得到他们的批评，希望通过工人的生活事实来检测经济学家的研究。但工人阶层厌恶政治经济学，他们把它看作是工厂体制的工具。为此汤因比搬到了伦敦东区和工人们一起生活，亲自在工人中来实践他的科学原则以移除这一偏见，通过社会实验和明智的教导向工人们展示经济知识的合理应用如何提高他们的生活水平以及解决他们的问题。汤因比在伦敦东区花费了几年时间讲述政治经济学，会见工人阶层的领导者们。他的

①　梅雪芹，郭俊. 论"奥克塔维亚·希尔制度"：19 世纪后期英国改善贫民住房的一种努力 [J]. 北京师范大学学报，2004 (4).

实验被证明是成功的。尽管工人拒绝拥抱政治经济学，但是他们接纳了
他。汤因比希望树立经济理论的工作通过他的高尚人格得以确立。他与
工人阶层分享了他自己、他的品格、他的生活。与此同时，让汤因比印
象深刻的一件事是穷人间的睦邻友好，他在贫穷中发现的优秀品格和各
种组织，如果能够被正确地指导，可以用于拯救社区①。英国古典政治
经济学反映的是英国资产阶级利益和要求的经济思想。在产业资本逐渐
掌控整个社会生产的情况下，它强调劳动是财富的源泉，要增加财富必
须提高劳动生产力，同时加强劳动分工。汤因比希望以此启迪心智，改
变工人的行为模式，树立与工业时代相适应的劳动价值观，进而摆脱
贫穷。

　　许多年轻人被汤因比的工作所感动，准备从事他所开启的工作，大量
的金钱被募集起来以开展一项永久性的工作。1884年，一个社区睦邻中
心得以建立，并被命名为"汤因比馆"（Toynbee Hall）以纪念汤因比的
伟大工作。该中心由巴奈特创建，位于伦敦东区，在这里实际每天都有
15～20位剑桥大学的学生居住。许多长期和短期的伙伴与探访者会协助
他们。白天他们也要为了生计去工作，晚上回到住所为他们不幸的邻居们
提供力所能及的服务②。巴奈特认为，让受过高等教育的知识分子与贫民
一起生活，不仅有助于缩小社会的阶级差距，实现社会的民主与平等，更
能使穷人有受教育及享受文化生活的机会。其实此前已有人尝试过，英国
牛津大学学生丹尼森（Edward Denison）毕业后专门去贫民区了解劳动者
的生活。他意识到仅仅靠举办慈善活动和施舍是不够的，而是需要以"好
的教育"来促进劳动阶级的社会正义，培养领导人才。汤因比馆是全世界
第一个睦邻运动大学社区服务中心，来自牛津大学和剑桥大学的学生，与
穷人共同生活，实践着其社会改革理想③。

　　巴奈特渴望阶级间的平等机会，他相信通过将公共服务变成社会责任
可以消除贫穷，通过工作者与工作对象共同居住、共同生活，中上层不仅
可以言传身教，而且在创办工人教育协会、研讨班、读书会、夜校，开展

① HEGNER H F. Scientific Value of the Social Settlements [J]. American Journal of Sociology，1897，3（2）：171-182.
② WOLFE HOWE M A. A Phase of Practical Philanthropy [J]. The North American Review，1892，154（425）：509-512.
③ 徐富海. 从汤恩比馆到赫尔大厦：社区睦邻运动发展过程及启示 [J]. 中国民政，2016（14）.

社团活动，举办音乐会和艺术展，建设学生公寓和图书馆等文化教育活动的过程中为工人提供了学习的机会。在 1919 年前，汤因比馆严格按照既定的规制行事，此后其工作虽然与以往有很大不同，但是仍广受欢迎，因为其活动体现了英国当时的时代精神①。以汤因比馆为起点，英国又出现了很多类似于汤因比馆的慈善机构，如牛津馆（Oxford House，1887 年）、曼斯菲尔德馆（Mansfield House，1890 年）、纽曼馆（Newman House，1891 年）、布朗宁馆（Browning Hall，1894 年）、剑桥馆（Cambridge House，1897 年）等。这股轰轰烈烈的睦邻运动，是英国社区服务的早期形态，几乎都秉承了汤因比馆的理念。

汤因比馆的理念有别于单纯的自助思想，对于它的参与者来说，汤因比馆给他们提供了一个"了解大众想法、树立英国民族观念，并为各阶级在社会中结合为一体做一些事情"的机会②。对于它周边的穷人来说，他们获得了一个接触中上层阶级、获取知识、改变生活方式的途径。通过不同阶层的交流，自助思想深入人心，更重要的是，下层民众了解了发财致富的秘诀，以古典政治经济学思想为代表的新兴科学理论深入社会，构成了工业城市核心价值观的重要一部分。正如汤因比的发现所预示的一样，这股社会睦邻友好运动，引导了穷人的生活，为以往肮脏混乱的穷人社区带来了知识和价值原则，从而塑造了新型的穷人社区，也为整个城市价值的塑造做出了重要贡献。

在改善社区环境因素的同时，这时期的慈善活动也开始突破私人领域的界限，深入到家庭内部，注意改善家庭环境因素。"从 1883 年开始，出版物充满了为防止革命而进行改革的警告。因而有人希望 80 年代建立的社会福利组织在对待社会问题上采取一种改善与生存相关的环境的方法。"③ 许多人也认为，帮助儿童是解决贫困的一个更有效途径，它可以从根源上解决成人贫穷的发生。利物浦的棉布制造商、慈善家、议员塞缪尔·斯密斯，在利物浦防止虐待儿童协会和伦敦防止虐待儿童协会的建立上都发挥了重要的作用。他认为，人们生存状况的恶劣是时代的耻辱和国

---

① Toynbee Hall 1884-1925：40th Annual Report ［R］. January 1926：5，London Metropolitan Archives，A/TOY/17/1.

② McDOWELL M. Review：Canon Barnett，His Life and Friends ［J］. American Journal of Sociology，1920，25（5）：643-644.

③ SHERRINGTON C A. The NSPCC in Transition 1884-1983：A Study of Organisational Survival ［D］. London：LSE，1985：59.

家的危险。所以，必须改善穷人的生活状况，提高他们的道德。其中，虐待儿童是一种不道德的体现，且危害到国家和民族的未来，必须予以制止。

此外，大量关于穷人生活状况的著述出版，包括对拥挤的生存状况、儿童的肮脏和对儿童的忽视等的生动描述。这引起了社会对儿童忽视问题的关注，因为在对穷人的调查中发现，儿童苦难是骇人听闻的，其中最大的苦难是继承了酗酒、放荡父母的不道德行为。许多孩子从一出生就受到虐待和忽视，他们衣衫褴褛肮脏，并且从未离开过他们生活的那个小地方。通过这些调查和出版物的宣传，公众对穷人的生存状况更为熟悉，并将儿童忽视和贫困联系起来。加之当时英国社会认为儿童是社会劳动力的来源，是民族未来的希望，对儿童社会价值的认可进一步推动了社会对儿童问题的重视。因而，英国这时期出现了许多新型儿童慈善组织，最著名的莫过于 1884 年成立的伦敦防止虐待儿童协会（London Society for the Prevention of Cruelty to Children）。随后各地防止虐待儿童协会纷纷成立，这一方面显示了人们对贫穷认识的深入以及对儿童在家庭和社会中的重要性的认可，另一方面也显示了慈善发展进入到了更微观的社会单位——家庭内部。1889 年，英国颁布了世界上第一部《防止虐待儿童法》，有力昭示了政府和社会对儿童问题的重视。从此，家庭不再是神圣不可侵犯的，孩子也不再完全是父母的私有财产。

但这时期英国慈善发展处于一种两难的境地，即慈善力量的有限性与政府日益增长的社会干预。许多慈善组织和个人对广泛需求的贫困救助感到困惑和无助。慈善机构在各方面的活动都捉襟见肘，医院床位和药品严重不足，贫困救济力不从心。值得救济和不值得救济原则很快由于慈善力量的不充分而变得虚假，不得不在值得救济的案例中再次画出一条区分线，将之区分为能够通过帮助实现自立的人和无法通过帮助实现自立的人。"权威机构、慈善个体、志愿机构通常各自工作，没有就目标达成一致，也没有信息的经常交换。"① 而以 COS 为代表的许多慈善机构，固执地坚守区分原则，将那些不符合条件的人拒之门外，也遭到了社会舆论的诟病。

慈善力量的有限让许多慈善机构深感必须改变这种状况，而此时国家也日益加强对社会问题的干预，这看似是解决问题的一个途径。"到 19 世

---

① LOANE M. Neighbours and Friends [M]. London: Edward Arnold, 1910: 1.

纪 90 年代，慈善在各方面都面临着与政府关系更为紧密的前景。"① 如何协调与政府的关系便成为世纪之交英国慈善发展必须要考虑的一个重要问题，它关乎慈善的未来发展。

面对这一问题，慈善组织内部也出现分化。一些慈善组织立场强硬，近乎顽固地坚持固守在自助理论上的原则，认为政府干预会导致人们的懒惰和依赖。对贫民不加区分的救济只会助长他们的各种不良习惯，没有慈善组织参与的任何福利，只会削弱他们的社会责任感。COS 可谓是传统慈善力量在 19 世纪末以后至福利国家制度建立前发展的一个代表。另外一些慈善组织则主张政府的适度干预，开始重新审视并定位与政府的关系，特别是以 NSPCC 为代表的一批慈善组织积极地寻求政府的支持。慈善组织中的一些进步人士也对英国慈善事业存在的缺点和局限性提出了尖锐的批评。COS 的早期创建者和主要支柱之一塞缪尔·巴奈特就是其中一位。他认为："慈善事业应该与国家的行为保持一致"，国家在许多方面不可能做得十分完满，"无论如何，可以说，与国家行为保持一致的慈善事业将会越来越强大，而受到慈善事业支持的国家行为也必将变得更加人道"②。

慈善组织内部关于与政府关系的争论，体现了社会转型时期双方关系的不确定性和慈善组织内在的矛盾性，一方面慈善自身力量的不足客观上需要政府的帮助和支持，另一方面它又局限于不能与政府关系过密的传统。20 世纪初，慈善组织与政府之间的合作还极为有限并经常受到来自某些慈善组织的非议，但是越来越多的慈善组织意识到政府的社会干预和救助是社会发展的必然要求，慈善组织只有认可这一社会潮流，在行动中加强与政府的交流与合作才能更好地发挥其社会价值。因而，20 世纪上半期可谓是英国慈善组织与政府关系发生巨大转变的一个时期。而一战的爆发，首先促进了双方关系的调整。

第二节　战争与慈善

第一次世界大战的爆发和长久的僵持，给整个英国社会带来了巨

---

① KIDD A. State, Society and the Poor in Nineteenth-Century England ［M］. London: Macmillan Press, 1999: 95.

② 丁建定. 从济贫到社会保险 ［M］. 北京: 中国社会科学出版社, 2000: 132-133.

大的灾难。人们通常认为，一个充满战火硝烟的年代对慈善行为的发展是不利的，因而学者们也将更多的目光投向战争与政府，而对战时慈善的发展则重视不足。实际上，一战期间英国慈善活动出现了重要的发展和变化，同时这时期也是重塑英国慈善与政府关系的一个重要阶段①。

一战时有 250 万男性自愿入伍参战，70 多万人付出了生命，但 1914—1918 年的志愿行为还不仅局限于此，国内的志愿慈善行为极大支援了前线的士兵，在健康、疾病以及援助无数其他事业上做出了巨大贡献。从总体上来说，一战期间英国的志愿慈善行为有大幅增长。大约有 18 000 个新的慈善机构被创建，与战前慈善机构的数量相比增长了 50%。它们募集的资金超过了 1 亿英镑（很可能达到了至少 1.5 亿英镑），相当于今天英国慈善从国家彩票中的收入。这意味着每位入伍的男性都获得了约 40 英镑的捐献，其价值相当于 2010 年的 2 000 英镑。从人数上来说，志愿帮助战时慈善机构的常规人数在 100 万至 200 万之间②。

当然，这时期最重要的慈善增长出现在与战争相关的领域，其中支持前线士兵的慈善事业增长尤为显著。剑桥保守党议员佩吉特（Almeric Paget）和他的妻子组建了按摩医疗队来治疗前线的伤员。蓝十字基金会则为战马提供了大量援助，它还创建了马匹医院，提供治疗、设备和救护车等。慈善组织和受过训练的志愿者在救助供给上的作用是显著的，每一个组织都专门处理与战争救济相关的某个特殊方面，且有成千上万的个人参与进来，后来也发展到建立一些纪念性的建筑物或开展一些纪念性的活动，如一座"用于每年对一战老兵的纪念活动"的纪念碑在白厅的中心位置建立起来③。这些新成立的组织（具体参见表 3-1）快速补充了战争带来的各种不足，同时也反映了慈善机构的反应迅捷。

---

① 由于二战时期政府与慈善的关系在很多方面与一战期间存在相似之处，故本节会兼论二战时期的一些情况，且后不再具体论述二战对慈善的影响。

② GRANT P. Philanthropy and Voluntary Action in the First World War：Mobilizing Charity [M]. London and New York：Routledge，2014：3，6.

③ 詹姆斯·弗农. 远方的陌生人：从英国的现代转型探寻当下生活的起源 [M]. 北京：商务印书馆，2017：103.

表 3 - 1　　　　　　　　　　战时慈善机构的主要类别

战时慈善机构的主要类别	所占比例
英国和帝国军队需要	28%
医疗援助（包括医院和供应）	25%
残疾士兵援助	13%
国内困苦援助	11%
战后记忆（包括战争纪念馆）和庆典	9%
难民和海外援助	8%
战俘援助	7%

资料来源：GRANT P. Voluntarism and the Impact of the First World War［A］// HILTON M，McKAY J. The Ages of Voluntarism：How We Got to the Big Society［C］. New York：Oxford University Press，2011：35.

　　一战还极大促进了教会慈善的发展。战争爆发后，政府需要一个号角来唤醒整个民族，并在道义上寻求人们对战争的支持，同时鼓励更多的人奔赴战场，而基督教可以很好地发挥这一作用。为此，政府设立国家祈祷日。而教会也试图恢复和加强宗教的影响力，于是积极响应政府政策。宗教领袖们全身心地支持国家的战争事业，将英国的参战视作一场"圣战"，坎特伯雷大主教因需要加强宗教呼吁和社会引领的工作而兴奋不已，约克大主教在《每日邮报》中发文论述战争目标。宗教领袖们还经常为此布道，呼吁人们积极投入到战争中，并将在战争中失去生命的将士称作"殉道者"，赋予了其崇高的荣耀和光环，以鼓舞人们为国家荣誉、为上帝而战。教士们也在战争期间深入到工厂、矿山和学校，甚至是前线，积极地贡献自己的力量。一战结束后，教会也比以往更加积极地参与到社会政治事务中，在失业问题、减少工时和提高工人工资、缓解劳资矛盾、改善社会环境和秩序等方面做出了很大努力。二战期间的教士和教区体系同样证明了他们的价值：组织避难所、提供宿营、安排休息和娱乐中心、安排撤离活动等等。

　　妇女的慈善行为也同样发展迅速。在进入 20 世纪前，有组织的妇女慈善机构和组织网络已经发展了几十年。到 19 世纪 90 年代，据估计有 50 万妇女志愿者是慈善的全职工作者，另外还有 2 万人是公益协会的领薪管理者。进入 20 世纪，妇女活动在医疗服务领域尤为显著，出现了许多新组织，诸如：1909 年成立的志愿帮助分遣队（Voluntry Aid Detachments，VADs），1907 年由圣克莱尔·斯托巴特夫人建立的妇女伤病护卫队（Women's Sick and Wounded Convoy Corps），1907 年由爱德华·贝克船长成立的急救护士队（First Aid Nursing Yeomanry，FANY）。到 1912年，VADs 三分之二的成员是妇女，已达 26 000 人，到 1918 年达到 90 000人①。一战爆发后，英国第一次进行了征兵，大量男子奔赴前线，这使妇女广泛参与到各种战时工作中。巴瑟斯特女伯爵在一战爆发后发起成立了英国帮助同盟（British League of Help），以募集资金支持法国被战争摧毁的区域。米莉森特·福西特（Millicent Fawcett）领导的全英妇女选举权联合会（National Union of Women's Suffrage Societies）为来到英国的比利时难民提供了 150 名翻译者。战争期间，大量的慈善组织都是由妇女运行，尽管许多组织名义上的负责人是男性，或者由男性主导执行委员会，但是其日常工作通常是由妇女承担。

战时慈善发展的一个重要因素即是战时的危险极大调动了人们的公民精神。英国人在长期的联合对外战争中紧密联系在一起，也使英国人"习惯于战争并常常通过战争来界定自己的文化"，他们愿意为祖国而战②。同时，英国人也有在战时募捐的传统。光荣革命后不甘失败的斯图亚特王朝后人查理曾率军威胁到汉诺威王朝乔治二世的统治，各地有产者这时招募和武装志愿者，为保卫家园慷慨解囊。"埃里克·霍布斯鲍姆曾经写道：'再也没什么途径，比联合起来一致对外，更能有效地把彼此分离、惶恐不安的民族紧密联系在一起'。"③ 一战的骤降使整个王国陷入了极大危险中，激发了英国人固有的战争情感，他们的国家归属感强烈地使其要为祖国安危而贡献自己的一份力量。

在慈善迅速增长的同时，慈善内部不同阶层的合作以及外部与政府的合作也在不断增长。值得关注的是，在慈善大发展的过程中工人阶层的志愿慈善行为与中上层的慈善努力不断出现交融和互动。尤其是许多工业城镇的慈善行为中，工人阶层的活动显著，他们对慈善机构的支持程度比之前人们认为的更大，由工人阶级管理的小的免税慈善机构也大部分在这时期成立。普通的工人阶层的男性和女性运行着大量的慈善机构，他们一起合作共同致力于战时的各种工作。这种现象的出现首先源于英国人工资的

① GRANT P. Voluntarism and the Impact of the First World War ［A］ // HILTON M, McKAY J. The Ages of Voluntarism：How We Got to the Big Society ［C］. New York：Oxford University Press，2011：35.

② 琳达·科利. 英国人：国家的形成，1707—1837 年 ［M］. 北京：商务印书馆，2017：35.

③ 同②440.

提升。第一次世界大战时，物价上涨，工资也上涨，且工资涨幅高于物价涨幅，工人的生活水平大为改观。例如机械工帮手的工资从 22 先令 10 便士提高到 58 先令 3 便士。据推算，如果以 1930 年的数字为 100%，扣除通货膨胀因素，1913 年的实际工资是 82.8%，1920 年的实际工资是91.2%。因此，战争结束时工人的生活强于战前，而且越是收入低的阶层获益越大。收入随时成倍增长，物价却在 1913—1935 年间几乎没有什么变化。各阶层的消费水平和生活水平都大为提高①。这就使各阶层的人们更有能力在战时做出捐赠。另一个因素是工人组织和政党的积极引导。在 1914 年英国对德宣战的第二天，工党就召开了一个关于工党和社会主义者运动的紧急会议，来考虑战争给工人阶级工业和社会地位带来的影响。

慈善与政府的合作也随着战争的爆发不断增强。这在为军人及其家庭提供帮助上表现最为明显。在战前，英国士兵的抚恤金及其家庭的补贴，主要由战争部、海军委员会、切尔西委员会等多个独立机构负责，较为分散，缺乏集中统一的管理。一战爆发后，征募的巨大数量的新兵使军需部等机构难以应付数额庞大的各种关于士兵的补贴发放申请。分散管理的状况必然导致缺少足够的政府工作人员来核实、查证补贴申请和补贴发放，从而使许多补贴的发放不能及时到位，严重影响了士兵的参战积极性及其家人的生活。面对存在的诸多问题，政府加强了和慈善组织的合作，甚至在某些方面依赖于慈善组织的工作。其中，成立于 1885 年为降低布尔战争的不幸而建的"士兵和水手家庭联合会"（SSFA）和成立于 1899 年的"士兵和水手帮助促进会"（SSHS）是两个最为著名的机构。战争部通过SSFA 来管理补贴发放事宜，负责处理全面发放补贴引起的混乱。SSFA也随之迅速在全国成立地方分会，登记注册志愿社会工作者（到 1915 年约有 5 万人），同时开始受理分居补贴申请。可以说 SSFA 一直扮演着战争部行政管理代理人的角色，其工作内容主要有：担任委托人（战争部）的辩护人，与 SSFA 的志愿者们整顿混乱的管理，商讨补贴支付拖欠问题，管理和调查申请补贴的请求，以及支付增加的补贴等。这一过程常常包括"调查询问"士兵家庭成员的生活和收入状况②。

---

① 钱乘旦. 思考中的历史：当代史学视野下的现代社会转型 [M]. 北京：北京师范大学
　 出版社，2015：153-154.
② 郭家宏，李雁. 第一次世界大战期间英国士兵分居补贴制度研究 [J]. 史学月刊，2008
　 (4).

为满足战时的各种需要、减轻战争带来的各种不幸，英国迅速成立了国家救助基金（NRF）。这是一个政府与各慈善机构紧密合作的机构。NRF 运用一个由地方管理委员会（LGB）在城镇建立的由 2 万多人组成的 300 个地方救助委员会网络来协调各种救济努力。这些委员会尽管与 NRF 有密切联系，但是也可以自由地募集他们自己的基金而不受中央控制。"阿瑟·马威克将 NRF 的整个体系看作使私人慈善和公共呼吁融入政府行动的一次尝试。"①

但是慈善与政府合作的增长，并不是一帆风顺的，不仅政府津贴和慈善捐赠间存在着混乱，而且政府和慈善间的分发理念存在严重冲突。工党领袖批评 SSFA 将政府款项看作慈善且只有工人阶级妇女符合他们对良好行为的要求时才给予。工党认为要求获得救助是公民的权利，它应该由政府统一管理。另一个重要问题是基金发放的延迟。各地方救助委员会的自治也导致了与伦敦 NRF 之间意见的分歧和联系的不紧密，以致严重影响了救助效率。到 1915 年 4 月，NRF 已经签发了 500 万英镑的资金，但是只有 200 万英镑被分发出去。SSFA "被允许在大英帝国的所有地区行使协会的职能"，然而它却无法有效地实施这项职能。SSFA 在一些重要的城市存在严重空缺，如在伯明翰，SSFA "实际上并不存在"，这促使伯明翰不得不成立一个市长领导下的特别市民救济委员会。SSFA 在 1914 年9、10 月份的分居补贴发放过程中就出现拖欠和混乱的情况②。尽管在战争初期 NRF 从社会各个层面募集了大量资金，但是由于各慈善机构及其与政府间的协调出现了问题，导致很多物资无法及时到达前线；加之在战争救济中，中上层阶级行善者坚持传统的道德改革式的慈善评判标准，很多军人家庭未能及时拿到津贴，招致了社会的不满。如何改变上述状况，成为当务之急。

政府最初的三个月结束战争的预期化为泡影，随着 1914—1915 年寒冬的到来，堑壕的条件变得非常艰苦。衣服、毯子等生活必需品是否已经送达军营，其他军队慰问物品的供应是否及时，这些对部队资源供应缺乏协调的担忧，加之公众对此施加的压力，最终使政府出面来解决这一问题。在 20 世纪初以前，英国的管理方式或企业组织中非常缺乏创新的成

①　MARWICK A. The Deluge：British Society and the First World War［M］. London：Palgrave Macmillan，1965：43.

②　郭家宏，李雁. 第一次世界大战期间英国士兵分居补贴制度研究［J］. 史学月刊，2008（4）.

分，但一战期间，由英国军需部协调组织的军事装备生产拥有庞大的规模①。政府必须加强对军事生产的管理，由此极大改善了英国的管理模式并提升了管理水平，这同时也延伸到了对产品乃至慰问物资分发的管理。对此，1915 年，战争指挥部（War Office）任命了志愿组织总监（DGVO）一职，由爱德华·沃德爵士担任，来负责各种供应的协调。这一职位也使国家控制了与比利时相关的慈善机构，接管了关于战俘的主要慈善机构。

沃德的办公室创建了一个组织登记处，各慈善组织及其员工都需要正式注册，到 1918 年共有 400 000 个徽章持有者。DGVO 与军队进行实地交流以确定他们的需求，并在每一个战区都建立一个慰藉物资储藏地以减缓供应的延迟。DGVO 要实现的两个目标是：用协调来降低浪费和为作战部队提供最大量的支持。通过 DGVO 计划向部队输送的慰藉品共达322 840 446 件，价值约 5 134 656 英镑。沃德作为 DGVO 的成功，实现了规模经济的效果但是又没有扼杀地方的努力。1915 年后，英国没有再出现关于部队慰藉品的进一步的负面媒体评价②。

DGVO 是一个由军队发起的计划，由战争指挥部负责运行。其主要目标也是有针对性地处理关于这一部门的问题，主要是部队慰藉品和医疗用品的有效供应。它针对具体问题进行协调，使此前的无管制和无协调行动得以改善，就此而言，DGVO 计划是完全成功的。它在整个战争期间持续发挥作用。例如，皇家园艺协会听闻比利时的幼儿园、托儿所在一战中遭受破坏的消息时，与皇家农业协会一起开启了一项资金援助，起初的物资运输并不成功，但随着战争的持续和管理的加强，募资的动员越来越有组织且多次重组优化，最终近 45 000 英镑用于果树、种子和托儿所蔬菜农场工具的花费上，尤其是多数物资被有效地运往了法国和比利时③。后在二战期间，一位新的 DGVO 在 1940 年 1 月被任命。足见这一计划的成功。

不过，DGVO 处理的是慈善供应的问题，并不是对慈善滥用的管理，

① 詹姆斯·弗农. 远方的陌生人：从英国的现代转型探寻当下生活的起源 [M]. 北京：商务印书馆，2017：151.

② GRANT P. Voluntarism and the Impact of the First World War [A] // HILTON M, McKAY J. The Ages of Voluntarism：How We Got to the Big Society [C]. New York：Oxford University Press，2011：38.

③ ELLIOTT B. The Royal Horticultural Society's War Relief Fund，1914-1920 [J]. Garden History，2014，42（Autumn）：107-117.

也不是要控制英国的整个志愿慈善行为，因而其作用也是有限的，难以应对许多其他问题，例如，对部队供应上的资源浪费、少数人对慈善原则的滥用、不同组织间承担任务量的不均衡分配以及管理花费的不当等。当然，DGVO 对慈善资金的募集也没有影响力。一些人利用人们的战时慷慨牟利，对此英国却缺乏任何有效的法律监管。成立于 1853 年的慈善委员会①只监督那些具有永久捐赠的慈善机构（endowed charities），而 1914 年 8 月后新成立的绝大部分慈善机构并无意成立一项永久捐赠基金，它们只是为即时的帮助而存在。在意识到欺诈行为会对公众信任和合法募捐带来严重后果后，许多慈善机构开始对政府部门施压，希望政府能够对此采取行动。对此，1916 年 4 月 12 日，英国任命了一个战时慈善委员会。该委员会先后召开了九次会议，并于 1916 年 6 月 19 日递交了报告。报告考察了慈善基金的提升和管理，指出了慈善机构现存的一些主要问题：对资金的不合理占有，对开销的审核不充分，在购买物品过程中获取秘密佣金，夸大呼吁等，还有因为目标的相同或相似导致的大量资金重叠带来的资源浪费。委员会认为为了公众利益应该采取措施确保对这些基金的控制和监督，并提出了具体建议，尤其强调对战时慈善机构的注册管理②。

　　英国首部《战时慈善法》最终在 1916 年议会会议的最后一天通过。地方政府部门可以对这一法律有广泛解释，因而这一法律在各地的实施有很大的差异。在伦敦，伦敦郡议会（LCC）调查每一个申请并反对任何的豁免思想。而在地方机构，其执行则相对宽松，例如在西雷丁的托德莫登工业城，70％以上的慈善机构都被授予这项法律的豁免权。据统计，慈善滥用案例的实际数字很少（到 1919 年拒绝注册的机构数量只有 41 个），慈善委员会在 1919 年报告说，仅有 17 位未注册慈善机构的代表遭到诉讼，结果是 10 人认罪，在 9 个案件中违法者被罚款，1 人入狱。在伦敦，只有 17 个组织在战时拒绝注册，其中 6 个经由上诉被允许。1917 年，慈善委员会报告说，这一法律运行良好，应该被延伸到所有的慈善机构中。

---

① 英国的慈善委员会主要有四项功能：对符合条件的慈善组织进行登记注册；对需要帮助的慈善组织提供信息、技术、法律政策咨询等方面的支持；对登记的慈善组织按照不同规模进行相应的监管；对有违反法律嫌疑的慈善组织进行调查，将发现的违法者移交法院处理。（冯英，等. 外国的慈善组织［M］. 北京：中国社会出版社，2008：96.）

② War Charities Committee，Report of the Committee on War Charities［R］. House of Commons，1916 .

对此，许多慈善机构给予支持①。二战期间，新的《战时慈善法》在1940年被通过，在整体上与1916年法非常相似，并一直延续到1992年《慈善法》的通过，这亦显示了政府法律监管的必要性及其对完善慈善发展的长久价值。

英国慈善活动在第一次世界大战期间的增长和出现的新特点，与战争这一特殊条件的刺激密不可分。同样，战争也催化了政府对慈善的监管。在1914年8月以前，一个明白事理的、遵纪守法的英国人可以自由生活，除了邮局和警察外他几乎注意不到国家的存在。他可以自由地选择在任何地方以自己喜欢的方式生活，他可以永久地离开他的国家，他也不必理会国家防务的需要。但所有这一切都被大战带来的影响改变了，大多数民众第一次成为活跃的公民，国家确立了一种对其公民的控制，尽管这种控制在和平时期是放松的，但是却从没有被移除，并在第二次世界大战时再次得以加强②。政府适时地通过任命DGVO协调了各种物资的供应，也协调了各慈善机构的活动，从而避免了慈善终端的各种浪费和滥用；而《战时慈善法》的颁布则有效地监管了慈善资金募集过程中的滥用，规范化了慈善本身的流程。与此同时，战争期间政府为调动民众的积极性更好地服务战争，也更为主动地采取了一些有助于民生的措施，特别是在战争让一些问题变得更为突出后，如儿童的营养不良、失业的加重等。政府在协调和监督的过程中很好地展示了其干预能力，而且政府的这种干预也带来了积极的成效。1939年二战爆发后，民众对战时国家控制已感到正常和必不可少，而这在一战前是不可想象的。所以至二战，由国家承担责任的思想日渐流行，政府也主动承担起了各种社会责任。

在政府对慈善事业加强监督的过程中，慈善部门的专业化能力也在不断提高，许多现代的资金募集技巧被发明；因为战时任务的明确以及相关标准的公开透明，慈善变得更加有效，同时慈善组织也看到了与国家合作的必要性和有益性。可以说，大战期间慈善机构与政府、政治间的关系更为紧密，慈善与政府间关系的初步调整是成功的。毫无疑问，战争对双方

---

①　GRANT P. Voluntarism and the Impact of the First World War [A] // HILTON M, McKAY J. The Ages of Voluntarism: How We Got to the Big Society [C]. New York: Oxford University Press, 2011: 43.

②　TAYLOR A J P. English History 1914-1945 [M]. Oxford: Oxford University Press, 1965: 1-2.

关系的调整起到了催化和加速的作用，但慈善也以其与社会民主的紧密联系而影响到战争的走向。

第三节　慈善与民主化

一战后，英国的政治和社会情况发生了重要变化。首先，中央政府的权力在两战期间不断扩张，在社会福利领域出现了更大程度的干预。战后，失业问题加剧，英国在 1881—1913 年的年均失业率是 4.8％，1921—1939 年，年均失业率为 14％，特别是传统工业部门如煤炭、纺织、造船、冶金等行业失业状况最为严重[1]。"1936 年，威尔士每 1 000 工人中就有 322 人失业，英格兰东北部有 212 人失业，英格兰西北部有 186 人，中部地区有 101 人，西南部有 89 人，伦敦地区有 76 人，东南部有 62 人，许多人失业时间超过一年。"[2] 在这样一个经济陷入空前危机的时刻，英国从更深层次上反思其传统的经济社会政策理念，以强调强有力的政府干预为核心内容的凯恩斯主义逐渐成为这一时期的主流社会思想。济贫法在两战期间的救济方式并没有太大的变化，但是它对英国新型社会保障制度的补充作用在逐渐减弱。社会保障制度则在两战期间逐步发展、不断完善。20 世纪初的社会保障措施，只覆盖了若干行业中的工资劳动者，且具体操作者通常是各种社会团体。两战期间，英国政府提高了养老金津贴水平，并确立了缴费型的养老金制度；失业保险制度的适用范围不断扩大，实现了失业救济制度和济贫法救济制度的合并；健康保险津贴水平大大提高，健康和医疗管理事务从地方政府事务部分离出来走向了专门化管理。政府干预程度的日渐增强给慈善组织与政府关系的调整施加了更大的压力。

与此同时，两战期间民主化的发展也对慈善组织与政府和政治的关系提出了更高的要求。英国的社会情况在二三十年代变得更加复杂，多种要素交织在一起：普选权确立，大众失业，国内消费主义萌芽以及国际舞台上日益加深的政治危机。其中，普选权的确立影响最为深远。1918 年，

①　丁建定. 英国社会保障制度史［M］. 北京：人民出版社，2015：255-258.
②　钱乘旦. 思考中的历史：当代史学视野下的现代社会转型［M］. 北京：北京师范大学出版社，2015：155.

英国议会通过的《人民代表选举法》规定，男性公民从 21 岁起，妇女从 30 岁起，享有普选权，1928 年妇女获得了与男子平等的选举权。普选权的确立，使人们可以利用自己手中的选票影响政府决策，从而可以享受到更多的民主；同时民主观念的深入人心有助于避免极端势力的蛊惑，维护了国内的政治稳定。不过，英国民主化的发展和维护，与英国社会普遍存在的各类志愿组织和慈善组织是密不可分的。

英国著名史学家泰勒在他的经典著作《英格兰史》中称赞了两战期间无数的志愿慈善组织"保护了动物和儿童；保卫了古老的历史遗迹和乡村的便利设施；对避孕提供了建议；主张了英国人的权利"。英格兰的公共生活"是一个由好事的人组成的伟大军队支撑起来的，任何有意于它的人都可以加入这支军队……这就是那些活跃的英格兰人，这些人也为她的历史提供了公众风潮"①。各种各样的志愿慈善组织不仅本身的民主化色彩更强，淡化了以往的各种等级色彩，提升了广大成员的民主意识，更是以其实际行动不断推动英国的民主化发展。

如前所述，中等阶级依靠自己的经济优势，在 19 世纪成功树立起了自己在整个社会中的价值优势，并将其自助、节俭、努力工作的价值观赋于慈善活动中，形成了中等阶级占据主导的慈善事业。但到 20 世纪这套维多利亚时期的家长制慈善事业的传统已经在很大程度上不符合社会的需求，它需要进行改革。加强自身的民主化、提高对普通民众的吸引力既符合社会发展需要，又是慈善组织发展的内在要求。

从活跃于志愿慈善活动的阶级上来说，这时期慈善的阶级属性在淡化。政府的积极干预使中等阶级在 19 世纪树立起的阶级优势地位在战后开始丧失，他们在战后更多地从技术角度来重塑其身份，强调他们在专业知识和技术能力上对社会进步的贡献。以全英防止虐待儿童协会（NSPCC）为例，随着政府在儿童福利领域干预的增多，NSPCC 初期的开拓性角色不断削弱，它开始更多地将自己定位于政府的专家咨询者角色。1920 年，NSPCC 为政府调查儿童收养问题的委员会提供相关信息和证据，同年还向健康大臣提供了生活在运河船上的儿童的生存状况，协会的大量案例记录更为政府在儿童领域的相关举措提供了有效参考。尽管中等阶级仍然在社会志愿慈善活动中提供了更多的领导和资助，但其角色

---

① TAYLOR A J P. English History 1914－1945 ［M］. Oxford：Oxford University Press，1965：175.

定位的转变无疑弱化了中等阶级在相关慈善领域中的领导者角色，相应地也增强了普通民众在慈善中的参与性，民众的平等民主意识首先在组织中得到提升。

与此同时，工人阶层也发展了自己的参与方式，他们经常以工作场地、邻里或小酒馆以及工会为中心。工人阶层在互助组织中的影响力越来越强大。其中发展最明显最广泛的是工会，工会成员在一战期间有大幅增长。1914年，工会成员由世纪之交的200万增长到400万，到1920年又几乎增长了一倍，达到800万。互助会（友谊会）在19世纪末20世纪初也经历了全盛期，到1900年隶属于互助会的成员有5 400 000（占据了英国总人口2 400万中的20％多）①。两战期间，工人阶级"即使在萧条期间也孕育出自己的价值观和文化娱乐活动。那个时期的产物——工人俱乐部、图书馆、活跃于矿工居住区里的歌唱队和铜管乐队、工人阶级社区'合作社'提供的信贷——对80年代的英国来说，似乎是遥远的陈迹。但是，即使在这些阴暗的年代里，这一切却证实了工人阶级的力量和对生活的乐观精神"②。工人阶级对尊严的看重，使他们积极向上层社会看齐，主动承担公民的责任并加强了自身的民主参与意识。不仅如此，在一些组织中还出现了跨阶级混合，如工会联盟（LNU）、妇女协会和英国退伍军人协会（the Women's Institutes and the British Legion）等，英国社会正在变得更为平等。

在这一状况下，各阶层人们更加积极地加入到各种各样的社会组织中，在组织中开展活动。在政治领域，向三大政党捐款的个体捐赠者总数接近400万人，还不包括那些通过其所在工会隶属于工党的几百万的工人。工会联盟（LNU）在20世纪30年代早期的顶峰阶段有400 000多个捐赠者。在男性休闲协会中，俱乐部和协会联盟组织庞大，在1929年已经有918 000名注册会员。1937年为授权目的而建的共济会有657个，覆盖102 000名男性。英国退伍军人协会是另一个典型的协会，这时期有400 000位成员。在青年组织领域中，"侦查和指导协会"超越了所有的竞争者，在1930年招募了大约100万名儿童。各地方也出现了各种各样的社会组织。例如1934年对默西塞德郡（Merseyside）的一项社会调查显

---

①　GRANT P. Philanthropy and Voluntary Action in the First World War：Mobilizing Charity [M]. London and New York：Routledge，2014：3，11.

②　肯尼斯·O.摩根. 牛津英国通史 [M]. 北京：商务印书馆，1993：563.

示，这里有 100 多个政治俱乐部以及一系列的社会、宗教和文化组织。在被调查的 250 位当地人中，50%～60% 的各阶层男性都已经加入一个俱乐部或协会，女性加入各种组织的数据比是：几乎所有的职业女性或家庭主妇，以及约半数的女性办事员、售货员，37% 的女性手工劳动者和家庭仆人①。组织的兴盛，为人们参与社会活动提供了有效的平台。

这些组织是英国培育合格公民、增强民众政治意识、维护大众民主的有力场所。1918—1928 年选举权的扩展，使英国实现了向自由民主的转变。大众参与选举成为英国社会的一个新现象。但随之而来的担忧是，广大的新选民是否有充分的智慧来投票？因而这时期英国的一项重要任务就是，在现有的社会框架下培育合格的公民，来维护英国的民主政治体系，同时避免德国式的极端主义。英国采取的一个有效方式便是利用广大的志愿慈善组织。政治家们也积极推动志愿慈善组织在培育合格选民上的作用。保守党领袖斯坦利·鲍德温在 1923 年的一次公开演讲中说，通过"志愿努力的胜利，我们国家所有最好的行动和最好的事情"都迸发出来，从成人教育运动和救世军到童子军。"志愿组织被看作是对新的现存的选民进行政治教育和民主社会化的决定性工具。"② 所以，志愿慈善是两战期间英国社会的一个重要特点，也是英国公民身份的一个重要标志和民主价值观的一个重要保证。

两战期间英国社会民主化的发展，还体现在教会力量的削弱及与之相伴随的教会组织在世俗世界影响力的下降。第一次世界大战结束后，教会积极地参与到战后的重建活动中，看似有明显的发展。但战后人们的思想和态度都发生了重要改变，战争的残酷经历削弱了人们的宗教信仰，并导致了人们在和平年代顺从的崩塌，这注定会削弱宗教权威。而两战期间世界范围内区域性的武装冲突和经济大危机引发的普遍的社会危机，表明教会既无法阻止战争的爆发，也无法阻止大众的失业，它们已经在全国性和国际性事务中被边缘化了，教会愈来愈只能在家庭和个人事务中发挥影响，且这种边缘化仍在继续并没有停止的迹象。

战后的经济繁荣在 1920 年达到顶峰，到 1924 年全职工人的平均收入增加了 94%，大部分人从未像现在一样舒适。一般的中等阶层家庭现在

---

① McCARTHY H. Associational Voluntarism in Interwar Britain ［A］// HILTON M, McKAY J. The Ages of Voluntarism：How We Got to the Big Society ［C］. New York：Oxford University Press，2011：50-51.

② 同①57.

能够订阅周日报纸，拥有留声机、无线电、电话和汽车，甚至去剧院、影院和舞厅。年轻人周日的习惯是"他们不是想要休息，而是想要热情"。新的年青一代、新女性、化装舞会等充斥着整个社会①。而大多数教会不明白战后世界的改变，它们对许多大众娱乐不赞成，它们不进入舞池、球场，反对避孕等，被落在了时代后面。

战争对教会本身的打击也是巨大的。战争破坏了大量教堂，将城市中的著名教堂向郊区迁移被战时的轰炸阻断。即便教堂的墙壁得以保留，轰炸也毁坏了许多教堂的内部。在战后重建中英国出现了许多新教区。在1901—1931年间，伦敦建立了47个新教区，主要是在郊区。伦敦和其他城市建立的新教区也带来了有价值的事物：新的学校和更好的教育体系、探访协会、国内传教协会、城市居住地（它们的社会服务）、慈善组织、诊疗所等等。但新教区的建立进一步加快了教区世俗职能的衰退。这在一定程度上也是迫于教会本身力量的削弱及其吸引力的下降。两战期间教士的收入几乎不比工人高，养老金也不充足。许多教堂抱怨缺乏教士，也缺乏资金来培训他们和支付他们的工资。这使教士人数持续减少。

教会获得的捐赠数额也在不断减少。在城镇，很少有人乐意将金钱用于捐赠新教区，这种情况在过去几个世纪是很少见的。同样过去经常有富人捐赠教堂和学校，但随着越来越多的居民都是办事员、手工艺人以及其他类似的职业者，由当地居民在伦敦周围这样昂贵地方的新教区内建立一所教堂已变得基本不可能。教会学校也面临类似问题。郊区化也进一步加剧了教会的困难，许多地方需要建立新教会，可是难以找到合适的场所和吸引足够多的人。尽管在诸如伦敦南部的许多地方，教会找到了合适的位置，也吸引了一些捐赠和赞助人，但因为城市中心仍然是贫民窟或商业的中心，增加了吸引人们来城市教堂的困难②。

20世纪前半叶英国教会的特点是：财务面临危机、连续政策缺乏、临时补救措施增多，它们在努力调整自身适应社会的变化，这与其曾经引以为豪的稳定的且热心市政管理的古老教区体系形成鲜明对比。但仍有无数教士在20世纪做出了许多贡献：宗教服务、田园支持、教堂音

---

① GILLEY S, SHEILS W J. A History of Religion in Britain: Practice and Belief from Pre-Roman Times to the Present [M]. MA: Blackwell, 1994: 455.

② SNELL K D M. Parish and Belonging: Community, Identity and Welfare in England and Wales 1700-1950 [M]. New York: Cambridge University Press, 2006: 435.

乐、主日学校、教区俱乐部、乡村教会委员会、资金募集、教堂的维护等等。尽管我们惊讶于教会如此多的变化，困惑于其边界的调整，且必须与职能不断变化、名称不断变化的教区打交道，但并不惊讶于许多人同时放弃了宗教信仰和对他们教区的归属，并在其他地方寻找他们的认同感①。人们开始更多地重视社会的民主化，更加注重对民主价值观的追求。

教会在社会层面影响力的减小必然让民主价值观可以更快地在社会普及，并成为人们日益关注和不断追求的目标。与此同时，在教会内部也出现了更为民主化的发展倾向。战后所有教派都努力调整他们的政策、扩大他们的吸引力。两战期间有组织的信仰的一个主流变化便是国教派和非国教派在基督教内的合作日益增长，坎特伯雷大主教提出要恢复教会团结。地方非国教徒融入全国中等阶层的长期过程也为教会团结提供了条件。各种组织在这一过程中发挥了重要作用，越来越多的不同教派间的组织机构一起打破了原有的教派区分。社会上出现了一些跨教派的组织，它们一起讨论如何最好地纠正现代社会面临的问题②。对社会问题的讨论和研究，也促使教派间有了更多的合作。特别是两战期间倍受重视的和平问题，许多不同教会的个人在和平运动中建立起了亲密联系。

社会民主化的发展反过来也刺激、推动了各类慈善事业的发展。1919年，英国社会服务理事会（National Council of Social Service，NCSS）创建，它是一个联盟组织，目的是鼓励志愿慈善组织间更大的合作。例如，它通过鼓励在英国乡间建设村务大厅建筑，不仅扩大了乡村居住者的社会、文化和教育活动范围，而且将卡内基信托和政府的发展委员会与广泛的志愿组织网络相连，这一网络包括乡村俱乐部联合会、基督教青年协会、红三角协会、英国妇女协会以及乡村社区委员会等。它通过不同组织的相互联系和广泛募资，改变了以往通常由地主捐赠、精英控制的局面。乡村社区委员会是 NCSS 的另一个重要创新，它是为社区发展和自我管理提供新的基础设施而创建的，由来自当地的不同人口组成的委员会运行。尽管旧有的等级制维护者不情愿改变，但是到 20 世纪 30 年

① SNELL K D M. Parish and Belonging：Community，Identity and Welfare in England and Wales 1700-1950 [M]．New York：Cambridge University Press，2006：439.

② McCARTHY H. Associational Voluntarism in Interwar Britain [A] // HILTON M，McKAY J. The Ages of Voluntarism：How We Got to the Big Society [C]．New York：Oxford University Press，2011：58.

代，传统的地主和牧师精英在乡村事宜中经常被普通的村民取代①。民主化的发展使民众个体有了更大的发言权，也促使慈善组织在发展中变得更为民主平等。

民主化的发展还使慈善组织中男女的性别区分愈益淡化。慈善组织在19世纪和20世纪初通常是根据同性社交的原则进行结构划分，男女处于不同的活动领域和机构中。但1918年后，妇女选举权的获得使两性有越来越多的机会联合起来并共同承担责任。这也使两战期间妇女慈善蓬勃发展。妇女参与慈善活动的人数大幅增长，以全国妇女联合会（NCW）为例，它是妇女组织的一个综合机构，有17 000位个体成员，在1 268个附属机构中代表了约总共250万人②。妇女还是许多慈善机构的重要成员，在NSPCC、COS、伤残儿童帮助协会（Invalid Children's Aid Society）、战争津贴委员会（the War Pensions Committee）、照顾委员会（Care Committee）以及犹太守护者委员会（the Jewish Board of Guardians）等机构中非常活跃，与男性工作者共同工作。

英国民主体系的确立是与一个健康的市民社会密不可分的。多数学者认为国家是市民社会的对立面，许多政治活动家运用市民社会的概念以反对镇压性的政权，但基恩认为国家和市民社会的关系并不那么简单③。如前所述，英国的市民社会本质上并不是反政府的，反而是对抗集权思想破坏的有力屏障，因为19世纪大众社会的形成及其发展，使民众早已习惯在一个相对自由民主的框架下生活，这种习惯不仅深深嵌于中上层人的思想中，也深深扎根于工会、工人阶层的俱乐部、酒馆等地，深深影响到下层民众的思想。而极端分子组织如英国法西斯联盟对现行秩序是颠覆的、破坏的，它使个体成为国家的仆人而不是使国家成为个人的服务者。英国民众在内心对任何有违其自由民主生活的事物都是抗拒的，这也是极端组织难以在英国成为主流社会组织的一个主要原因。两战期间，普选权的实现促进了英国民主参与新形式的产生。不仅有政党动员大众选举的新方式，还有民众志愿联合而成的新机构的确立，并致力于创建和维护公共生

①　McCARTHY H. Associational Voluntarism in Interwar Britain［A］// HILTON M, McKAY J. The Ages of Voluntarism：How We Got to the Big Society［C］. New York：Oxford University Press，2011：64.

②　GORDON D M O. A Historical Sketch of National Council of Women of Great Britain［R］. London，1937.

③　约翰·基恩. 市民社会：旧概念、新见解［J］. 国外社会科学文摘，1999（6）.

活，这种公共生活是免于党派或派系冲突的。这些新机构不是中等阶级反共产主义的工具，也不是为了参与党派冲突，其多元观念和多种政治活动的开展是政治、宗教和教育精英对来自阶级冲突、经济不稳定和战后政治极端主义的更广泛回应的一个组成部分①。可以说，志愿联合传统和大众社会共同保障了社会的民主和政治的平稳，避免了英国坠入极权境地。既然民主发展与志愿慈善紧密相连，那么慈善与政府关系的调适也必然会影响到民主的进程。从这一角度而言，慈善与政府的关系问题已不再是一个简单的社会问题，同样是一个重要的政治问题。

第四节　慈善与政府关系的转变

二战爆发后，英国社会已将政府的多方干预视为理所应当，人们为战争胜利付出的巨大牺牲，也使政府承担起了越来越多的社会救助责任，改变了此前在社会救助格局中以私人慈善为主的情况，这相应地使慈善与政府间的关系发生了变革。

纵观英国进入工业社会后的历史，慈善组织与政府的关系大致经历了五个发展阶段：第一阶段是 19 世纪，双方各自独立发展，韦伯夫妇的"双杠"理论（parallel bars）生动描述了 19 世纪志愿服务和政府服务的关系。第二个阶段是 20 世纪早期，即一战前，"伸缩梯"理论（extension ladder）逐渐流行起来，国家承担着日益增长的责任，为所有人提供最低的基本生活标准，志愿机构逐渐起补充作用②。第三个阶段是两战期间至战后，许多人认为福利国家的建立预示着慈善组织即将消亡。贝弗里奇在其《志愿行为》一书的论述中，否定了对志愿组织消亡的恐惧，强调公私继续合作的必要性，他在书中指出，在那些政府未覆盖的有需要的领域，社会将会比以往更加需要志愿组织的力量，在贫穷被消灭后，志愿组织将作为专业者探索社会服务的新途径③。第四个阶段是 20 世纪 50—70 年代，

---

① McCARTHY H. Parties, Voluntary Societies and Democratic Politics in Interwar Britain [J]. Historical Journal，2007，50（4）：891-912.
② WEBB S, WEBB B. The Prevention of Destitution [M]. London：Longmans，1920：221-264.
③ BEVERIDGE W. Voluntary Action：A Report on Methods of Social Advance [R]. London：George Allen and Unwin，1948：306-308.

政府成为福利供给的主导者，但是慈善组织并没有消亡，而是进入反省和改革的阶段，同时也出现了许多新型的组织，特别是许多基于受害群体单一利益的自助团体。第五个阶段是 20 世纪 80 年代以后，志愿组织在服务供给中的作用和角色重新被思考并予以重视。社会在要求政府提供更全面服务的同时，也重新重视志愿慈善组织的作用，志愿组织不仅是提供事后和次要帮助的资源，而且可以提供不同种类的优质服务和帮助。政府与志愿组织的合作和各自的角色被重新界定，一些人甚至提出要政府填补志愿组织未能覆盖的缺口和领域①。

1908 年，英国的一位理论家曾写道，在过去的 20 年里，尽管社会观念发展缓慢，但是国家行为不断延伸到那些过去被看作是在国家干预范围以外的领域②。从 19 世纪末到 20 世纪 50 年代是英国从自由资本主义向国家垄断资本主义过渡的阶段，是福利国家制度确立的时期，也是上述五个发展阶段中的第二三阶段，国外战争和国内民主发展交织，英国慈善与政府关系不断调整并最终发生根本转变。这一变化历程也反映了慈善组织的自身调整和社会的变化。那么，慈善组织是如何调整自身适应新变化的？

其实面对慈善组织与政府关系的错综复杂，许多人和慈善组织对日益增多的政府干预的态度变得模糊不清。在这种情况下，慈善组织与政府的关系出现了多种选择的可能。由于英国的慈善组织众多，且存在历史长短不一，因而笼统地去看英国的慈善组织，无法很好地呈现慈善与政府关系的演变，而选择一个具有代表性的慈善组织来探讨与政府关系的演变是切实可行的且能够更细致地看到变化。从 19 世纪末开始，儿童领域成为英国社会关注的一个焦点。其中，全英防止虐待儿童协会（National Society for the Prevention of Cruelty to Children，NSPCC）③ 最具代表性。其前身是 1884 年成立的伦敦防止虐待儿童协会，它于 1889 年联合各地方机构组成了 NSPCC。NSPCC 自成立一直存在至今，是一个具有广泛社会影响力、长久存在的组织。NSPCC 最初是一个典型的维多利亚时期的传统慈

① SHERRINGTON C A. The NSPCC in Transition 1884-1983：A Study of Organisational Survival [D]. London：LSE，1985：11-14.

② GRAY B K，GRAY E K，HUTCHINS B L. Philanthropy and the State or Social Politics [M]. London：P. S. King & Son，Orchard House，Westminster，1908：127.

③ 随着 18 世纪以来教育程度的提高，儿童问题日渐进入人们的眼帘，特别是儿童在学校经常被组织参加一些游行、庆典类的活动，也使其得以进入大众视野，随之以往不被关注的家庭中的儿童问题开始在 19 世纪末得到重视，对这一领域的考察能使人更好地理解儿童观念的变化。

善组织，但随后它积极地与政府进行合作，极大推进了英国儿童立法和儿童福利的发展。它在儿童福利领域中的重要作用并没有因为与政府的合作或是因为英国福利国家的发展而消亡，协会反而在福利国家形成过程中发挥了积极的推动作用。NSPCC 的诞生早于 20 世纪国家福利服务的确立，并成功地在福利国家的发展中存活下来，如今它仍然是英国防止虐待儿童领域最重要的慈善组织。因而，它在 20 世纪上半叶的发展和转型便尤其值得关注。研究 NSPCC 在这一时期是如何重新定位、寻求自身发展机会的，无疑具有重要的价值，对回答上述问题更有裨益。故本节以 NSPCC 为个案，探索 19 世纪末至 20 世纪上半叶慈善与政府关系的演变历程。

　　NSPCC 成立后同样面临着与政府关系的多种选择，并会直接影响到协会自身的发展。NSPCC 可以反对国家对慈善活动领域的任何干预，也可以完全屈服于国家控制，即与政府服务合并。此外，还有其他几种选择：一种是分工，即在政府与组织之间进行责任的划分；合作，是另外一种可能的形式，它保留慈善机构的援助作用，但是政府具有主导权；还有一种选择是与国家确立监督关系，即国家处于主导地位，掌管工作的具体操作，但是慈善组织在一定的限制内保留自我决定的权力；"协调"关系类型则认为公共团体和私人团体都对整体的发展必不可少。科克曼·格雷（Kirkman Gray）提出了一种非常有趣的观点，他认为 NSPCC 与政府关系最明显的特点是"委派"，这是因为协会的儿童保护角色是一种政府责任，NSPCC 是在尽一种国家逃避的责任①。

　　其实，NSPCC 与政府的关系并不局限于某种单一的关系类型，而是出现了多种关系的混合，在经历了一个长久的发展历程后，最终与政府形成了一种良好的合作机制。NSPCC 与政府的关系在这一时期大体经历了三个阶段的发展：

一、1884—1914 年，从反对政府干预到寻求政府支持

　　虐待儿童一直存在于英国历史中，1861 年兰开夏郡的两名 8 岁男孩将一个两岁的幼童殴打溺死，但当时的公众和媒体对这个事件却相当平静，法官在定罪量刑时考虑到他们"完全被社会忽视也没能受到任何教

---

　　① SHERRINGTON C A. The NSPCC in Transition 1884-1983: A Study of Organisational Survival [D]. London: LSE, 1985: 241-243.

育"，最终只判处他们在少管所服刑 5 年①。然而这种情况到 19 世纪末发生了重要的改变。虐待儿童的事件不断进入人们的视野，许多人都加入到对虐待儿童问题的关注和讨论中。安德鲁·默恩斯（Andrew Mearns）作为 19 世纪末英国社会最流行的小册子《伦敦弃儿的悲惨生活》（*The Bitter Cry of Outcast London*）的作者，将儿童的苦难看作是英国最严重的社会问题。议员芒德勒（A. J. Mundella）早在 1873 年就引入了一个保护儿童的议案，但是由于该议案的内容远远超出对婴儿问题的关心，并提出了对家庭的干预和监督，被看作是威胁到父母的权利，未能走到议会讨论阶段就流产了。不过，英国社会的儿童观念发生了重要变化，儿童与生俱来的原罪思想淡化，开始被看作是经济、政治以及社会发展计划包括帝国的维持和英吉利民族的优越性所必需的一部分。儿童的将来经常被用于有关减少贫困和国家对公民负有责任等原则问题的辩护②。儿童作为社会中的一个特殊群体日益受到关注，一些热心人开始为改善儿童的各种不幸遭遇而奔走。人们不仅认为儿童是贫穷、虐待和忽视的受害者，在某种程度上这些不幸的孩子也是对社会的一种威胁。以各种方式被忽视的孩子是不满的动乱分子的来源，而开心满足的孩子则是国家的栋梁③。保护儿童免受虐待的重要性逐渐得到社会的认可。

英国成立防止虐待儿童组织的社会意识不断发展。1883 年，利物浦防止虐待儿童协会首先成立，它致力于使儿童免于步入残酷的犯罪生涯，并给那些脆弱和无助的儿童提供保护。利物浦防止虐待儿童协会在建立后的六个月就帮助了 378 个孩子④。伯明翰和布里斯托尔也先后成立了防止虐待儿童的协会。防止虐待儿童思想迅速在英国各地传播开来。1884 年 7 月，伦敦防止虐待儿童协会成立，协会的宗旨是要赋予儿童权利，为其寻求正义。协会建立后，赫尔、格拉斯哥和爱丁堡等地先后建立起了防止虐待儿童协会，到 1889 年，全英已经有三十多个类似组织出现。1889 年，在维多利亚女王的支持和资助下，伦敦防止虐待儿童协会联合各地方机

---

① 劳伦斯·詹姆斯. 中产阶级史 [M]. 北京：中国社会科学出版社，2015：267-268.

② HENDRICK H. Optimism and Hope Versus Anxiety and Narcissism: Some Thoughts on Children's Welfare Yesterday and Today [J]. History of Education，2007，36（6）：747-768.

③ COOTER R. In the Name of the Child: Health and Welfare，1880-1940 [M]. London and New York: Routledge，1992：191.

④ OATES K. Child Abuse: A Community Concern [M]. London: Butterworths，1982：299.

构组成了全英防止虐待儿童协会。1895 年 5 月 28 日，协会被授予皇家宪章，维多利亚女王成为协会的第一个皇家赞助人。皇家宪章详述了协会的职责："(1) 防止一切公共的和私人的对儿童的不正当行为和道德败坏。(2) 采取行动促进法律保护的执行。(3) 维护基于上述目标的组织。(4) 从事一切有助于维护上述目标的事情。"[1] 皇家宪章的通过，使协会的活动得到了官方认可和法律效力，协会的影响迅速扩大了。

但 NSPCC 最初并不赞成政府干预儿童问题。NSPCC 在成立之初具有很大的保守性，这是因为，协会的思想源自维多利亚时代保守的家庭传统，且协会的第一任执行主任本杰明·沃夫也是一位传统的维多利亚时代的慈善家，其思想决定了协会早期发展的道路。

协会的保守性首先体现在工作方法上，NSPCC 沿用了 19 世纪流行的个案调查法。探访工作是其基本工作，因而其工作人员——检察员（inspector），是协会工作得以施行、目标得以实现的基本要素。正如本杰明·沃夫所言，"检察员真正代表了协会"[2]。检察员的工作报告详细记录了他们的工作情况和工作的方法步骤，即调查、警告、起诉、监督。检察员根据群众的投诉对虐待儿童家庭进行定期探访，以监督父母、为儿童提供帮助、避免他们陷入危险的境地。对于严重案例，他们则考虑起诉父母或者是将儿童带离家中。因而，NSPCC 对检察员的来源有严格的条件限制和管理，并形成了覆盖全国、服务于各地方分支机构的在 NSPCC 统一控制下的检察员系统。

NSPCC 的保守性更鲜明地体现在，它在一定程度上反对国家某些形式的干预。1906 年的《教育法》（提供饮食）是政府在济贫法之外向公民提供基本服务的最早的福利立法之一。但协会却反对政府为在校学生提供免费饮食，因为它担心国家的这种干预会削弱而不是加强父母的责任。

一些人认为，儿童遭受饥饿是父母的过错，国家不应该对此承担责任，而另一些人则认为，儿童是国家的财富，国家理应承担一部分照顾儿童的花费。围绕着是否对学龄儿童提供免费伙食的争论，体现了当时慈善组织、政府对社会状况的不同反应。COS 强烈地反对政府为学龄儿童提供免费伙食，NSPCC 也采取了类似的立场。NSPCC 认为，儿童饮食问题

① WAUGH R. The Life of Benjamin Waugh [M]. London：Fisher and Unwin，1913：209.

② ALLEN A，MORTON A. This Is Your Child：The Story of The National Society for the Prevention of Cruelty to Children [M]. London：Routledge，1961：21.

只是家庭内部众多儿童忽视问题中的一个。这是个体家庭问题而不是政治问题。它认为如果一个母亲的孩子得到了免费食物的供给，这会诱使其他母亲也想尽力为她们的孩子得到免费券，进而降低父母的责任意识。NSPCC 认为，那些饮食不足的孩子其父母几乎都是懒惰、放荡的，政府救济只有在与提高父母品质的发展相一致时才是可以被接受的。因而，协会反对政府为学龄儿童提供免费伙食，为有需要的儿童提供食物的唯一合理的途径是，在不腐化父母行为的前提下劝说父母将收入用到正确的地方。协会倾向于强调个体的责任。

不过，NSPCC 作为一个诞生于 19 世纪末的机构，既存在着对慈善传统的延续性，又积极地寻求更多的政治和社会资源，体现了时代转移的矛盾性以及协会的创新性。NSPCC 主要通过呼吁儿童权利、要求政府立法和加强与警察合作的方式来寻求政府资源的帮助，并成功成为儿童保护领域立法活动的发起者。

1800 年《牛饵法案》的通过使动物已享有免受虐待的法律保护，儿童却没有任何法律保护。在当时杀死儿童只是很小的犯罪，儿童的生命甚至没有男人的钱包或者是靴子等个人私有物所享有的保障。NSPCC 认为这种状况不应该再持续下去了，为此它不断向政府施加压力，要求立法干预。协会并不是将其事业单纯地看作是道德行为的加强，"我们要努力表明的是，英国儿童是公民，拥有权利。但是儿童经常仅仅被看作是父母的奴隶和财产，父母可以随心所欲地对待他们"①。NSPCC 抛弃了父母对待孩子的传统原则，代之以为儿童寻求正义和公民权原则。但虐待儿童问题的私人性、内在性和居家性使得保护儿童立法的通过极为艰难。NSPCC 前五年的活动主要是收集事实、检验现存法律、在议会内外组织防止虐待儿童立法的运动。NSPCC 成为呼吁在家庭内保护儿童免受故意伤害的主要压力集团。1889 年，《防止虐待儿童法》最终得以通过，对当时的人来说该法简直是革命性的突破，第一次使政府介入父母与子女的关系，以致许多人难以相信它如此迅速地在议会获得通过。从此，儿童保护进入立法上的第一个黄金时代。这项法案后来不断地被延伸，但是它最初引入时的基本原则从未被攻击或质疑。这项立法能够通过并且传承至今在很大程度上与当时 NSPCC 的不懈努力是分不开的。NSPCC 又促成了 1894 年和 1904 年两项修正案，进一步巩固和深化了 1889 年法中确立的法律原则。

---

① Child's Guardian［Z］. June，1888.

协会寻求其他资源支持和帮助的另一个重要表现是，它从建立之初，就意识到与警察合作的必要性，并创造了良好的合作关系的开始。"警察在被疑虐待儿童的案子里为协会提供其职权范围内的任何信息和帮助，并且将依据《流浪法》拘押的孩子直接还押协会的监护。到爱德华末期，大部分城市的警察都与协会建立了类似的联系。一些警署甚至为 NSPCC 捐献出义卖或娱乐市场，但更直接的资金援助来自济贫法联合会。"①NSPCC 的检察员很多都曾经是警察。受训检察员需要学习一系列有关法律和社区关系的课程，而警察也要接受一系列类似且强度更大的培训，双方在工作上有很大的相通性。警察进入协会无疑具有得天独厚的条件，而协会亦需要警察这样的专门人才。NSPCC 与警察的合作还在法律中得到认可和巩固。1889 年警察被赋予了逮捕任何他们所见的虐待儿童者的权力，而且"从 1889 年开始，如果虐待儿童行为被证实，警察可以将儿童从其家中转移到一个安全的地方而无需地方法官的许可令"②。这个安全的地方通常是 NSPCC。少年法庭也随之建立起来，以处理有关儿童犯罪者及那些需要照顾和帮助的孩子的事情。警察所拥有的法律权力可以弥补NSPCC 在行为上的限制，帮助它更好地处理虐待儿童的案件。双方的合作在法律中不断得到加强。

NSPCC 在为儿童寻求法律权利的过程中，不可避免地加强了与政府的联系，开始寻求政治资源的帮助。1905 年，本杰明·沃夫因病去世，罗伯特·帕尔（Robert Parr）继任为协会执行主任，负责协会的基本运转。从此协会更加积极地寻求政府的支持，与政府的关系出现了新的发展前景。在帕尔领导下，协会不再用激烈的言辞引起社会对协会工作的注意，而是逐渐形成了一种新的角色，即在与儿童相关的所有问题上，协会扮演政府技术指导者的角色。协会不再拘泥于早期立法活动的发起，开始考虑一系列与儿童福利相关的更广泛的问题，例如免费牛奶的供应、母婴健康、学校儿童的医疗检查等方面。NSPCC 的工作就是要引起国家对一个遭忽视领域的重视，因而合作可以更好地描述协会与政府间的关系。"帕尔在职时期的最有价值的特征之一是协会与政府部门间日益上升的合

---

① BEHLMER G K. Child Abuse and Moral Reform in England，1870 – 1908 ［M］. CA：Stanford University Press，1982：219.

② HENDRICK H. Child Welfare：England 1872 – 1989 ［M］. London and New York：Routledge，1994：55.

作。"① NSPCC 在帕尔的影响下，极力避免其工作由政府接管或者控制，同时在实际行动中推进与政府的合作。

协会通过与政府在政策咨询上的合作，不仅为政府提供了证据和建议，而且使协会得到了国家的资助和认可。NSPCC 自成立以来，对案例详细的记录体系和广泛周密的统计数字为协会带来了特殊的权威。帕尔积极地利用协会的这一优势，在立法、儿童医疗检查等活动中重塑了协会的角色。

尽管 NSPCC 激烈反对政府为学龄儿童提供免费伙食的议案，但该法案在 1906 年的通过和后来的实施却为协会与政府的合作提供了契机。例如，在莱斯特（Leicester），NSPCC 在与教育委员会的合作中，建立了一个儿童帮助促进会，全面处理儿童饮食不足问题。它为所有饥饿儿童提供食物，而不仅仅是为那些学龄儿童，而且在学校关闭期间为儿童提供合理的安排，并采取了相应的措施改善孩子们的家庭条件。NSPCC 通过与地方政府的充分合作，积极填补了政府福利供给的不足。政府对协会所能提供的服务也极为重视。1906 年《教育（供餐）法》激励地方委员会与那些已经在这一领域拥有丰富经验的志愿组织合作，并特别提到了在地方委员会中 NSPCC 是志愿机构一个可能的代表。NSPCC 在提供免费饮食体制中的工作得到了广泛的声誉和支持，这也是促使协会走向与政府合作的转折点。

1907 年颁布的教育法《中等学校规则》使地方教育当局为学校儿童提供医疗检查，并鼓励地方当局与志愿组织合作，特别是与 NSPCC 合作，这使 NSPCC 参与到该法的执行工作中。协会的检察员逐渐加强了与地方当局在有关学校儿童医疗检查的调查和在处理由照顾委员会提交给它们的案件上的合作。这对 NSPCC 的工作量产生了持续的影响。在检察员人数没有增加的情况下，NSPCC 的年度处理案件总数从 1903/1904 年度的 37 490 例增加到 1905/1906 年度的 38 705 例。从 1906/1907 年度（40 443 例）开始，NSPCC 的处理案件总数迅猛增长，到 1909/1910 年度增长到 52 670 例，并一直持续增长到 1914 年，其顶峰是 1913/1914 年度的 54 772 例。与此同时，协会的检察员比 1903 年增加了 60 位②。到一战结束，医疗案件已成为协会工作的一个特点，1920 年协会还在伦敦建立了一个专门的

① Child's Guardian [Z]. May, 1921: 38.
② NSPCC Annual Report 1937-1938 [R].

医疗分支机构。

在 NSPCC 与政府不断变化的关系方面，协会医疗分支机构的建立（拥有自己的机动化救护车）不但填补了英国国民健康服务体系建立之前的服务空隙，而且重申了协会的独立性，NSPCC 并不是政府的代表机构。但是合作又具有很大的有限性，它取决于协会在多大程度上允许国家在协会自身的政策决定上发挥主导作用①。协会收到了来自员工的抱怨：他们的时间都用于与医疗问题相关的调查，而忽视了自身防止虐待和忽视儿童的任务。NSPCC 积极采取措施来加强其行为的独立性和权利，强调协会的工作仍是劝导父母履行自己的义务。

其实，协会与政府在儿童福利领域的合作，主要是通过 NSPCC 向政府委员会提供证据。NSPCC 在很大程度上构建了一个拥有经验和专门知识的专家角色。帕尔及其继承者威廉·艾利奥特（William Elliot）的大部分时间都用于为那些政府呈递书准备详尽的证据。例如，1905 年 9 月，帕尔出现在就流浪儿童而召开的部门委员会中，11 月他又出现在就弱智儿童的照顾问题而召开的皇家委员会中。政府儿童联合会提出了携带儿童流浪即构成犯罪的议案。帕尔在向流浪儿童委员会提供的证据中指出，如果儿童没有出现遭受虐待、忽视或饮食不足的征兆，协会则不能对携带儿童的流浪者案件采取任何措施。但是协会并不支持议案所提出的新犯罪的界定，因为根据协会的经验，流浪儿童通常是幸福的并受到良好的照顾，将他们带离父母送到东伦敦的志愿儿童寓所才是犯罪。协会向政府提供的证据通常是基于协会在中央和地方处理过的案例。虽然协会实际关注的有关流浪儿童的案例数量很少，1904 年协会处理的 105 926 个案件中，只有 375 例涉及流浪者，然而政府委员会对帕尔所描述的对流浪儿童进行注册的新计划很感兴趣②。他提出，为了更好地对流浪儿童进行监管，政府有必要对流浪儿童进行统计和注册，凡是不按规定注册的，都必须立刻终止流浪活动。帕尔通过向政府提供证据，展示了协会纠正一些特殊问题的工作能力，抓住了强调协会经验必不可少的机会。

此外，NSPCC 还积极地敦促政府角色的延伸，这体现在它要求在中央政府内设立儿童大臣的努力上。这部分源于 NSPCC 在与儿童照顾相关

① SHERRINGTON C A. The NSPCC in Transition 1884-1983: A Study of Organisational Survival [D]. London: LSE, 1985: 263.

② 同①265-266.

的不同政府部门如地方政府部门、教育委员会、内政部等打交道时的受挫。NSPCC 经常发现自己夹杂在两个部门之间，处境极为尴尬，特别是当政府部门责任的划分不明确、各部门间合作不足时。国家儿童援助联合会（State's Children Aid Association）早在 1897 年就谴责英格兰将国家的责任分散于地方政府委员会、内务部和教育部之间。12 年后皇家委员会关于济贫法的少数派报告也明确地指出了这一点①。一个专门中央机构的确立将会使儿童利益首先得到考虑而不是在多种要求中被忽视。协会认为要求建立一个这样的中央部门并不会威胁到协会的存在，这反而会加强协会在国家服务供应中的地位。NSPCC 在要求设立中央儿童部门的努力中，加强了与其他志愿组织的联系，也提高了协会在政府官员中的地位和影响力。

除了 NSPCC，为儿童提供假期寓所的机构、贫民免费学校联盟（Ragged Schools Unions）、为被忽视和犯罪儿童提供照顾的儿童帮助协会（Children's Aid Society）、教养院和避难所联盟（Reformatory and Refuge Union）等机构，也要求建立中央儿童部。成立中央儿童部的努力提供了早期儿童志愿慈善机构共同合作影响政府政策的一个重要例子。

1909 年 4 月 31 日，有关成立中央儿童部的一次预备会议召开。然而，政府并没有对任命儿童大臣的提议做出任何回应，直到 1913 年在伦敦成立了一个调查委员会后有关工作才开始取得重要进展。1913 年 5 月，由 12 个成员组成的管理委员会成立。1913 年秋，委员会任命了一位任期两个月的临时秘书以在各个协会间招揽支持，从而使来自各方的支持达到顶峰。帕尔个人承担了这些行动所需的费用。在这两个月内，共有 42 个协会加入，形成了一个巨大的有潜在影响的有关各方面儿童福利的志愿机构的联合。到 11 月，委员会已经准备好了开启成立调查办公室的方案②。但随后 1914 年第一次世界大战的爆发打断了进一步的行动，而战后政府的注意力转移到了其他方面。NSPCC 希望建立有关儿童事务的专门的国家儿童部和儿童大臣的梦想始终未实现。

在 NSPCC 敦促政府的过程中，英国政府在儿童领域的社会干预也逐渐加强。经济增长需要健康的、受过教育的劳动力，而贫困影响了国民的

---

①　BEHLMER G K. Child Abuse and Moral Reform in England, 1870 - 1908 [M]. CA: Stanford University Press, 1982: 204.

②　SHERRINGTON C A. The NSPCC in Transition 1884 - 1983: A Study of Organisational Survival [D]. London: LSE, 1985: 278.

素质。"解决这一问题的方法很简单：给孩子们提供食物，他们就会变得更高、更健康、更聪明。"① 1885—1913 年，英国政府共通过了 52 项法案影响了儿童福利。虽然这不是 NSPCC 的功劳，但是它毫无疑问起到了一定的推动作用。

综上，NSPCC 在这一时期逐渐突破传统慈善机构组织体系不健全、反对政府干预等局限，成功向组织机构完备、注重寻求政府支持的机构转型。政府日益卷入到儿童福利领域，NSPCC 通过提供证据和咨询建议在政府圈子内确立了有关儿童照顾问题上的专家地位，并以这种方式在一切可能的地方与政府合作，积极地敦促政府承担更多的责任，其角色和地位在与政府的合作中也得到了认可和提高。NSPCC 与政府的关系逐渐成熟起来，体现了双方日益紧密的合作发展趋势，也为协会在政府政策制定中确立了值得尊敬的名声。

二、1914—1939 年，政府对双方合作的主动性与敦促性

NSPCC 在一战中及两战期间专注于内部事务，致力于重建被战争破坏了的工作队伍，既表现出了新发展，又体现了延续性。新发展是针对运河船儿童和医疗检查而开展的工作。但这两项工作只占了协会工作的一小部分，协会的基本工作仍延续以往的发展，实际处理问题的工作方法和检察员的训练基本未变。而协会与政府的合作，则更多地体现了政府对协会的主动性与敦促性。

一战极大增加了人们生活的痛苦。男子上前线后，家庭缺少了有力的经济支柱，一些与出口有关的工业利润和工资同时下降，于是，营养不良的儿童数量上升了②。要求贫困救济的人数也在上升。这就迫使政府采取措施避免此等状况的继续恶化。1914 年 10 月，英国政府首次在历史上给所有参加军事服务人员的家庭提供补助，妻子为每周 12 先令 6 便士，每一个孩子是 2 先令，而以往这种补助均是由慈善机构提供的③。从 1915 年11 月开始，政府又为战争寡妇和孤儿提供津贴。值得一提的是，战争期

---

① DWORK D. War Is Good for Babies and Other Young Children：A History of the Infant and Child Welfare Movement in England，1898-1918 [M]. London and New York：Tavistock Publications，1987：169.

② MARWICK A. The Deluge：British Society and the First World War [M]. London：Palgrave Macmillan，1965：133.

③ THANE P. The Foundations of the Welfare State [M]. London：Longman，1982：127.

间政府对婴幼儿的照顾增加，特别是在医疗方面。政府不仅增加了对幼儿的补贴，而且成立了幼儿福利宣传基金会，在全国募集了大量资金，还成立了两百多个卫生中心，并在 1917 年使"国民婴儿周"的活动达到了高潮①。

1918 年战争结束，英国付出了沉重的代价，军队中的服役人员共死亡了 72.3 万人，伤残人数在 160 万以上②。许多家庭丧失了父亲或母亲，这迫使政府不得不加大对儿童照顾的力度，寻求解决问题的策略。到爱德华时代，一系列的社会调查、健康统计以及生活水平的问卷使社会变得更为可知，而且使国家对社会问题的回应变得更为社会化，儿童逐渐融入政府政治中。NSPCC 在第一次世界大战中积极地配合政府，大量的检察员应征入伍，这使协会的工作受到很大影响。出于民族灾难和政府困难的考虑，协会更多的是关注内部事务，积极号召检察员的妻子们代替他们的工作，以弥补协会工作人员的不足，同时利用现有法律开展工作。

两战期间，NSPCC 与政府的关系进展不大。这部分是由于 NSPCC 政策的取向：协会在大战时采取的态度仍在，它认为鉴于国民困难，在所有事务恢复到正常之前，疾呼新立法是不明智的，明智的做法是最好地利用现有法律。协会的工作由于战时员工的损失而被扰乱。20 世纪 20 年代，NSPCC 的年度处理案件数降至 1905/1906 年度的水平，即 38 500 例，而同期检察员的数量也由 258 下降至 212 位。严重虐待案件数与以往相比更少，即便是被归于忽视的案件数也降低了③。

协会与政府的合作，主要体现为协会继续向政府提供事实证据。例如，1920 年帕尔在一个调查儿童收养问题的委员会上提供证据，他指出所有的收养都应该被登记，并应该定期探访被收养儿童。同年，协会的运河船检察员还向由健康大臣任命的调查船上生活状况的委员会提供证据。帕尔还是 1926 年政府任命的关于殴打儿童和青少年的部门委员会的成员之一。他的继任者威廉·艾利奥特还建议由健康大臣任命的关于绝育问题的布鲁克委员会调查精神缺陷的起因和传播。艾利奥特通过协会的案例证

---

① THANE P. The Foundations of the Welfare State [M]. London：Longman，1982：134-135.

② 陈晓律. 英国福利制度的由来与发展 [M]. 南京：南京大学出版社，1996：97.

③ SHERRINGTON C A. The NSPCC in Transition 1884-1983：A Study of Organisational Survival [D]. London：LSE，1985：281-282.

据表明精神缺陷和虐待儿童之间的联系并不简单。政府认可了协会提供的证据①。尽管协会仍旧被要求在其经验范围内向政府提供建议，但是协会早期的动力已经不再，它越来越多地对实际情况做出事后的应变反应。协会在上一阶段的繁荣和开拓进取逐渐消失，日益成为政府活动的支持者。

二三十年代，NSPCC 广为宣传的两个特殊的工作领域是医疗分支机构的工作和对运河船的检查。协会在儿童保护态度上发生了变化，意识到许多父母由于诸多现实因素确实无法采取必要行动，如与医院的距离远，到达医院的交通困难，高昂的手术费等。协会不再认为那些不能为孩子提供充分照顾的父母是残忍的人，而是认为他们是需要实际帮助和建议的人。协会不再一味地强调父母的责任，而是开始重视家庭实际存在的困难，并为解决这些困难而努力。从 1907 年开始，学校儿童的医疗检查使托付给 NSPCC 的医疗案件有所增加。一战后，鉴于工作压力和为了更好地处理问题，协会在 1918 年成立了伦敦医疗分支机构（London Medical Branch）。根据 1933 年《儿童卫报》的报道，医疗分支机构的总工作量包括：进行了 2 488 次医院探访，使 439 个儿童得到治疗，并对 633 个儿童进行了 5 124 次家庭探访②。医疗分支机构的出现是协会处理由于政府对学校儿童实行法定医疗检查引起的工作量增长而组织协会工作的一种方式，它主要包括预防和管理两项工作。医疗分支机构除了提供实际的帮助外，更是首次将妇女纳入检察员的行列，对协会的发展意义重大。

NSPCC 在 20 世纪 30 年代还任命了一位运河船专门检察员，目标是在船员中实现传统的以母性儿童照顾为中心的陆上家庭生活。运河运输系统自 19 世纪末以来一直处于衰落状态。到 1939 年，生活在运河船上没有固定陆上寓所的家庭只有 450 个，而 1911 年这一数字是 7 000 个③。但检察员发现，生活在运河船上的三分之一的儿童根本不去上学，其余的孩子也只是偶尔去上学。这些孩子的受教育水平大大落后于同年龄段的其他孩子。这些儿童生活在一种不安全的环境中，溺水而死的危险时刻存在，而且医疗资源也极度缺乏，他们从事其他行业工作的可能性极小。于是，NSPCC 任命了专门运河船检察员，对生活在泊船上的家庭进行独特而全面的调查。尽管生活在运河船上的家庭数量急剧下降，但协会运河船检查

---

① SHERRINGTON C A. The NSPCC in Transition 1884-1983：A Study of Organisational Survival [D]. London：LSE，1985：267.

② Child's Guardian [Z]. March，1934.

③ 同①322.

工作的最重要意义在于，它填补了政府统计的不足，并引起了社会和政府对这一问题及协会统计的第一手资料的广泛关注。

　　医疗检查和运河船工作这两项活动的持续时间极为有限，也只占NSPCC工作的很小一部分。协会工作的主流仍旧是总体的个案研究工作和检察员的训练。尽管虐待儿童问题的情势发生了一定变化，但是NSPCC的这两项基本工作与以往相比却并没有重要变化，协会的个案工作仍旧延续了以往警告、监督的老方法，检察员的训练也维持原状。NSPCC在英格兰和威尔士处理的年度案件总数从战前1913/1914年度的顶峰近55 000例开始下降。1920/1921年度，协会所处理的案件数甚至只有36 000例。但两战期间NSPCC的年度案件处理总数在40 000例的水平波动，二战后则再次下降①。

　　但这时期检察员与政府及其他志愿慈善机构间的合作日渐增多。战争期间，NSPCC建议慈善儿童寓所为儿童提供防毒面具、定量供应卡、衣物卡以及免受传染病影响的证明等。此外，协会根据儿童所涉及的宗教联系加强了与英格兰教会儿童协会（Church of England Children's Society）和女修道会等宗教机构的联系。1933年《儿童与青年法》使地方教育当局成为一个儿童福利的合适提供者，并为收养家庭提供帮助，这亦使协会加强了与地方教育局的合作。与NSPCC合作的机构还包括皇家防止虐待动物协会（RSPCA），RSPCA的检察员被请来处理饥饿的宠物，而NSPCC的检察员则处理受虐待或忽视的儿童。健康探访者（Health Visitors）、婴儿福利医疗官员（the Infant Welfare Medical Officer）和母婴福利部（the Maternity and Child Welfare Department）的人员还不断将案件交托给NSPCC来处理。

　　虽然总体而言协会与政府的关系与前一阶段相比进展不大，但是与此前协会敦促与政府的合作形成对比，这时期政府积极地开展与协会的合作。政府在儿童福利领域中日益发挥主导作用。1918年，英国政府通过了新的《教育法》，规定所有小学一律免交学费，并把学生离校的年龄提高到14岁②。同年的《产妇幼儿福利法》，第一次以专项法规的形式保障孕妇和5岁以下儿童健康。1926年，政府颁布了英国第一部《收养法》，

<hr />

①　NSPCC Annual Report 1937-1938 [R]. 1938：25.
②　WOOD S. The British Welfare State [M]. New York：Cambridge University Press，1982：2.

正式承认了收养制度。1929 年，政府又通过了《地方政府法》，通过地方政府的代理机构向有需要的人提供帮助，这使地方政府逐渐承担起了救助责任，儿童问题也成为地方政府工作的一部分。而影响最为深远的则是 1933 年的《儿童与青年法》。

1933 年《儿童与青年法》的通过，是 NSPCC 与政府关系的一个里程碑。1933 年的《儿童与青年法》将当时存在的所有儿童权利保护法律整合为一部单一的立法，并特别规定未成年人犯罪应由专门成立的法院审理，对成人的诸如死刑、流放、监禁等刑罚不适用于未成年人，少年犯应在专门的少年感化院中服刑，并正式要求法庭在审理青少年案件时要把"青少年福利"置于最优先考虑的地位。这种专门的以青少年法庭为基础的青少年司法体系的建立，被英国法学界称为继《大宪章》以来最重大的司法变革①。

该法对政府与 NSPCC 的关系产生了决定性的影响。1933 年法的第一部分重新制定了虐待和忽视条款，儿童忽视的定义更为广泛，为法庭提供了更广阔的审理范围，同时这也是 NSPCC 法庭工作执行的依据。1933 年法的第三部分则包括了新的权力，标志着慈善组织—政府责任之间的重要转向。任何地方当局、警察或"授权人士"在认为儿童需要照顾和保护的合理理由下都可以将儿童带到少年法庭。法庭的权力大大扩展，其可以做出的选择包括：将儿童送到教养院，置于法庭任命官员的监督下，命令父母提供合适的照顾和监护，或者是将儿童从父母身边带走并为他们找到一个合适的愿意照顾他们的照看人。这一法律使得将任何需要照顾和保护的儿童带到少年法庭成为地方当局的法定责任，除非地方当局认为这不符合儿童的利益或是其他人已经采取了这一程序②。地方政府成为一个儿童福利的合适提供者，并为收养儿童的家庭提供帮助。与此同时，NSPCC 的官员被认可为"授权人士"，能够在少年法庭开启照顾保护程序。NSPCC得到了真正的权力和作为地方当局工作者所体现出来的政府对其工作的正式认可。

1933 年法的第五部分规定，志愿寓所以及其他一些为贫困儿童、年轻人提供食宿和照顾的机构都需要在政府注册并接受政府监督。那些志愿

---

① 庞媛媛. 英国儿童福利制度的历史嬗变及特征 [J]. 信阳师范学院学报，2009 (4).

② SHERRINGTON C A. The NSPCC in Transition 1884-1983：A Study of Organisational Survival [D]. London：LSE，1985：283.

寓所的负责人，需要每年将描述其机构详情的文件发送给国务秘书。国务秘书可以随时要求检查志愿寓所，除非这一志愿寓所受某一政府部门的监督或者是在某一政府部门的职权范围内①。此外，政府对儿童照顾资金的分配形式也发生了变化。"济贫法下对贫困儿童的支出来源于各郡税收，并没有来自国家财政部的直接拨款，但是与地方政府的其他支出一致，国家财政部会从总体上计算划拨给各地区的资金。"② 而在 1933 年《儿童与青年法》的条款下，被送到教养院和少年犯拘留所（remand homes）的儿童以及由地方政府作为"合适人"（a fit person）照顾的儿童，他们的花费一半来自国家财政部，一半来自地方税收③。NSPCC 与地方政府的合作在这一法律框架下不断加强，这也深刻反映在协会与伦敦郡议事会的文件交流中。协会向政府提供事实证据，而且这些事实证据往往成为政府各部门间讨论的一个重要依据④。中央政府也加大了对儿童及相关志愿机构的监管力度。承担儿童保护责任的主要工作者逐渐从志愿慈善部门转变为中央和地方政府。特别是地方政府，在 1933 年法下承担着采取行动的最终责任，并在法律上负责处理其统治区域内存在的问题。

作为满足被忽视和被虐待儿童需要的开拓者，NSPCC 开启了儿童保护的立法进程并要求政府给予更多的支持。当政府逐渐卷入到儿童保护领域后，协会不再倾向于开启立法，而是将其自身发展为政府的专家指导者和信息提供者。1933 年法又使 NSPCC 的检察员成为"授权人士"，体现了政府对协会的信任以及对双方合作的认可与敦促。然而，NSPCC 不再是地方层面上负责儿童工作的主要机构，地方政府逐渐主导了儿童福利的发展。

三、1939—1950 年，政府全面接管 NSPCC 的工作

第二次世界大战给英国社会的各个层面都带来了严重的影响，特别是撤离运动直接导致一些被长久忽视的儿童问题暴露在社会和政府面前。NSPCC 广泛参与到战时的撤离运动中，同时儿童问题的严重性以及大战

① Report of the Care of Children Committee（Training in Child Care）[R]. House of Commons Parliamentary Papers，1945—1946 [Cmd. 6922]：577.

② 同①569—570.

③ 同①576.

④ Cooperation with NSPCC 1937—1953，LCC/CH/D/11/003，London Metropolitan Arichives.

导致许多家庭支离破碎的事实，促使政府加大对儿童问题干预的力度，1948 年《儿童法》标志着英国政府对儿童问题的全面干预。

为减少伤亡和损失，英国政府从 1938 年就开始筹划撤离运动。到 1939 年 8 月底，政府已经准备好了大城市儿童撤离的详细计划①，并且开始付诸实践。1939 年 9 月，撤离运动的第一批人在匆忙和混乱中被带领离开。在一个星期左右的过程中，826 959 名英格兰和威尔士的儿童被撤离。这些被撤离儿童主要来自大的工业城市，并主要被撤离到英格兰中部和威尔士北部。这顿时给接收地区的学校医疗服务（SMS）带来了极大的压力，接收地区的学校人口总数由不足 200 万猛升到 250 万，并且成千上万的新到来者需要马上进行医疗护理。若没有红十字会（Red Cross）、妇女志愿服务（the Women's Voluntary Service）以及其他志愿组织的援助，情况会更为严重②。在 1940 年底大规模的空袭和 1944 年 V1、V2 号火箭发射期间，还有进一步的撤离运动。

二战导致 300 多万儿童被撤离，它带来了一系列明显的后果，并对政治权力和社会状况产生了深远的影响。首先，撤离运动暴露了儿童的悲惨境况。"对许多英国人来说，被撤离者引起了巨大的社会震惊，因为他们描绘出一幅可怕的生活场景，并且直到这时才被少数社会工作者发现。……1939 年只有少数人意识到许多家庭生活的恶劣状况；但是现在，这些家庭的大量成员突然间广泛分散于不同社区中，他们的肮脏的生活习惯、他们对环境的不适应、他们的不负责任和他们对自己孩子的忽视，给那些第一次看到这种不幸事情的人带来了巨大的冲击。"③ 用一位当时记录人的话来说，撤离意味着"紧握着小布袋的儿童军，从黑暗中走出来，刺痛了一个民族的良知"④。

另外，撤离运动还带来了严重的情感伤害。"一个孩子生活的心理环

---

① 1939 年 8 月 31 日，政府发布了两项撤离计划"立即疏散"（Evacuate Forthwith）和"组织有号召力的"（Operation Pied Piper），并且从第二天开始实施。参见附录 3 "撤离运动时刻表以及撤离过程中的儿童"。

② HENDRICK H. Child Welfare：Historical Dimensions，Contemporary Debates ［M］. Bristol：Policy Press，2003：125.

③ ALLEN A，MORTON A. This Is Your Child：The Story of the National Society for the Prevention of Cruelty to Children ［M］. London and New York：Routledge，1961：50-51.

④ HENDRICK H. Child Welfare：England 1872 - 1989 ［M］. London and New York：Routledge，1994：201.

境是非常重要的。"① 战争和撤离使许多儿童被迫与父母分离，失去了家庭，甚至失去了父母，这给儿童带来的心理创伤是沉重的。撤离运动也在一定程度上揭示了社会心理问题的存在，例如遗尿和其他形式的情感失调。这些孩子远离父母、家庭和社区，处于一种不友好的环境中，有时甚至是完全敌对的主人家庭。此外，一连串夸大的和恶意的批评向撤离者涌来，不断对他们所遭受的虫害侵扰、荒淫、衣服的不足及其不道德的举止和缺乏感激的态度进行指责。政府官员无暇顾及儿童必须与父母和朋友分离的感受，然而这种情况迫使政府在战后对这些孩子进行格外的照顾和关注，从而加速了战后儿童福利的发展。

NSPCC 在撤离运动中发挥了自身的作用，它广泛参与到撤离的组织和宣传中，弥补了撤离过程中政府工作的不足。为了预防空袭，从 1938年起，政府开始发布文件、着手组织有危险人口特别是儿童和孕妇的撤离计划，并将需要撤离的区域刊登在报纸上，以方便人们做好准备。NSPCC 对此积极地予以协助，最初它帮助宣传政府的文件和相关政策，张贴传单，向需要撤离儿童的父母说明撤离计划以及儿童可能被带往的具体地点等，为需要撤离的儿童提供尽可能的服务②。同时，政府还就撤离的具体计划以及与协会的合作程序等问题不断与 NSPCC 进行协商③。

从 1940 年 1 月开始，在大规模空袭的危险过后，政府开始实施被撤离者重返家园的计划，那些因战争而被撤离的孩子开始陆续回到自己的家庭中。协会也积极地参与到儿童重返家园的工作中④。重返工作是一项艰巨的任务，有的儿童失去了父亲或者是母亲，有的儿童与父母失散，还有的儿童的家园彻底被战火摧毁，这些都给儿童日后的生活带来了巨大麻烦。NSPCC 则积极地帮助儿童寻找父母，帮助他们重建家园。

二战爆发后，许多检察员应征入伍，这导致 NSPCC 面临最严重的困难，即工作人员严重缺乏，有时多达 40 个地方分支机构一个检察员都没

---

① HEALY P. Aids to Child Abuse Study [N]. The Times，1978-03-14.

② Evacuation of Children from Residential Schools and Homes in Second World War-General Files，LCC/CH/M/06，London Metropolitan Archives. 参见附录 4 "被撤离儿童登记表及相关传单"。

③ Cooperation with NSPCC 1937 - 1953，LCC/CH/D/11/003，London Metropolitan Archives.

④ Return of Children from Evacuation 1945，LCC/CH/M/7，London Metropolitan Archives.

的工作经验。……毫无疑问，委员会和 NSPCC 在很多方面意见一致。"①

　　1947 年 3 月，政府正式接受了柯蒂斯委员会的建议。1948 年 6 月，《儿童法》正式在英国通过，其主要原则包括：建立地方政府儿童局；受照顾的儿童重新回到父母身边；强调合适的领养；儿童局对青年犯罪者承担部分责任。其中，对儿童照顾有了更详细的规定，地方当局需要任命专职的儿童事务官员和儿童委员会，并有责任照顾所有 17 岁以下的（在济贫法下年龄是 16 岁）、父母或其监护人无法照顾他们或是其福利需要地方当局干预的人。政府继续执行以往儿童保护立法赋予它的责任：监督因酬金而被领养的儿童；登记领养机构；为地方法官就那些出现在少年法庭的儿童背景提供信息；对那些被送到青少年拘留所、少年犯教养院的儿童或是被法院交托给"合适人"（通常是慈善机构）的儿童负责。法令还指出，志愿服务将通过注册和检查完全并入儿童照顾的国家体系。新条款允许地方政府向志愿收容所提供资金以改进其目标和设备②。

　　在 1948 年 6 月这一法令实施前，已经有六十个地方政府任命了儿童委员会。这种新服务的直接后果是，需要照顾的被剥夺正常家庭生活的儿童数量在 1949 年至 1953 年间增长了 18%，由 55 255 上升到 65 309，这种增长趋势一直持续到 1965 年。这部分是由于战后婴儿出生率的上升，但更是由于对儿童的需要有了更广泛的解释。政府所承担的执行照顾的任务在平稳增长③。1948 年《儿童法》的通过，还使志愿服务组织需要向政府申请注册、接受政府检查和监督，这对志愿慈善组织的发展产生了深远影响。NSPCC 也不可避免地被纳入儿童照顾的国家体系之中，其检察员将被置于内政部儿童署的监督之下。内政部监察官不会控制 NSPCC 的官员，但是如果他们发现在他们看来有需要矫正的情况，他们将会就这一问题向儿童署报告，儿童署负责人将向 NSPCC 主任提出这一问题④。可以说，NSPCC 至此被全面纳入政府的监督之中，它与政府的关系以法令的形式明确下来。

---

①　ALLEN A，MORTON A. This Is Your Child：The Story of the National Society for the Prevention of Cruelty to Children [M]. London and New York：Routledge，1961：55-56.

②　HENDRICK H. Child Welfare：England 1872 - 1989 [M]. London and New York：Routledge，1994：217-218.

③　HENDRICK H. Child Welfare：Historical Dimensions，Contemporary Debates [M]. Bristol：Policy Press，2003：137.

④　同①56.

NSPCC 的很多工作也随之被政府接管。20 世纪初，照顾或保护性案件主要由 NSPCC 跟进，特别是那些涉及对儿童性侵犯的案件，警察都将案件交给 NSPCC，并由 NSPCC 提起诉讼①。到 1950 年，警察不再将保护性诉讼工作移交给其他机构，而是对那些引起关注的案件进行调查并在少年法庭提起诉讼。"首都女警的保护诉讼数量由 1937 年的 62 起增长到 1949 年的 285 起和 1950 年的 360 起。"② NSPCC 的诉讼案件减少，双方的分工更加明显，警察负责法律诉讼，NSPCC 则更多地关注儿童家庭和福利。NSPCC 不断强调它不是一个控诉的协会，其主要工作是预防。

1948 年《儿童法》也进一步加强了 NSPCC 与政府的合作。这一法律规定，当虐待或忽视儿童的案件发生时，各机构间应扩大联系，特别是在紧急案件中，警察要致电儿童部官员或儿童照看者言明其行动。同时政府也有责任资助志愿组织。随着福利国家制度的建立和政府日益深入到儿童保护活动中，NSPCC 与警察继续合作，而不是占据各自的、相互敌对的领域。帮助 NSPCC、保护儿童成为警察工作的一个重要组成部分和义务。此外，在许多地方，NSPCC 会被政府邀请定期会面商讨儿童服务策略。NSPCC 也逐渐发展成一个在儿童福利领域享有崇高声望的游说和支持性的专业组织，它与警察、地方当局共同致力于儿童福利。

慈善作为社会的仁慈行为，并不是对政府公共行为的一种替代。19 世纪末 20 世纪初，英国政府的社会干预不断增强，而第一次世界大战又使英国政府的作用得以充分发挥。战争显然刺激了慈善活动的发展，但是随着战争的进行，政府越来越紧地控制了整个国家的经济和社会生活，包括军需品的供应、食品的分配等。英国社会很快意识到，政府不仅能够干预经济社会生活，而且能够发挥积极的作用，这加深了社会对政府的信任程度，也促使公众对政府有了一定的期望。与此同时，战争也证明了慈善组织的发展需要政府的监管。但慈善力量在英国不仅仅是一种社会救助力量，它还是英国民主政治的一个有力支撑。两战期间，以慈善为代表的大众社会的强大，防止了英国在复杂的国际政治环境中走上极端的道路。慈善经常起到一种在许多复杂变量之间平衡的作用。

---

① JACKSON L A. Child Sexual Abuse in Victorian England [M]. London and New York: Routledge, 2000: 62.

② JACKSON L A. Women Police: Gender, Welfare and Surveillance in the 20th Century [M]. Manchester: Manchester University Press, 2006: 147.

　　可以说，慈善的社会功能在不断增强，政府也超越传统角色，以慈善和政府为代表的两大救助体系既有重叠又有摩擦，而慈善组织与政府关系的多变恰是双重救助体系在英国的生动写照。它不但显示了私人慈善在社会上的地位与力量，也表明了政府的社会政策和社会态度。NSPCC 与政府关系的演变，在很大程度上则提供了英国福利国家进程中志愿组织与政府关系的一个缩影。NSPCC 作为防止虐待儿童领域的开拓者，由最初反对政府干预逐渐转变为积极推动政府在社会领域中的角色，最终全面接受政府的监督成为政府儿童服务的补充力量。20 世纪上半叶是英国慈善组织与政府关系发生巨大转变的一个阶段，慈善组织由社会救助主导者转变为政府服务辅助者，既表明了它需要政府的支持和帮助，也反映了其能够成功经历社会形态更替的内在活动机制的灵活性。不论如何，在英国走向福利国家制度的过程中，政府和慈善组织缺一不可，但将政府行为和慈善行为融洽地结合起来并不是一件容易的事情，这也深刻体现在福利国家制度建立后，慈善组织与政府关系的不断调适上。

第四章　福利国家改革时代的慈善发展

　　福利国家制度建立后，英国朝着大众慈善的方向发展，慈善逐渐成为社会所有阶层的一项活动和责任，与此同时慈善发展也愈益受到政府政策的影响，它与政府的联系和互动在不断增强。慈善在提供服务上的专业化，使其成为 20 世纪五六十年代活跃在政府外、满足社会新需求的一股重要力量。70 年代的福利危机促使慈善在八九十年代成为政府社会服务的一个提供者。1997 年工党政府上台后，慈善与政府的关系再次发生重要调整，政府将志愿组织纳入政策框架，给予其充分的发言权，与之相伴随的是志愿组织的发展深受政府政策影响，由此形成了政府引导型慈善发展模式。这一新模式的形成是英国慈善事业在新时期发展的一个转向和契机，是福利改革环境下慈善活动机制的又一次重要调整，也是英国力图摆脱福利发展困境、构建福利社会的一种方式。它也为其他国家慈善事业的发展和福利社会的构建提供了一种可借鉴的模式。

第一节　大众慈善的形成与发展

一、福利国家制度的建立

　　英国历史学家蒂特姆斯（Titmuss）曾说："战争在英国人中创造了一种前所未有的社会凝聚感，使他们愿意接受平等政策和国家集体行为的增多。"[1] 战争也激起了人们对政府的希望与要求，"人们希望自己为之奋斗的国家，能够在战争结束以后给自己带来新的生活，各种新闻媒体在鼓动

---

　　① HOLMAN B. Putting Families First: Prevention and Child Care: A Study of Prevention by Statutory and Voluntary Agencies [M]. London: Macmillan Education LTD, 1988: 28.

人们为国家和民族而战斗的同时，也表达了民众对政府的这种强烈愿望。1940 年 7 月 1 日的《时代》杂志就指出，'战后英国新的社会秩序不应该建立在保护特权阶级利益的基础上'"①。

英国政府在战后通过了一系列的立法，包括 1945 年的《家庭津贴法》（Family Allowances Act）、1946 年的《国民健康服务法》（the National Health Service Act）、1946 年的《国民保险法》（the National Insurance Act）和 1948 年的《国民补助法》（the National Assistance Act）等。国民救助制度的建立和社会服务体系的完善，结束了《济贫法》的历史，英国最终确立了涵盖社会保险、社会救助以及社会服务三大体系的现代福利国家制度，即一个国家对人们的生存状况承担责任，在就业、教育、医疗、住房等领域向社会承担的一整套制度化系统化政策的总称，它是一个国家现代化的重要标志。

20 世纪 50 年代至 70 年代中期，是英国福利制度日臻完善的阶段，政府的主要任务是建立健全福利国家制度，为每个公民提供生活的基本保障。概括来说，这一阶段的福利制度主要有三个特点：（1）它面向所有公民，是一种普遍的、全方位的社会保障制度，为人们在日常生活中遇到的一切风险提供保护。（2）这种福利是无条件的，享受福利是每个公民的基本权利，公民无须承担任何损失。（3）这种福利制度是一种消费型的福利模式，它通过为公民提供充足的收入来达到减少贫困并最终消灭贫困的目的，给国家带来了沉重的负担②。国家全面接管了社会救济任务，在社会事务中发挥着独一无二的主导作用。与此同时，社会也普遍认为充分的社会服务应该由国家来提供，完全的社会责任应该由政府来承担。

福利国家制度的建立是社会进步的一个重要表现。"社会福利的本质就是爱——人们如何去帮助那些遇到麻烦的人，让他们此后能够幸福地生活，这种观念激励着我们进入人类的服务领域，并为有一个更好的人类社会而工作。然而，爱的钱币的另一面却是黑暗，它就是权力——社会可以通过福利的这种权力被控制。"③ 福利不仅是人们享受的一种服务，也是政府控制社会的一种权力。社会控制的方式可以分为"硬""软"两种，暴力代表着"硬权力"，而社会福利则代表着"软权力"。政府通过救济穷

---

① 丁建定. 英国社会保障制度史 [M]. 北京：人民出版社，2015：293.
② 陈晓律，等. 英国发展的历史轨迹 [M]. 南京：南京大学出版社，2010：296.
③ DAY P J. A New History of Social Welfare [M]. New York：Pearson，1989：1.

人有效地加强了社会控制，解决了许多社会隐患和难题，显示了软权力的威力。当一个人享受某种福利时，他便会很自然地将福利的供应体制与自己的生存状态联系起来。当他进一步投资于某种纳捐福利时，他也就在不自觉地为这种制度投资。以养老金为例，人老是一个自然的过程，社会能控制住一个人的老年预期，也就在一定程度上控制了他中年甚至青年时代的行为。一个社会为其成员提供福利，就是为自身提供了一种稳定的力量①。

福利国家制度正是通过使人们在某种程度上参与到国家制度中来的方式，实现对人们的控制和管理，从而有效地发挥了硬权力所不具有的功效，使社会更加稳定。这种新制度的建立，也体现了政府社会管理的新方式，它改变了以往的放任自由式管理模式，国家成为社会的单一权力中心，政府是进行社会管理和提供相关服务的组织，各地方政府依据中央政府的授权，在所辖社区内履行政府职能，对中央政府负责，同时对地方的社会管理发挥指导和推动作用。福利制度成为政府保护自由、维持统治的重要手段。

福利国家制度的建立也必然对传统的社会救助力量——慈善的发展产生深远影响。以慈善组织为代表的社会组织，不再是社会责任的主要承担者，而是成为政府力量的有益补充，这不仅对慈善的发展提出了挑战，也为其发展提供了一个转型的契机。

二、慈善组织的调适

"福利国家的出现改变了民间志愿组织的社会地位。"② 在福利国家制度建立以前，慈善组织依据社会需求调整自身活动重点和行动策略，在为被社会政策所忽视的群体发出声音和提供帮助上保持着开创性的作用，在那些公共服务供给不足或者是不适当的领域发挥着重要作用。但福利国家的建立和发展，给慈善组织带来了严峻的身份危机，一方面是工党政府对传统慈善的敌意，另一方面是慈善组织执行的角色越来越与政府服务类似。慈善组织最初的工作逐渐被国家的法定服务取代，慈善的工作不再是开拓性的、独有的，其自身角色也从社会服务的开拓者转变成政府法定服务的辅助者，不仅处于社会和政府批判性的监督之下，甚至许多人对慈善

---

① 陈晓律. 社会福利与社会控制［Z］. 在中国世界近代史研究会 2009 年年会上的发言.
② 王绍光. 多元与统一：第三部门国际比较研究［M］. 杭州：浙江人民出版社，1999：127.

是否有必要继续存在产生了疑问。

慈善组织的作用和前途受到普遍的怀疑。尤其是工党政府，不仅认为其作用小，而且认为慈善组织是他们所极力反对的英国阶级体系的象征，是寡头政治和教会资产阶级思想的可恶的表达，不适合中央集权式的福利国家体系。对于最初构建新的国民健康服务（NHS）计划的奈林·贝文来说，慈善组织代表的只不过是各地方家长式作风的拼凑物①。工党政府认为慈善已经过时，福利国家的发展可以解决一切社会问题。慈善组织的地位大大下降，并没有实现贝弗里奇认为的它在某种程度上可以充当政府行动者的设想。

这里需要指出的是，工党通常被认为在 20 世纪的大部分时间里对慈善是充满敌意的，这是一种误解。尼古拉斯·迪金认为，慈善通常被看作是代表了基于阶级和保护世界的观点，并且是济贫的一种压抑和无效的方式，工党反对的是这种传统意义上的慈善，但支持那些根源于互助、自助和活跃的公民权的志愿行为，并且认为政府和志愿机构的合作对构建现代福利国家是至关重要的②。工党致力于追求阶级间的平等，传统的慈善更多地表现为一个阶级对另一个阶级的救助，双方的交流很少，这不利于工人阶级政治平等和经济平等的发展。福利国家恰恰可以使每个人都可以平等地得到国家的帮助，而且是作为公民的一种基本权利。因而，工党反对传统慈善，倡导那种基于互助自助基础的良好志愿行为，以使其有助于改善工人阶级的物质环境。

事实证明，慈善组织并没有退出社会领域，而是对自身进行重新定位，积极寻找在新社会条件下的发展和存在途径。慈善组织一方面不断开发新的服务，扩大自己的活动范围，另一方面在积极地寻找资源，促进自身的生存和发展。在此继续以 NSPCC 为例进行分析，以更连续地展现其变化，并可以与上一阶段的转型形成对比。NSPCC 在五六十年代的调整变化即体现了上述这种发展趋向。

福利国家的建立和发展使政府在儿童领域的角色不断增强。"内政部、健康和社会保障部以及威尔士部是英格兰和威尔士负责保护儿童和青年人

---

①　GLADSTONE D. British Social Welfare：Past，Present and Future ［M］. London：UCL Press，1995：219.

②　HILTON M，McKAY J. The Ages of Voluntarism：How We Got to the Big Society ［M］. New York：Oxford University Press，2011：69.

的中央政府部门。"①　其中，内政部负责儿童事务，健康和社会保障部负责地方的卫生和福利服务。1963 年和 1969 年政府又颁布了两个《儿童与青年法》。1965 年内政部要求系统地研究地方个人服务体系，这使英国在 1970 年通过《地方政府社会服务法》，形成了统一的社会服务制度。

　　虽然 NSPCC 一直鼓励国家在防止虐待儿童领域的参与和立法，但随着国家干预的日渐加深，NSPCC 最初的儿童服务工作逐渐被国家的法定服务取代。在防止虐待儿童领域中，NSPCC 从法律和服务的开拓者转变为在工作量、资源和责任等方面法定服务的辅助者。NSPCC 是否还有继续存在的价值？一些人开始对协会的发展前途表示担忧。然而，协会并不认为它的使命已经完成。协会仍具有自身的优势和价值，这是政府所无法取代的。

　　志愿组织的一个特点是其具有灵活性。NSPCC 的一个优势是它不受法令限制，拥有行动的自由。协会在皇家宪章的基础上活跃于防止对儿童的公私错误行为、执行儿童保护法律等行动中。而政府机构不可避免地受制于许多的法令、职责和部门界限等。儿童所牵涉的问题是庞杂的，且经常出现在介于两个或多个政府部门之间的领域中。NSPCC 的一个重要价值在于它可以在有关儿童问题的整个领域内自由地活动。

　　协会的存在还是道德发展的要求。防止虐待领域中的许多问题，是人们无法通过他们的代理人来解决的，也是无法单纯通过支付一定的税款让政府部门来处理就可以解决的。当人们忘记他们的个人责任、将一切都交给政府时，腐朽就会发生。志愿机构在为那些认为自己没有机会履行个人道德责任的人提供服务渠道上发挥了有益的作用。如果个人服务没有被给予发挥的机会，而国家又不能提供所有的服务，则会产生危险，个人责任感和紧迫感就会逐渐消失，社会会陷入死潭。一位儿童官员曾说，没有一项国家正在为其市民提供的服务不是由志愿机构率先想到并付诸实践的。没有志愿服务的现代社会将会是贫乏的和单调的。还有官员说，政府服务是石头，而志愿机构则是建造墙壁的灰浆，缺少任何一样，墙壁都无法站立起来②。

　　NSPCC 积极开拓新的角色，将自身定位为政府的专家指导者和信息

---

①　Children in Britain [R]. London：H. M. S. O.，1959：6.

②　ALLEN A，MORTON A. This Is Your Child：The Story of the National Society for the Pre-vention of Cruelty to Children [M]. London and New York：Routledge，1961：59-60.

提供者，在证据和咨询上为政府提供指引。"对许多英国人来说，NSPCC代表了儿童虐待问题的专家，是关于儿童虐待的本质、起因以及影响范围（发生率）等权威知识的来源。"① 协会开启了工作的新方向：一方面是提供建议，另一方面是根据社会发展的新需要开拓新的角色和活动领域，以使协会能够继续满足人们在福利制度下的新需求。

　　NSPCC 的建议是儿童福利部门官员工作的一个重要参考依据②。此外，NSPCC 检察员所处理案件的近 30% 是由前来咨询、寻求建议的人们引起的，而不是社会向协会举报的结果。很多人会就住房困难或者是婚礼困难，以及由青少年不正当行为所引起的一些家庭在金钱上的担忧和紧张等方面的问题，向协会寻求帮助。NSPCC 社会工作者的同情心和耐心有效地解决了这些不同社会领域的小问题。很多人不知道如何从那些可供使用的途径获得公共的和私人的资金帮助，NSPCC 的检察员则给这些人提供一定的建议帮助，使他们的需要得以满足。例如，协会的检察员通过找到资金使一个生病的妇女可以买到一个所需的用于治疗的束腰从而恢复健康。这看似微不足道，但是她的孩子却从她不断改善的健康和精神状况中受益。没有任何事情因为太小而不能引起检察员的兴趣③。

　　福利制度的建立使人们更加需要建议上的指引。现代化的发展、物质条件的进步、社区责任的扩大和医疗科学的进步，使相当多的人对摆在自己面前的那些打印表格和规章制度感到无助，并对那么多的政府机构和志愿机构感到困惑，尤其是对那些没有受过多少教育的人来说这些是难以克服的困难。他们害怕为了申请一项帮助而必须填写的那些表格，许多法律条款使他们感到迷惑。这些不幸的人需要一位有能力的朋友来帮助他们找到能够为之提供方便的部门或机构。NSPCC 恰恰提供了这种帮助，人们也逐渐习惯了向协会寻求帮助，这种帮助在一定程度上也弥补了政府工作的不足。

　　NSPCC 积极地围绕那些能够使协会聚集力量的新问题开展新活动，这些新活动包括妇女拜访者计划、受虐儿童综合征研究等。妇女拜访者计

---

① WISE S. Child Abuse：The NSPCC Version ［M］. Manchester：University of Manchester Press，1991：13.

② Cooperation with NSPCC 1937 - 1953，LCC/CH/D/11/003，London Metropolitan Archives.

③ ALLEN A，MORTON A. This Is Your Child：The Story of the National Society for the Prevention of Cruelty to Children ［M］. London and New York：Routledge，1961：135.

划第一次为妇女在协会工作中树立了明确的角色。这一方案的引入主要是由于战后对检察员工作的批评，它成为协会改变形象、变革自身的重要手段。妇女拜访者的工作内容是：（1）当检察员完成了在一个家庭的工作后，与这个家庭的孩子保持联系，做他们的朋友和指导者；（2）为父母经营家庭提供建议，以继续检察员开启的改善儿童家庭环境的工作；（3）配合检察员的各种工作①。尽管妇女拜访者计划的持续时间不长，却为协会的改变提供了催化剂。从 20 世纪 40 年代中期到 60 年代晚期，妇女拜访者的工作是协会工作的主要方面。到 60 年代结束之时，妇女像男性一样，可以被任命为检察员，协会不论是在形象还是在具体的实践上都发生了重要变化。妇女不仅是 NSPCC 重要的募捐者，还担任协会领导人员的助理，她们的情感和怜悯更是协会工作所需要的。这一方案的成功，改善了协会在地方当局工作者中的旧有形象，并得到了内政部和地方政府在资金等方面的普遍支持。到 60 年代，妇女拜访者被任命为"授权人士"，得到了以往只有检察员才拥有的法律权力。妇女拜访者的经验和在社会工作训练部中的影响也为协会带来了更为现代的案例工作方法。

　　对受虐儿童综合征的重视和研究表明了协会乐于接受新概念并将之看作是一种新发展。受虐儿童综合征思想的产生与协会对检察员训练标准的关注有关。尽管检察员在进入协会之前通常具有广泛的社会阅历，但是与地方当局的社会工作者相比，协会的检察员相对缺乏训练。1963 年的《儿童与青年法》第一次赋予了地方当局在儿童家庭内的预防性工作。NSPCC 被赋予的工作量将取决于其执行人员的训练素养和理解问题的能力。社会工作朝着更专业化的方向发展给协会的工作带来了新的要求，对作为专业者的检察员提出了更高的能力标准。协会开始重新考虑它的训练政策，并在总部任命了一位特别训练官。受虐儿童综合征在美国的发现恰恰与 NSPCC 需要新思想、新宣传手段的要求相符。协会首先在 1963 年的年度报告中提到受虐儿童综合征，并指出那些自控力很弱的父母在极端愤怒的状况下给孩子带来了巨大的伤害。1964 年，协会主任前往美国探讨这一现象。1965 年的年度报告则包括了美国之行所了解到的情况概要。这一综合征被认为是导致儿童死亡的主要起因。"NSPCC 紧跟对受虐儿童综合征的日益关注，1968 年，在它的朋友美国协会的鼓励和英国主导儿

---

① SHERRINGTON C A. The NSPCC in Transition 1884-1983：A Study of Organisational Survival [D]. London：LSE，1985：385.

科医师们的支持下，NSPCC 在伦敦建立了自己的研究部门，以创建一个关于受虐儿童综合征的信息机构并寻找治疗的方法。"①

妇女拜访者计划和受虐儿童综合征研究是协会寻找切实可行的现代工作方式的努力。尽管这两大思想起源于协会的外部，但是它们主要是对协会批评的回应，是协会力图重新恢复活力的尝试，也是协会在战后最重要的发展。妇女拜访者计划使协会重塑了形象，使之从以往一个惩罚性的机构转向一个具有现代社会工作观念的更具平等性的机构。受虐儿童综合征的发现则为协会开启了新的发展方向，使之更加强调研究和工作的专业化，符合了政府对新型志愿组织的要求和社会组织的发展趋势。

除 NSPCC 外，大部分慈善组织都适应新变化，进行了类似的调适，从而能够在福利新时期生存下来，并继续在社会中发挥着政府所不具有或不足的角色。与此同时，英国还在福利制度建立后出现了许多新的志愿慈善组织，民众的慈善参与程度更强，从而促进了大众慈善的形成与发展。

三、大众慈善的形成与发展

1. voluntary 的流行

福利制度的发展还促进了大众慈善的形成与发展。大众慈善，即慈善不再是一个阶级或团体的人们对另一个阶级或团体的人们提供服务，它突破了阶级局限，成为社会各阶层的一项共同、普遍的活动。我们可以看到，不仅在英国慈善委员会注册的慈善机构数量有大幅增长，从 1950 年的 56 000 个上升到 2010 年的 180 000 个②，而且在很多慈善机构中，工人阶级的男人女人和孩子与上层阶级的人一起参与到一项共同的事业中，这些机构的慈善接收者也并不都是社会的底层，也有乡绅、落魄的商人和曾经的管理者等。

大众慈善形成与发展的一个生动表现即是"voluntary"一词的流行。voluntary 通常被翻译成志愿。这一词语的使用约始于 17 世纪，在 19 世纪获得发展，并成为 20 世纪中叶以来英国慈善领域最常用的词语。其发展和应用要从 philanthropy 说起。志愿组织可以追溯到 17 世纪晚期戴

---

① NSPCC. At Risk: An Account of the Work of the Battered Child Research Department [R]. London: Routledge & Kegan Paul, 1976: 1.

② Thane P. The "Big Society" and the "Big State": Creative Tension or Crowding Out? The Ben Pimlott Memorial Lecture, 2011 [J]. Twentieth Century British History, 2012, 23 (3): 408-429.

维·欧文所谓的"联合慈善"（associated philanthropy）的兴起。"志愿组织与早前的慈善信托和捐赠在很多重要方面都不同。它不是由其名字可以永久与某项慈善事业联系起来的某个人单独创建，而是由一批联合起来支持某项慈善事业的富有慈善家创建。根据欧文的观点，联合慈善的兴起是与商业世界合股公司的发展并驾齐驱的。这种新形式的慈善（philanthropy）见证了大量新的志愿组织的发展。"① 其兴起与慈善的联合发展紧密相连，与组织化的进程相一致。在 19 世纪，"志愿"一词的性质取决于"支薪与否"。志愿工作者是指那些对一项事业给予无偿服务的人，而由这些志愿工作者组成的运转这项事业的团体则被称为志愿组织。志愿组织名称的获取主要来自它所依赖的那些工作者的特点②。

英国有为各种社会目的形成志愿组织的传统，通常一个人有某种热情，他就买一个两便士的笔记簿，在第一页上小心地将"记录簿"（Minute Book）印上，并在一个委员会的名义下将他的朋友召集起来，这样一个新的志愿机构就成立了。从这一简单的起步开始，它们逐渐发展成在全国范围内拥有分支机构的高度组织化的协会，并拥有大量的工作人员，以至于一些批评家谑称之为"第三个政府机构"③。社会学研究者费舍尔将 philanthropy 定义为"为了他人的利益志愿给予、志愿服务、志愿联合"④。可见，志愿组织起源于慈善活动，但是并不是所有的志愿机构都是慈善的。英国在 19 世纪出现了大量的政治俱乐部，其组织和行为通常被看作是志愿的而非慈善的。

"志愿"一词在 20 世纪的发展又与 charity 词义的变化有关。贝弗里奇通过对不同类型的人（包括来自民间和政府专门工作小组的人）的长期非正式采访，指出 20 世纪 40 年代英国人对慈善概念出现了两三种相对的理解。"来自政府专门小组大约一半的人认为慈善在严格意义上是指给予有组织的机构以金钱为主的帮助；大约十分之三的人（女性多于男性）认为慈善是给所有有需要的人提供帮助；还有五分之一的人认为慈善是宗教意义上的爱和仁慈。但是人们经常说他们对慈善不只有一种记忆图像。

① SMITH J，ROCHESTER C，HEDLEY R. An Introduction to the Voluntary Sector [M]. London and New York：Routledge，1995：12.

② BOURDILLON A F C. Voluntary Social Services：Their Place in the Modern State [M]. London：Methuen，1945：3.

③ 同②1.

④ LOHMANN R. The Commons：New Perspectives on Nonprofit Organizations and Voluntary Action [M]. New York：Jossey-Bass Publishers，1992：11.

'慈善有两层涵义。一个是兄弟之爱的代名词，另一个则承载着济贫院、募捐箱和救世军的画面'。在街头的抽样调查中，人们对慈善含义的记忆图像更为模糊。……很少人采纳慈善的圣经意义，但是各种各样的理解都被定义在慈善是'给予可能的美好事业以金钱'的范围内。可以明显看出的是，随机的抽样调查和专门小组一样认为慈善仅与救济金和食物的给予相连，而不包括个人服务。除了简单的不费力气地提供金钱，任何包括时间和劳动力的慷慨行为，都是'志愿帮助'（voluntary aid），而不是'慈善'（charity）。"① 贝弗里奇将志愿行为界定为"私人行为，即不是受行使国家权力的任何权威机构指导的活动"②。其范围包括个体公民在其家庭内外的一切活动。可以说，不同的人对慈善有不同的理解，这一曾经是指一切慷慨或仁慈行为的词，开始变得多元，人们在使用"慈善"（charity）的同时亦经常使用"志愿"（voluntary）一词来表示慈善行为。"志愿"一词逐渐被广为使用。

除了与慈善的联系，志愿也与互助紧密联系在一起。互助动机产生在英国多种市民组织中，它是指人们在追求一种生活或者是在满足住在同一城市的人的需求过程中获得自我满足的一种愿望。"整个 19 世纪，旨在提高社会福利的绝大多数组织都基于纯粹的慈善基础，社会服务由一个团体提供给另一个团体，双方没有重叠。上层阶级给予，下层阶级接收，贫富间的巨大差距使任何其他安排都不可能实现。"③ 然而，随着生活水平和教育水平的提高，英国在 19 世纪形成了基于互助的志愿组织传统，即许多组织是为了自助目的而诞生，如工会、友谊协会等。人们为了自身的利益发起运动、组织机构，而不是为了那些境况不同于他们的人。这些组织的福利只为其成员提供，而其成员加入的主要目的也是为了获得可能的物质帮助。所以志愿强调的是行为主体与客体间的相互受益。

进入 20 世纪，英国社会出现了慈善与自助和互助的交融。志愿组织在发展中融合了许多慈善的要素，而许多慈善组织也渗透着自助元素。例如，慈善医院最初的支持者是那些不可能成为医院病人的人，但是 20 世

---

① BEVERIDGE W，WELLS A F. The Evidence for Voluntary Action ［M］. London：George Allen and Unwin LTD，1949：56.

② BEVERIDGE W. Voluntary Action：A Report on Methods of Social Advance ［R］. London：George Allen and Unwin，1948：8.

③ BOURDILLON A F C. Voluntary Social Services：Their Place in the Modern State ［M］. London：Methuen，1945：5.

纪后这些医院越来越从那些医院服务潜在的消费者组织中获得支持。社会服务的消费者组成了具有贡献性质的组织，这种交融正是志愿组织的主要特点，更是与英国国家福利的发展密不可分。福利制度的建立使每个公民都获得了基本的生活保障。人们不仅不再需要接受慈善救济，而且根据社会出现的新需求组成了一些新型组织来提供新服务。正是由于政府对社会责任的承担，人们才得以更多关注自身多方面的需求，从而使自助互助型的社会组织在 20 世纪迅速发展起来。这些组织既不同于国家福利，也不同于传统的慈善组织，无论是 charity 还是 philanthropy 都已无法准确表达这种社会服务的变化，用新的词语来表达这种变化成为必需，voluntary 与慈善及互助的关系反映了时代的这种变化，因而其广泛使用成为必然趋势。

志愿组织与政府存在着千丝万缕的关系。一些志愿组织活跃于那些政府丝毫不关心的领域，一些组织从政府中得到大量的资金支持，一些组织转移了部分职能给政府，还有一些组织则承担了政府的部分责任。志愿组织与政府的界限在任何领域都变得很难界定，多样性成为志愿组织的一个明显特点。

与此同时，到 20 世纪中叶，志愿组织的含义也发生了重要的转变。许多活跃的志愿组织完全由受过良好训练、享有良好支薪的专业工作者组成。这些机构的"志愿"特点主要在于其诞生方式和管理方法，而不是根据它们所雇用的工作者类型。"一般说来志愿组织是指，不管其工作者是支薪还是不支薪，其成立和管理都由它们自己的成员来操作，不受外界控制。"① 虽然志愿组织可以代表政府机关承担工作，但它必须在承担何种工作以及如何做上有选择的自由，自主性是其本质特征。如今，随着越来越多的钱来自政府和欧盟资助，有学者认为"志愿"一词不再那么合适了，或许用非政府组织更合适，当然这一词也不再特指国外援助部门②。

志愿组织的发展与市民责任感是密不可分的。"市民自豪感是志愿行为发展的一个主要推动力。"③ 如前所述，英国社会形成了一种向上看的风气，下层模仿中层，中层追随上层。19 世纪中期后工人阶层兴起了自

---

① BOURDILLON A F C. Voluntary Social Services：Their Place in the Modern State ［M］. London：Methuen，1945：3.

② THANE P. The 'Big Society' and the 'Big State'：Creative Tension or Crowding Out? The Ben Pimlott Memorial Lecture，2011 ［J］. Twentieth Century British History，2012，23 (3)：408-429.

③ SMITH J, ROCHESTER C, HEDLEY R. An Introduction to the Voluntary Sector ［M］. London and New York：Routledge，1995：14.

助和自尊运动，即"希望通过勤奋、节俭、对知识的渴求与道德的改进，一步步进入社会的较高层次，以获得社会的承认和尊重。一句话，沿着中等阶级已经走过的路前进"①。已被证明的那些中等阶层行之有效的原则被下层接受。尤其是在二战期间和战后，福利经典理论家蒂特姆斯、贝弗里奇等详细论述了什么是公民，他们认为公民是具有政治和社会联系的一个群体，不仅参与政治生活享有政治权利，而且对社会和经济福利具有贡献②。这就更加激励了普通民众的责任感。于是，下层民众在享有公民权利的同时，亦学习中等阶层通过积极行善主动承担起社会责任。民众的互助慈善活动成为 20 世纪英国社会的一大特色。有意思的是，下层民众在慈善活动中亦将自己的价值观引入其中，慈善活动再次被工人阶层的文化所塑造。这一点在对 charity 理解的多元和 voluntary 的流行上有深刻体现，对 charity 理解的多元显示了人们对具有明确给予关系的传统慈善的扬弃，voluntary 的流行则很好地传达了工人阶层的互助理念及其与其他社会阶层的互动。正是这一互助理念使慈善成为所有社会阶层的一项经常活动，并使其能够在福利制度下得以继续发展和完善。

此外，在慈善领域还出现了非营利（non-profit）、非政府（non-government）、部门（sector）等词语，特别是"非营利"一词在国际上被广泛使用。这一词大约是 20 世纪中叶发明的。尽管人们对非营利组织的定义尚无一致的认可，但是对一系列独立的且相互联系的非营利性质的组织构成的部门或产业却有广泛认可。"非营利组织的目标是为其所有者提供营利以外的东西，其目标通常是提供服务"，它强调开展服务型的经济、使用非生产性劳动的方法，"或许可以被界定为富足社会剩余产品的合理使用"③。可见，非营利是一个经济性术语，强调收益的使用去向。社会又从非营利中衍生出了次一级分类，即非政府，因为非营利包括公共的（或政府的）行为和私人的（或非政府的）行为两大类。如今"部门"④

---

① 钱乘旦，陈晓律. 英国文化模式溯源 [M]. 上海：上海社会科学院出版社，2003：338.

② PEDERSON S. Gender, Welfare and Citizenship in Britain during the Great War [J]. The American Historical Review，1990，95（4）：983-1006.

③ LOHMANN R. The Commons：New Perspectives on Nonprofit Organizations and Voluntary Action [M]. New York：Jossey-Bass Publishers，1992：25，47.

④ EVERS A. The Third Sector in Europe [M]. Cheltenham：Edward Elgar，2004；ALCOCK P. A Strategic Unity：Defining the Third Sector in the UK [J]. Voluntary Sector Review，2010（1）：5-24. 上述两个文献分别对"部门"在欧洲各国概念的差异以及英国对第三部门的界定进行了研究。

一词出现的频率越来越高，如第三部门①、志愿部门等。在英国，政府和市场外的社会组织被统称为第三部门，因志愿组织在其中的重要地位故又常被称为志愿部门，它是指除公权部门和私人部门之外的民间性的、非营利的、具有公益性质的社会组织体，又后延伸到社区部门，因而在英国出现了一个典型的概念即志愿和社区部门。尽管关于部门的各种定义层出不穷，但其出现表明了它在当今社会中的重要性，政府希望用"部门"或"第三部门"这类词语"在非营利和志愿标签拥护者间寻求一种妥协"②，以期能够囊括所有的社会组织。这些意义相近的不同词语的出现和使用虽然给读者带来了许多困惑，但是它们都与 charity 有着密切的联系且一脉相承，这是新时代下慈善多元化发展的一个重要表现。

为了适应并引导慈善的多元发展，英国在 1960 年出台了《慈善法》，后经过多次修订，其中《2006 年慈善法》具有革命性的意义：首先它在第一部分第一条开创性地解释了 charity 的含义，"它是一个只为慈善目的而建且在慈善司法权上接受最高法院管理的机构"；随后在第二条界定了13 类慈善目的：济贫和防止贫困的发生；发展教育；促进宗教；促进健康和拯救生命；促进公民意识和社区发展；促进艺术、文化、历史遗产保护和科学；发展业余体育；促进人权、解决和调和冲突、促进不同宗教与种族之间的和谐、平等与多样性发展；促进环境的保护与改善；扶持需要帮助的青年人、老年人、病人、残疾人、穷人和其他弱势群体；促进动物福利；提高皇家武装部队、警察、消防、紧急救援、医疗救护的效率；其他符合相关法律规定的慈善事业③。新界定的 13 类慈善目的几乎囊括了人类社会所有的良好行为，慈善不再是某个阶层身份或地位的象征，而是各阶层的共同活动和福祉，是公民责任和道德的表现。《2006 年慈善法》无疑是新形势下慈善多元发展的反映，也必将进一步促进慈善的多元发展。

---

① 王绍光在其著作《多元与统一：第三部门国际比较研究》（浙江人民出版社，1999 年）中指出，目前国际上主要有以下三种方式定义第三部门：第一种是给出法律上的定义，第二种是依据组织的资金来源加以定义，第三种是依据组织的"结构与运作"定义。尽管关于第三部门的定义层出不穷，据说有 100 多种，但是第三部门本质上代表了志愿组织的发展，体现了它在当今社会的重要地位。

② LOHMANN R. The Commons: New Perspectives on Nonprofit Organizations and Voluntary Action [M]. New York: Jossey-Bass Publishers, 1992: 25, 47.

③ Charities Act 2006 [Z/OL]. [2017-05-05]. http: //www. legislation. gov. uk/ukpga/2006/50/contents.

慈善发展的多元，反映了各阶层的社会责任和价值取向逐渐在慈善活动中协调起来。所有公民在享有公民权利的同时，主动承担着自己的社会责任，在生活中积极行善。这既是大众慈善发展的表现，也预示着大众慈善正在成为福利时代慈善发展的主流和趋向。

2. 新社会运动

大众慈善活跃在社会的各个角落，从环境主义到消费主义，从国际援助到人权，在老年、性别、种族、宗教、儿童保护、精神健康等方面都发挥了重要作用，并在动员支持者、塑造讨论话语、影响政策结果上富有成效。大众慈善的其中一个重要表现即是英国在战后兴起的新社会运动。新社会运动，包括民权运动、妇女运动、同性恋权利运动、和平运动、环境运动等，"理论家如阿兰·图海纳（Alain Touraine），阿尔贝托·梅卢奇（Alberto Melucci），尤尔根·哈贝马斯（Jurgen Habermas）认为，新社会运动是'新'政治的代表：是在议会和传统政治机构之外运行的一种政治，是处理基于认同、文化和生活方式新抗争的一种政治"。"这种'新'政治不再是关于阶级，而是关注生活质量、平等、个人自我认知、参与以及人权。"[①]

战后英国出现的新社会运动是 20 世纪六七十年代英国志愿慈善行为的一个重要部分。这些新社会运动的组织从形式和功能来讲，具有慈善组织的典型特征。虽然每一个领域都有大量的不同组织，且每一个组织都有其特殊的存在目的，但它们都是建立在权利、道德和正义的基础之上，并形成了一些全国和国际性的机构，其出现与二战后英国社会形势的变化密切相关。

福利国家制度的建立使人们对自己作为公民的基本权利意识不断增强，加之，普选权的实现、大众传媒的发展和高等教育的扩展意味着越来越多的人能够更好地意识到社会和政治问题。此外，人们还享有更大的流动性、可供消费的收入以及空闲时间。随之，人们的政治参与意识不断增强，并希望通过影响政府政策的形式来改变社会现象、推动社会进步。新社会运动便油然而生。

新社会运动中要解决的不是大众的经济问题，而是关乎人们权利的社

---

① BERRIDGE V，MOLD A. Professionalisation，New Social Movements and Voluntary Action in the 1960s and 1970s［A］// HILTON M，McKAY J. The Ages of Voluntarism：How We Got to the Big Society［C］. New York：Oxford University Press，2011：115.

会问题。20 世纪 60 年代出现的许多租客团体（Tenant Groups），即是新社会运动的一个典型代表。租客团体的起源可以追溯到一战，那时在格拉斯哥和利兹的一些城市中，租客组织起来共同反抗剥削他们的房东。二战后，在那些房产过剩区和新城镇中出现了许多租客联合会。租客团体在 60 年代数量的增长和各种活动的开展，与福利国家的兴起和日增的消费者权利意识是密不可分的，是对多种多样的地方问题进行回应的结果。在 70 年代初以前，房租的增长是租客行动的主要原因。例如 1958 年，有五千人聚集到特拉法加广场反对《房租法》（Rent Act），并导致与警察的冲突。60 年代晚期的经济问题迫使地方当局提高房租，引发了一系列的罢工和市民行动。1969 年 11 月，工党政府迫于压力出台了新立法来限制房租的增长水平①。

这些租客团体不仅仅是为寻求社会正义、反对不合理的房租，而且也希望能够影响政府政策。于是，租客团体的行动还指向了提高自身权利和改善居住条件。为此，他们要求提高政治决策的公共参与。他们的政治参与在 1968 年和 1969 年的《城乡规划法》的规划进程中被认可。他们还参与了反对大伦敦发展计划的行动，希望能够在政府的战后重建和居住改良计划中有更大的发言权。一些租客团体逐渐成为地方政治进程中的一个正式的可以被接受的部分。到 20 世纪 70 年代，地方当局在社会发展参与体制②中也创新性地吸纳了一些租客团体的参与。租客在诸如房屋设计、住房管理、学校、商店、开放空间以及其他设施的规划等很多方面参与到城市管理中来。租客团体根据社会的变化和人们的需求，填补了政府角色的空白，同时也通过影响政府政策为自己在福利世界中构建了新角色。其出现和发展反映了志愿组织继续为社会发展提供有效平台的灵活性和稳固性。

健康类组织是新社会运动的另一个重要领域。将公共健康建立于科学基础之上、实行有效预防是公共健康关注的一个重点。成立于 1971 年的"吸烟与健康行动计划"（Action on Smoking and Health，ASH）是一个典型代表。

---

① SHAPELY P. Civil Society, Class and Locality: Tenant Group in Post-war Britain [A] // HILTON M, McKAY J. The Ages of Voluntarism: How We Got to the Big Society [C]. New York: Oxford University Press, 2011: 101-103.

② 社会发展参与体制是要发展参与式民主，通过创建为公民提供进入平台的论坛来架构地方政府和社区间的桥梁，也是开启政府和市民交流的一种方式。

关于流行病学危险因素的新科学成为 ASH 的主要宣传工具，在那些科学证据缺乏的地方，ASH 则求助于人权。除此之外，ASH 在实际活动中还与政府存在着特殊关系。ASH 并不主要是一个会员制组织，而且其资助越来越直接来自政府。到 1978 年，其收入的 90％来自卫生和社会事务部（DHSS）[①]。此外，ASH 还经常就相关问题与健康大臣进行交涉，有时候也与财政部官员进行洽谈以确保对烟草实行更严格的税收政策。ASH 作为一个新的社会组织，扎根于专业知识和政府的公共健康政治。自成立起，ASH 就是政府的一个外部组织，但与政府利益密切相连，成为 20 世纪 70 年代英国公共健康领域社会组织的一个范例和主导模式，激励了许多其他组织的成立，如在 70 年代末成立的心脏病预防团体（Coronary Prevention Group，CPG）。随着吸食毒品人口的增加，全国性的关于违法麻醉品的志愿组织也出现，如 1968 年 4 月 1 日毒品依赖研究所（the Institute for the Study of Drug Dependence，ISDD）成立。

ISDD 与 ASH 一样，都是接受法定资助的机构。所不同的是，ISDD 专注于收集政策信息，而 ASH 更专注于以更公开、激进的方式将科学应用于政策。这两个机构虽然都是政府外部机构，但是 ASH 利用它是一个新社会运动组织和 70 年代激进主义的形象，事实上它受到政府支持并在政府政策制定中发挥了重要作用，而 ISDD 通过政府资助实际上在某种程度上进入到毒品政策制定的中心。到 20 世纪 70 年代末，有迹象显示法定机构和志愿机构在纠正毒品问题上日益协调前进。新型的"混合"服务结合了政府和志愿机构的方法，在回应社会难题上，志愿组织越来越被看作至关重要的一部分。志愿组织和政府的合作在六七十年代不断发展，不过双方也都留下了很大的灵活性[②]。政府对外部力量的支持显示了它准备资助可供替代政府的力量，接受政府资助的志愿组织也被赋予了很大程度的独立性，它们可以相对独立地使用这些资助。

除了这些新型组织，到 20 世纪 60 年代人们生活不幸的一面也使英国在一些传统领域或政府福利不足的地方出现了许多新组织。例如，1966 年英国成立了"庇护所"（Shelter），来帮助那些无家可归的人，这并不是一个新问题，却长期被忽视和污名化。1965 年，梅根·杜·波亚

① BERRIDGE V, MOLD A. Professionalisation, New Social Movements and Voluntary Action in the 1960s and 1970s [A] // HILTON M, McKAY J. The Ages of Voluntarism: How We Got to the Big Society [C]. New York: Oxford University Press, 2011: 119.
② 同①132-133.

森（Megan du Boisson）发起成立了"无收入资格群体"（Disablement Income Group，DIG）。波亚森是一位已婚妇女并患有多发性硬化症，她发现无工资收入的已婚妇女没有资格享受疾病或伤残津贴。于是，1965年DIG在萨里郡的哥达明（Godalming，Surrey）成立。这是英国第一个泛伤残类压力集团，为在社会保障体系内引入全面的伤残补助而宣传。DIG的宣传运动非常成功，随着日益增多的支持，伤残补助状况逐渐得到改善。

儿童贫困问题是慈善长久关注的另一个问题。1960年，布莱恩·亚伯-史密斯（Brian Abel-Smith）和彼得·汤森（Peter Townsend）的调查研究显示，英国有740万人生活在贫困中，包括300万退休人员和225万儿童——其中41%都生活在有一个全职工作者的家庭中。"布莱恩·亚伯-史密斯和彼得·汤森在研究中将贫穷界定为其收入在国家救助委员会（NAB）自1948年成立以来支付的基本津贴率的140%或低于140%。"这区别于布思和朗特里的著名调查，即将贫穷等同于包括食物、栖身之地和衣服等基本必需品资源的严重不足。汤森认为在现代社会，人们特别是儿童，生活在收入仅仅能够满足生存的水平，但是低于普遍的标准，这使得他们由于不健康和被排除在大部分人认为的正常生活外，从而在教育和工作机会中处于劣势①。1965年，亚伯-史密斯将他和汤森关于贫穷的最新研究发现呈现于汤因比馆会议上。该会议决议任命一位工作人员公布这些发现并通过使新闻界警醒这种方式来纠正对穷人的错误认识。这个团体在10月正式命名为"儿童贫困行动组织"（The Child Poverty Action Group，CPAG）。

CPAG作为英国的一个儿童慈善机构，是对英国贫困程度日益担忧的回应。1966年初，CPAG仅有13位签约员工，该年底达到450人，到1968年4月已达1200人。CPAG的主要工作是宣传被忽视的贫穷问题，并通过游说中央政府和媒体传播来给政府施加压力，从而为处于贫穷中的个体家庭提供支持，促进他们的共同利益。60年代，CPAG的一个关注点是给政府施压以提高普遍的家庭津贴。CPAG在民众中的影响力不断增长，很快它收到了来自个人申请救济金的咨询信件，还有许多被政府不公正地拒绝的申请咨询。于是在1969年，CPAG设立了一位兼职法务专员，

①　THANE P，DAVIDSON R. The Child Poverty Action Group 1965 to 2015 ［R］. London：CPAG，2016：7.

为人们提供法律援助。为促进这一法律工作，CPAG 还在 1970 年初成立了公民权利办公室（Citizens' Rights Office，CRO）。CRO 通过告知人们他们的福利权利并支持他们的申请的方式为 CPAG 的宣传活动提供了证据和案例，从而极大支持了 CPAG 的工作。它还向社会保障法律和管理中的不公正发起挑战，并开创性地为社会工作者和其他人开设了福利权利课程。CRO 很快在全国范围内享誉盛名并受到尊重。

随着 CPAG 的发展壮大，在各地建立分支机构的需要不断增强。1967 年，CPAG 在利物浦成立了它的第一个分支机构，随后曼彻斯特也在同年成立了分支机构。1968 年，CPAG 的分支机构已经遍布伯明翰、牛津、谢菲尔德、卡姆登、赫尔、约克、斯旺西、阿伯丁等地，还有更多的机构正在筹划中。机构员工包括社会工作者、教师和学术研究者等。中央组织聚焦于改善儿童救济金，各分支机构则根据地方需要和对不同活动的兴趣决定自己的活动，虽然各机构活动很不同，但它们的工作主要集中于提供福利权利建议，并在公共区域设立福利权利服务点。各分支机构通过当地报纸和广播宣传了其政策和服务，它们还在与地方大学法律系合作帮助那些救济金申请者的过程中，吸引了许多学生加入到福利权利工作中，并提高了大学生们对贫穷程度和性质的理解。CPAG 激励了地方当局任命福利权利顾问，第一位即是牛津郡的托尼·莱恩斯（Tony Lynes）。1975 年，CPAG 还在将各地福利权利服务联合成全国福利权利办公室（National Welfare Rights Officers' Group）中发挥了重要作用①。

CPAG 积极与其他慈善组织进行合作，它还明确指出贫穷是一个政治问题，与政府和政党保持密切关系。CPAG 在 70 年代游说所有政党中有影响力的人物，取得了跨政党的支持和尊重。从 1970 年开始，在所有政党会议中，CPAG 经常性地组织分组会议。CPAG 尽管是一个慈善组织，但是与政府的互动在不断增多，是政府外部一个明显的压力集团。

综上，战后福利主义、消费主义、个体权利意识、大众传媒的兴起，国内与国际的联合，以及城市管理机构的改变，意味着慈善组织必须适应新环境的变化。大众慈善的发展即是慈善组织适应历史变迁的表现，是其灵活性的体现。以 NSPCC 为代表的传统慈善组织在新情况下，积极开拓自身的新角色；以新社会运动为代表，英国还诞生了大量满足人们新需求

---

① THANE P，DAVIDSON R. The Child Poverty Action Group 1965 to 2015 ［R］. London：CPAG，2016：14-15.

的新型志愿组织，它们以科学和人权为手段，来争取权利、道德和正义，挑战了传统的政治和经济秩序。新组织并不局限于新需求，在贫穷、儿童等传统领域，英国仍旧涌现出了一批新的慈善组织，它们依据客观环境的变化，重新界定贫困、重新调整与政府的关系，并重新定位自身的目标。可以说，慈善团体的发展是根据社会、经济和政治环境的变化，对关乎人们的广泛问题进行回应。可以明确的是，政府福利的发展并无法取代慈善的重要性，政府需要慈善组织的知识和专业技能，而慈善组织也需要政府的资金资助和政策支持，不过这时期的志愿慈善组织主要活跃在政府外部，专注于提供新服务。随着 70 年代后英国社会状况的改变，慈善再次遇到了新的发展困境和机遇。

第二节　慈善的困境与发展机遇

一、福利困境下的反思

福利国家制度的建立在很大程度上对社会财富进行了重新分配，改善了社会的贫富两极分化和收入不均的情况。社会上层占社会总财富的比例由 1911—1913 年的 92％下降到 1960 年的 83％[①]。然而，福利国家在经历了五六十年代的快速发展后，进入 70 年代，英国经济增长不仅放慢，而且有的年份出现负增长。失业问题，特别是青年人的失业问题长期无法解决。英国的财政状况急剧恶化。1962 年，英国对外直接投资超过外国对英国直接投资 27.40 亿英镑，1977 年则超过 53 亿英镑[②]。入超现象严重，政府不得不大量举借外债来应付国际收支不平衡问题。庞大的福利开支成为政府沉重的财政负担。人们在要求增加社会福利的同时，却不愿增加各种福利项目的缴税，于是政府不得不承担新增各种福利项目的开支。福利国家制度还导致经济上的低效率，英国经济逐渐丧失活力，资本和人才大量外流，极大降低了生产效率，危及了支撑福利大厦的经济基础。整个 70 年代经济停滞不前，失业率居高不下，通货膨胀速度加快，国家收支

① WEDDERBURN P. Facts and Theories of the Welfare State [J]. Socialist Register, 1965，2 (2).

② 罗志如，厉以宁. 二十世纪的英国经济："英国病"研究 [M]. 北京：人民出版社，1982：60.

不平衡加剧。英国迫切需要改革福利国家体制，减轻政府财政负担，重新为经济发展提供动力①。

社会开始了对福利国家制度的重新思考，一股新的社会思潮悄然兴起。新右派思潮是战后反对国家干预、强调市场机制的各种学说的总称，它在经济上主张重新发挥市场机制的重要作用，促进市场竞争，在政治上反对国家对社会经济的干预，但是为了维护市场经济的顺利发展，必须保留国家权威，对市场机制进行调解。其宗旨是重新界定国家与市场的关系，减少政府职能，充分利用市场和社会的力量。"新右派希望通过减少政府在福利供给和支出中的作用来增加个人的地位，并借助市场之手来分配福利资源。他们试图通过控制公共福利支出、在多元福利经济的框架下将责任转移到非国有部门等方法来实现这些目标。"② 新右派的国家理论认为，个人是自身利益的最好评判者，个人应该通过合理选择来实现自己的目的，市场力量应该最大化，国家作用应该最小化③。

新右派以 F. A. 哈耶克和米尔顿·弗里德曼为代表。以个人主义、自由市场和有限的国家为核心的自由主义，是哈耶克思想的基本内容。他认为，建立完善的社会保障制度是必要的，但是政府只要建立有限的社会保障即可，即确保每个人基本的生计需要得以维持、避免严重的匮乏，而战后建立的基于公民权利的绝对的社会保障对个人责任的发展带来了极为不利的影响，只有通过发挥市场作用、强调个人责任才能使福利国家达到一种理想的状态。弗里德曼则提出了货币主义的经济理论。这一理论认为，货币供应量是引起物价水平和经济活动变动的根本性原因，30 年代的经济大危机和 70 年代的物价迅猛上涨，都是货币供应量不适当的变动所致。凯恩斯主义使国家干预过多，扰乱了市场机制，导致通货膨胀。所以，必须减少政府干预，限制福利开支，降低税收，控制货币供应量，实现经济政策自由化。

这些思想和理论对当时的保守党和撒切尔本人都产生了深远影响。除了 1974 年 3 月至 1979 年 5 月工党的短暂执政外，从 1970—1997 年英国一直是保守党的天下。保守党将反集体主义、倡导个人主义的思想融入到

---

① 周真真. 试论布莱尔时期英国第二代福利制度的构建 [J]. 杭州师范大学学报，2012 (2).

② 闵凡祥. 国家与社会：英国社会福利观念的变迁与撒切尔政府社会福利改革研究 [M]. 重庆：重庆出版社，2009：200.

③ 彭澎. 政府角色论 [M]. 北京：中国社会科学出版社，2000：10.

传统保守主义的政治哲学中，形成了新保守主义，以此作为获取民众支持的基础。保守党人积极地主张社会变革、反对国家过多的干预，以挽救经济。撒切尔夫人及其支持者深信货币主义理论，把严重的通货膨胀当作英国振兴道路上的头号敌人。撒切尔认为"工作不仅仅是为了生活，工作是一种义务"①。英国的衰退不仅表现在物质上，而且表现在精神上。"维多利亚时代的价值观'是我们的国家变得伟大时的价值观'。"② 因而她倡导提供公平的竞争机会，使个人做到"负责"，只有个人成为负责的个体，社会才能顺利发展，而市场可以保障个人价值最大限度的实现。这种价值观也影响到了她的改革。

1979 年撒切尔上台后，进行了大刀阔斧的改革，试图摆脱经济滞胀和福利的沉重负担。撒切尔夫人执政时期所实施的、以整治经济为核心的一系列方针政策，被概括为撒切尔主义，它以提倡自由竞争、减少政府干预、控制货币发行量和回归家庭美德为特征，可以概括为"法律管制下的自由"③。撒切尔政府的工作中心就是要扭转英国经济发展的颓势，重新使经济恢复活力，因此创造一种适合经济发展的社会环境和发展趋势成为必不可少的一步。在社会福利领域，撒切尔不仅限制国家作用，引入市场机制，允许私人向福利项目投资，而且充分利用社会的力量提供公共服务。其核心策略是福利的市场化。因而改革必须遵循三个基本原则："社会福利制度必须能满足真正的需要；必须与政府的'一切为了经济'的目标相一致；必须简单明了，易于管理。"④ 撒切尔打开了英国福利制度改革的缺口，打破了战后福利制度一成不变的发展模式。

在福利制度下，地方政府承担了全方位的社会责任。保守党政府首先进行了地方政府职能转变的改革，将地方政府的职责转向有着特定目标的机构和组织，其活动范围由中央政府指定，在财政上依靠中央政府的拨款。为此，中央政府设立了 135 个"执行代理"机构，承担了地方政府中 76％的执行性工作。这些代理机构采取了类似私人企业的管理办法，集中决策和分散执行。

---

① 特里西娅·默里. 玛格丽特·撒切尔 [M]. 北京：新华出版社，1979：225.
② 彼得·詹金斯. 撒切尔夫人的革命 [M]. 北京：新华出版社，1990：55.
③ 王振华，申义怀. 撒切尔主义：80 年代英国内外政策 [M]. 北京：中国社会科学出版社，1992：3.
④ 闵凡祥. 国家与社会：英国社会福利观念的变迁与撒切尔政府社会福利改革研究 [M]. 重庆：重庆出版社，2009：243-244.

在撒切尔政府改革中，值得注意的一个问题是"地方治理"① 理念的诞生。公共支出的持续膨胀、全球化步伐的加快以及公众诉求的增强，三者相互联系，促使了"治理"概念的出现。治理概念是政府改革和创新的重要内容，其基本要义是在社会管理中引入多中心主体，把政府从包揽一切社会事务的重负中解脱出来，提高社会整体管理水平和质量②。将"治理"用于地方层面则形成"地方治理"。地方治理强调以分权化为主导的地方权力和自主管理能力，倡导不同层级政府之间、地方政府与私企之间、政府组织与公民社会之间广泛的合作与伙伴关系。传统的地方政府概念已经难以描述或解释这一新的地方体制，西方学者遂以地方治理的概念加以补充，并将该演变过程称为"从地方政府到地方治理"③。

地方治理的理念重新界定了地方政府与社会的关系，也就是地方政府将不再是地方事务的唯一主导者，而是更多地要考虑多元社会主体。在相关事务决定中，决定主体不再仅限于中央与地方政府之间，而是一个涵盖了政府以外的公私组织和志愿性团体等的复杂的合作网络。地方治理没有统一不变的范式。撒切尔政府最初过于强调竞争的市场化改革，随着其效果的有限和两极分化的加剧招致越来越多的批评，于是 80 年代中期以后地方治理作为一种创新思维获得了越来越多的支持，并最终演变成英国政府谋求变革的一种制度设计和实践行动④。

20 世纪 80 年代后英国地方政府治理变革的核心理念是：突破传统的代议制民主的局限和束缚，授权于地方政府，授权于民，强调政策制定过程中的对话与协商，激发公众直接参与地方公共事务治理的积极性和主动性、建立参与型的、民主的治理模式。在实践中，英国政府首先对地方政

---

① 20 世纪 80 年代以来，西方学术界兴起了治理理论研究的热潮。不同学术背景的学者如哈贝马斯、罗尔斯、吉登斯、米勒等孜孜埋首于探索这种新的理论转向。德国、法国、瑞典、加拿大、美国、英国等西方发达国家都对地方政府的管理进行了一系列的革新，寻求依靠地方治理应对各种挑战。

② 孙晓莉. 西方国家政府社会治理的理念及其启示 [J]. 社会科学研究，2005 (2).

③ 陈潭，肖建华. 地方治理研究：西方经验与本土路径 [J]. 中南大学学报（社会科学版），2010 (1).

④ 地方治理的思想和实践开启于英国，随后向欧洲大陆国家（法国、德国、西班牙等）、北美洲国家（美国、加拿大）和大洋洲国家（澳大利亚、新西兰）扩展，逐渐成为 20 世纪 80 年代以后发达国家政治与行政改革的一个重要方向。90 年代中期以后，在联合国、世界银行、OECD、亚洲发展银行等国际组织的推动下，作为一种改善国家政治与行政管理状况的手段，地方治理的理念及其实践经验逐渐被输入到亚洲、非洲、中南美洲等一些发展中国家。

府治理结构进行大刀阔斧的改革，根本上改变了传统地方政府的角色和职能。撒切尔遵循"缩小政府边界、限制政府权力"的思路开始重新调整政府、市场与社会的边界。其次，减少政府开支，尤其是大规模削减政府公共福利开支。1980 年，英国政府宣布，无论长期性还是短期性津贴只能和物价挂钩，不能和工资挂钩，以此确保社会保障开支的增加速度不超过工资的增长速度。1982 年，英国政府把所有与收入有关的补助取消，如取消对病人、孕妇、残疾人及失业人员的附加补助。在失业津贴方面，1984 年采取延迟两周支付的办法，大约节省了 800 万英镑；在未成年人福利方面，则延期 4 周支付；以前规定养老金按照通货膨胀率和工资增长率调整，以高者为准，1982 年，政府规定养老金的每年调整只与通货膨胀挂钩。再次，实行决策与执行相分离的执行机构改革。1988 年，在首相撒切尔夫人的支持下，罗宾爵士推出了《改善政府管理——下一节计划》报告，建议分解政府各部门，设立不同种类的执行机构，政府传统的职能由不同种类的"非政府公共部门"机构分担，特别是履行提供公共服务的职能，以实现政府的具体政策目标①。这体现在撒切尔政府削减公共部门的基本职能（仅将医疗保健和教育保留在其职责范围内），对一些社会保障项目实行私有化，将其分解给无数个半自治机构，社会保险和社会救助的大部分行政管理职能都移交给了"救济代理中心"（the Benefits Agency），其模式是将政策制定从执行和操作层分离出来。例如，住房的私有化政策不仅降低了政府的财政支出，并使住房福利领域的市场因素大大增加，进而削弱了地方政府对福利住房的垄断权。

　　改革还引入民营组织，强调个人自主安排生活及为家庭承担责任的观念。地方当局在法律上被要求必须以招标的方式选择服务和工程，公共部门的补贴被大幅度削减。改革为公共部门增添了管理、竞争、"消费者取向"的成分。这导致了地方当局从服务提供者向授权者的角色转变，同时把市场或准市场引入社会服务领域。"地方当局有明确的责任去通过使用非营利部门的服务以及营利部门来开发一个社会服务市场，这里代表了一个节约成本的服务选择。""白皮书（1989 年政府白皮书《关心人民》）为地方当局详细描述了建立完全混合的照顾经济的途径：为投标与合同所规定的明晰的服务规格和安排，开发外部供应者市场；将地方当局的内部服

---

① 宋雄伟. 英国地方政府治理：中央集权主义的分析视角［J］. 北京行政学院学报，2013（5）.

务作为自我管理的单位而使其'外流'。"① 为此，政府引入了强制性竞标制度（CCT），将市场机制引入到地方公共服务供给中，地方政府需要与其他私有机构和社会组织共同竞标来提供诸如垃圾收集、街道清扫、福利提供、交通工具维护、运动和娱乐设施维护等地方公共服务。

此外，撒切尔政府还强化了 20 世纪 60 年代以来逐步增强的专业化。这种不断增强的专业化和部门主义化也助长地方政府和行政沿着专门政策、部门和专业化的路径碎片式地向前发展②。正如罗德斯（Rhodes）的研究发现，80 年代以后，英国逐渐实现了国家空洞化（hollowing out of the state），对"民营化"的持续坚持减少了公务员数量、缩小了政府规模，政府的公共服务被分割到了各机构并被外包③。但是这种"执行代理"权力一下子放得太宽，增加了机构之间相互协调的困难。

撒切尔地方主义治理改革的主要特征是以服务的市场化来实现去国家化的目标，通过财政、税收等政策削减地方政府财权，改革地方政府层级结构，从而精简地方政府机构。同时，改变以往福利制度的普遍性原则，代之以选择原则，力图通过市场提高福利供应的效率。

二、慈善组织的发展困境

在福利国家制度面临困境的情况下，慈善组织同样面临着巨大的发展困境。慈善组织虽然一直活跃在社会服务领域，但它本身具有明显的缺陷：（1）慈善资金来源容易受经济波动影响，从而导致慈善供给经常不足；（2）慈善组织的服务对象往往是社会中的特殊人群，如残疾人、儿童、外来移民等，因此存在着慈善特殊性问题；（3）控制慈善资源的人往往根据自己的偏好来提供慈善服务，容易造成慈善工作方面的家长式作风；（4）非营利组织往往受到资金来源不足的限制，使用大量的业余志愿者来提供慈善服务，从而导致慈善工作业余化的问题④。其中资金来源不稳问题带来的隐患较多。大部分慈善组织都面临资源不足的困境，特别是那些资金不主要来自政府的机构；与此同时，政府政策的变动对慈善组织

① 沃尔曼. 比较英德公共部门改革：主要传统与现代化的趋势 [M]. 北京：北京大学出版社，2004：260.

② 同①102.

③ 张康之. 网络治理理论及其实践 [J]. 新视野，2010（6）.

④ 詹少青，胡介埙. 西方政府—非营利组织关系理论综述 [J]. 外国经济与管理，2005（9）.

的影响也愈益深远。这些仅从 CPAG 以及 NSPCC 等机构中便可窥见。

CPAG 的资金来源,主要有捐赠、会费、出版物收入以及来自基金会(如朗特里)的资助,此外还有来自 CRO 开设的福利权利课程的收费。其资金来源并不稳定。更为严峻的是,由于 70 年代持续增长的高失业率,贫穷问题仍在继续且有扩大之势,加之 1973 年石油危机带来的价格上涨,CPAG 几乎被要求帮助的呼吁压垮。随着失业人数的增加,CRO 需要帮助更多的失业人员申请福利,同时它还独自为那些反对基于经济情况调查的救济申请提供免费的法律援助。而七八十年代出现的新情况使 CPAG 的活动范围更广,进一步加剧了其财务负担。CPAG 敏锐看到,除失业外,日益增长的单亲父母人数是导致贫穷家庭人数不断上升的另一个重要原因。CPAG 开始关注单亲家庭问题,要求增加富人的税收,提高低收入家庭的收入。儿童贫穷问题也在这种情况下随之加剧。CPAG 在 70 年代与其他团体共同致力于儿童补助金的宣传活动。卡拉汉政府迫于压力,宣布从 1977 年开始分阶段引入儿童补助金,到 1979 年英国实现了每个儿童每周 4 英镑的补助水平。

80 年代,CPAG 的重要任务是保护并维持已经取得的成果。然而 CPAG 的工作深受政府政策的影响。80 年代保守党政府大幅缩减福利。补助金申请者的请愿权利也日益受到限制,加之日益严重的失业、通货膨胀、单亲家庭、债务等问题使情况变得更为糟糕。1985 年,CPAG 发起了"保卫儿童补助金"的活动。它反对将家庭补助金主要给父亲的做法,后来政府将家庭补助金支付给"照顾主要承担者"。CPAG 和另外 14 个组织,包括地方政府组织和有关老年人及残疾人的慈善组织,组成了社会保障联盟(Social Security Consortium),更广泛地反对保守党政府的削减立法,受到了来自工党和工会的支持①。CPAG 还关注黑人和少数民族经受的贫穷和歧视,继续了在 70 年代开启的向无法支付燃料账单的常规不足开战的运动。到八九十年代,它又走向关注日益严重的对单身母亲的诋毁、帮助越来越多的人处理债务问题。

CPAG 还需要持续地应对来自政客和媒体的攻击以及周期性批评,因为他们认为国家已经消除了严重贫穷问题,CPAG 夸大了英国贫穷的程度,并质疑 CPAG 相对贫穷的概念。CPAG 积极与这些消极观念做斗争。

① THANE P,DAVIDSON R. The Child Poverty Action Group 1965 to 2015 [R]. London:CPAG,2016:25.

维护和界定相对贫穷的概念是 CPAG 的一个持续任务。对此，CPAG 采用官方数据，将贫穷界定为收入低于平均收入的 60%。运用这一衡量方法，儿童贫困率在 1979 年到 1990 年翻倍，从 15% 上升到 30%。1983 年，CPAG 建立了一个记者工作组来展现更积极的形象。CPAG 还尝试了一些公共教育项目，例如在《泰晤士报》上刊登题为"儿童没有表决权"（Children Don't Have a Vote）的广告，力求说服政客和媒体更多地去了解儿童贫穷问题，但收效甚微。1984—1985 年，CPAG 开启了一项展览"超越穷人的肖像"（Beyond Poor Images），在各郡展示海报描述现代英国的贫穷和不平等。1989 年，CPAG 明确提出了自己的发展战略：向群众宣传贫穷和不平等的程度，为改变降低贫穷和减少不平等的政策而开展运动，为最广泛的群体尽可能地确保福利权利①。

　　CPAG 的活动一方面受制于资金和人员的缺乏，另一方面福利政策的大幅调整使 CPAG 必须应对许多新问题，不仅加剧了其财务负担，而且加剧了分支机构与中央办公室的紧张关系，使双方在行动策略上难以有效协调。此外，CPAG 在与其他组织合作的同时，也感受到来自分支机构的竞争。对此，CPAG 在 90 年代进行了员工的重组，创设了清晰的管理结构代替了此前单一、没有等级的体制，希望以此更好地应对挑战，但资金不足仍极大困扰其发展。

　　NSPCC 同样面临与 CPAG 类似的困境，尤其是深受资金不足的困扰。围绕社会出现的新问题，NSPCC 的工作范围不断扩大，虽然协会的收入在五六十年代平稳增长，但是花费的增多导致收入与花费之间的差距不断增大。花费增多的很大一部分原因是与职业化发展要求相伴随的培训费用的猛增。60 年代后，协会的工作方法发生了很大变化，对专业工作者的需求大大增加。"所有协会的个案工作者在承担他们的工作之前都需要接受一段时间的集中培训，而可能的工作机会也只提供给那些接受过进一步培训和专业化学习的人。"② 如表 4－1 所示，从 1964 年开始，尽管协会处理的案件数和所涉及的儿童数量在持续减少，但是所支出的费用却在持续增加，而收入增加的速度远远落后于支出的增长速度，从而使协会承担的负债额越来越高，压力也随之越来越大。此外，福利国家制度的发展使政

---

① THANE P，DAVIDSON R. The Child Poverty Action Group 1965 to 2015 ［R］. London：CPAG，2016：27.

② 1969 Annual Report of the NSPCC ［R］. London，1970：4.

府专注于社会保障制度的完善，政府并没有给予志愿组织政策上的支持和帮助。在 1968 年以前，NSPCC 的收入主要来自捐赠、募集、红利和不动产收益等，并没有来自政府的资金援助。

表 4 - 1   1963—1968 年 NSPCC 年度报告

年份	处理案件数（例）	涉及儿童数（人次）	总支出（英镑）	总收入（英镑）	资产负债额（英镑）
1963	41 415	120 821	762 016	586 250	175 766
1964	39 223	114 641	871 736	601 775	269 961
1965	36 929	106 475	870 108	628 699	241 409
1966	32 198	92 993	919 211	673 049	246 162
1967	30 693	88 745	988 496	695 878	292 618
1968	28 391	81 610	1 070 710	767 656	303 054

资料来源：作者据 1957—1968 年 NSPCC 年度报告整理汇总而成。

从 1969 年开始，NSPCC 开始接受地方政府的资金援助，但是数量非常有限。1969 年，协会从地方政府获得了 22 073 英镑的现金资助（该年协会的总收入为 644 871 英镑)[1]。1970 年，协会从地方政府获得的现金资助是 29 857 英镑（该年协会的总收入为 841 535 英镑）。正如协会所言："NSPCC 并不是一个国家资助的机构。协会从所有地方政府寻求资金，但是这些资金的总量还不足协会维持运转一个星期的费用。协会只是积极探索并回应与中央和地方政府的合作。"[2] 总体而言，1969—1978 年间，协会从地方政府获取的资金介于 2 万到 4 万英镑之间。到 1978 年，这部分来自地方政府的资金收入占其总收入的比例约是 1%[3]。

然而到 20 世纪 70 年代，NSPCC 是遭受通货膨胀严重打击的机构之一，其捐赠和投资价值大大降低，工资、专业培训、汽油、电话、邮资等费用却在持续上涨。同时，随着职业化要求的提高，为了吸引资助和求助者，协会必须展示其专业技能，改善工资状况，与全国社会工作标准和工作条件持平。从 1972 年起，协会开始根据由地方政府、管理机构、专业机构以及技术和文书服务机构组成的全国联合委员会谈判的价格支付工资。这使协会的年度花费从 1972 年 4 月 1 日实行以来增加了大约 135 000

---

① 1969 Annual Report of the NSPCC [R]. London, 1970.

② 1970 Annual Report of the NSPCC [R]. London, 1971：8.

③ 1978 Annual Report NSPCC [R]. London，1979：i.

英镑①。员工工资的提高，给协会在招收合格的社会工作者上带来了巨大压力，也极大加剧了协会的财务问题。1975 年，协会检察员的数量由 260 人缩减到 220 人。NSPCC 是当时出现在 NCSS 财务困难名单上的 25 个志愿机构之一②。财务压力使 NSPCC 被迫进行资源重组，以确保人力的最佳利用。缩减后的 220 位检察员，其工作地点将根据地理、通信、人口密度和需要处理的案件数量进行划分。到 1977 年，协会被迫宣布它已进入全面赤字状态，其全部收入加上遗产捐赠以及来自中央和地方政府的专项资助都不足以满足协会工作的花费。之所以发生此种状况，是因为零售价格的指数上升了 15.6%，协会的花费因为不断上升的成本加上希望尽快将检察员的数量提高到 235 位这个最小基本数字而上升得更快，赤字达到了 19.4%③。

　　政府资助成为 NSPCC 摆脱困境的一个必然选择。从 1971 年开始，协会开始从政府不同部门获得一些用于特殊目的的专项资金。1975 年，一项 60 000 英镑的紧急资助拨到 NSPCC，作为一次性赞助以帮助协会克服当下的困难。1975 年，政府还授予了 NSPCC 一笔三年 127 000 英镑的拨款，以帮助 NSPCC 建立三个受虐婴儿小组并支付研究人员的工资。这些专项资金的数额不等，1971 年仅为 17 162 英镑，1972 年为 42 483 英镑④，1978 年则为 498 606 英镑。那些全部或部分由中央或地方政府资助的协会工作得到的拨款上升到超过协会总收入的 20%⑤。毫无疑问，政府的资金支持对协会的发展显得必不可少。对此，政府代表经常和 NSPCC 共同开会讨论协会的问题、调查其财务状况。

　　政府对 NSPCC 的资助主要是采取现金的方式，用于缓解协会的财务压力，不过相对于协会的花费，这部分现金的数额并不多，尤其是专项资金具有不稳定性，因而它没能够改变协会资金缺乏的困境。以 NSPCC 为代表的志愿组织一方面积极地从政府中寻求支持，另一方面开始面向市场，将一些经济化的手段运用到志愿组织的发展中。但是志愿组织在社会中既没有经济地位，也没有政治地位，难以从根本上解决财务问题。

---

① 1972 Annual Report NSPCC [R]. 1973：4.

② Sherrington, Christine Anne. The NSPCC in Transition 1884-1983：A Study of Organisational Survival [D]. London：LSE, 1985：556.

③ 1977 Annual Report of the NSPCC [R]. London，1978：14.

④ 1972 Annual Report of the NSPCC [R]. London，1973：18.

⑤ 1978 Annual Report of the NSPCC [R]. London，1979：i.

三、市场化改革下的发展机遇

20 世纪 70 年代后的福利困境使人们开始重新怀念慈善组织的作用。大众慈善的发展也使人们更加关心社会发展。1973—1977 年，参加志愿社会活动的人口在总人口中的比例由 8.1% 上升到 9.6%①。政府日益意识到国家福利服务不能继续无限制地膨胀下去，必须寻找在现存体系下降低花费水平的提供服务的新方式。志愿组织被看作是一种新的、有政治吸引力的力量，能够填补日益增长的公共服务要求与日益紧缩的法定部门服务供给之间的鸿沟。

政府对志愿组织的重视，不仅仅与追求"廉价福利"的实用主义愿望相关，还与一种对政府官僚机构不信任的思想相连。"保守党认为官僚机构会限制经济增长、破坏社区精神、抑制个人自由和潜力。另一方面，慈善、公益和志愿主义被誉为市民文化的神圣的三位一体，它们能够加强个人责任感，同时提供社会和谐、自由和国家繁荣的基础。"于是，一种错误的二分法就被创设，即一方面为志愿主义、自由市场和个体利他主义，另一方面则是强制税收、国家福利主义和依赖文化②。保守党政府对志愿主义和慈善大力推销，希望公民能够承担更多的责任。

对志愿组织的管理是英国地方政府改革的一个重要方面，而改革的走向也关系着志愿组织的发展。保守党政府在社会福利供给中强调私人和志愿部门的力量。地方政府的执行代理机构更多的是利用民间组织来提供公共服务和公共产品，志愿组织在 80 年代变得异常活跃。和此前志愿组织接受政府资助所享有的极大自由空间和独立性相比，此时政府更注重对志愿组织进行政策引导，鼓励它们参与到社会福利供给市场中，并积极吸引社会捐赠以用于社会服务的提供。因而，这时期的志愿组织不仅在福利供给上开始成为政府的竞争者，而且成为社会福利的一个基本提供者和市场的参与者。

保守党政府对志愿组织的鼓励是与更大的财政投资连在一起的。在 20 世纪 90 年代，保守党政府多是通过合同外包的方式激励志愿组织在福

---

① SHERRINGTON C A. The NSPCC in Transition 1884–1983：A Study of Organisational Survival [D]. London：LSE, 1985：370.

② FILBY E. Faith, Charity and Citizenship：Christianity, Voluntarism and the State in the 1980s [A] // HILTON M, McKAY J. The Ages of Voluntarism：How We Got to the Big Society [C]. New York：Oxford University Press, 2011：147–148.

利供给体系中的发展而不是给予志愿组织直接的现金资助。合同外包看似是确定的资助，但是它将服务购买者与服务提供者相分离的思想与政府欲将地方的健康和社会服务部门变成购买方而非提供服务的促成者的目标相一致，以此推动混合福利经济的发展，并实现用户选择和高质量、低成本服务的双重效果。一些学者将这种资本与供给分离的现象称为"准市场"①。

尽管日益求助于志愿慈善对许多政治家来说是权宜之计，但是它使政府能够在更广范围内提供福利服务，更重要的是，改革下的"准市场"发展使志愿组织获得了政府服务外包的资金，其数额可能是志愿组织很难从其他渠道获得的，可以说是政府大大增加了志愿组织可利用的资金。"80年代中期慈善事业收入的大约 10％来自政府资源。到 1991 年，政府资金已经占了这一部门收入的 27％。"② 志愿组织的预算正变得越来越大，承担服务外包的资金将其收入提高到一个前所未有的水平，这使志愿组织至少在理论上能够处理更多的案件、满足更多的需求。

即便是对那些不提供具体福利服务的组织，如 CPAG，政府对志愿组织的重视也极大提高了这些组织的社会和政治影响力。1988 年，CPAG 发起了一个新的全国网络"贫困观察"（Poverty Watch），这是对日益增长的贫穷和不平等的回应。其目标是确立与每一个选区的联系以收集地方贫穷的证据，并告知和游说议员及地方媒体，力求从基层影响政策。1989 年，CPAG 通过一项"更公平的未来"（Fairer Future）的活动组织了整个英国的人，这是一项为期一周的全国和分支机构共同设计的协调行动，以提升政客和公众对持续的家庭贫穷及其对儿童生活和未来影响的认识③。在 1988—1990 年，CPAG 还活跃于反人头税的活动中。整个80 年代，CPAG 在使政治家们了解政策变化对百姓影响上发挥了重要作用。

进入 90 年代，CPAG 的政治影响力仍在扩展，特别是其司法影响，CRO 的上诉工作有重要发展。这一时期 CRO 工作的很大一部分是判例案件，且有很多案件诉诸欧盟法院。1991 年初，CPAG 支持的两个案件由

---

① SEDDON N. Who Cares? How State Funding and Political Activism Change Charity [M]. Civitas：Institute for the Study of Civil Society，2007：27.

② 同①28.

③ THANE P，DAVIDSON R. The Child Poverty Action Group 1965 to 2015 [R]. London：CPAG，2016：26.

欧盟法院听审。在其中一个案件中，一位妇女被认为不符合领取伤残津贴的条件，CPAG 成功地辩论道，英国的社会保障法违反了欧盟指令中要求在社会保障体系中平等对待男人和女人的条款。因为这项残疾津贴的领取在 1984 年引入英国时，已婚和同居妇女需要证明她们无法承担支薪性工作和正常的家庭责任，而对男性没有类似检查。大约有 30 万妇女无法领取这项津贴。欧盟法院裁定，这项新法律存在性别歧视，违背了欧盟指令。同样在 1991 年，CPAG 成功为一个生活工作在法国并于 1980 年在法国因为撞车导致瘫痪的英国男人辩护。该男子 1981 年回到英国并获得伤残津贴和行动不便者津贴。1984 年他回到法国，津贴被撤回。法院接受了 CPAG 的辩护，认为撤回津贴违反了保护移民工作者权利的欧盟法规，该法规防止社会保障部门仅仅因为津贴领取者搬到其他成员国而收回其津贴的做法[①]。这些判例案件挑战了政府的决议，极大维护了相关民众的利益。

但"准市场"改革也使志愿组织必须面对来自市场的竞争压力。它不仅需要和其他志愿组织竞争，而且还需要和一些私人组织竞争。这不可避免地使对外包合同的竞争成为一种降低花费的竞争，外包合同也更倾向于关注相关服务的购买而不是服务效果。特别是在资助难以取得的环境下，志愿组织更容易变得过于追逐获取资助而没能对资助是否适合自身发展进行充分考虑。

志愿组织的资金通常来源于捐赠、募集、固定资产收益、投资收入以及政府资助等，然而不同的资金来源对志愿组织的影响不同，在志愿组织的发展中占有不同的地位。募集资金在志愿组织收入总额中的比重决定了志愿组织收入的稳定性以及财务安全性。例如，"1973 年，NSPCC 的募集资金在总收入中的比重下降到 52％，而这一数字在 1972 年是 59％，1971 年是 61％。这一趋势是危险的，使协会处于脆弱境地，因为协会48％的收入都依赖于比募集资金要更难以预测的捐赠收入。募集资金意味着协会收入来自委员会及其协会成员的努力和才智。因而，协会更加需要那些致力于募集工作的人的努力，以确保我们给予那些有需要的孩子的帮助不会因为资金的缺乏而减少。"[②] 但政府改革使志愿组织承担了大量的

---

①　THANE P，DAVIDSON R. The Child Poverty Action Group 1965 to 2015 ［R］. London：CPAG，2016：31.

②　1973 Annual Report of the NSPCC ［R］. London，1974.

契约外包，这使募集资金在志愿组织总收入中的比重大为降低，一旦政府资金撤离，将打破志愿组织的收支平衡状态，必然会给志愿组织的收入稳定和服务供给带来危险，并很可能导致志愿组织的各项服务难以持续，进而加剧其工作的困难。

尽管政府鼓励志愿组织积极参与到福利供给中，但政府并没有给予志愿组织足够的政策保护或优惠措施。志愿组织既需要和市场中的一系列私人组织进行竞争，同时还承担了过多的政府契约外包的公共服务供给责任，这不仅模糊了公私部门的界限，而且在某种程度上也伤害了志愿组织本身的使命与价值。1997 年一项对英国志愿活动的调查显示，1991—1997 年英国志愿活动的水平已经缓慢下降，从 1991 年占成年人口的 51％下降到 1997 年的 48％，尽管更多的退休人员参加志愿活动，但是年轻人参加志愿活动的比例在下降①。

以 NSPCC 为例，地方政府的改革无疑使 NSPCC 为儿童提供服务的工作猛增，它必须弥补政府重组过程中儿童服务工作的种种不足。当地方当局面临中央政府大规模削减支出的时候，它要发展更有效的捐赠方式。经济萧条的威胁、高失业与裁员的恐慌、日益上升的价格、公共资助的削减，所有这些因素都加剧了家庭紧张和使儿童成为受害者的风险。而 NSPCC 自身的财务状况也因为通货膨胀和花费的提高变得日益严峻。1979 年，中央政府通过健康和保障部给予了 NSPCC 一笔 125 000 英镑的一次性拨款，弥补协会前一年的赤字②。"与前一年的 16 000 多例相比，1982 年 NSPCC 检察员处理的新案件数是 15 000 多例。"资金压力迫使协会减少了检察员的雇佣人数③。NSPCC 不得不寻求政府的资金支持④。但是这条道路却是行不通的，因为政府改革的目的就是要减少财政支出，它对 NSPCC 直接的资金资助不会增多只可能减少。

对志愿组织的重新重视虽然在一定程度上激励了志愿组织的发展，但是却给志愿组织带来了严重的工作和财务压力，甚至威胁到了志愿组织的未来发展。如何有效地与政府合作，成为志愿组织必须思考的一个问题。

---

① 丁开杰. 英国志愿组织联盟与志愿者参与实践：以英格兰志愿组织理事会（NCVO）为例［J］. 理论月刊，2009（3）.

② NSPCC Annual Report 1979 ［R］. London，1980：3-4.

③ Baby Battering and Child Abuse on the Increase ［N］. The Times，1983-06-28.

④ Timmins，Nicholas. NSPCC Plea to Government ［N］. The Times，1981-10-01. 参见附录 5 "NSPCC 向政府呼吁资金援助".

全英志愿组织联合会（NCVO）是英国志愿组织的一个重要代表，经常扮演着志愿组织"代言人"的角色。以 NCVO 为代表的志愿组织极力倡导改善与政府之间的关系。保守党政府的契约外包使志愿组织普遍感到难以为继，希望政府能够和志愿部门签订一个协议以规范双方的合作。1995年，NCVO 发起了一项前瞻性的研究计划，对英国志愿组织在 21 世纪的发展做出展望，并聘请在志愿组织享有崇高声望的迪金教授组建委员会，对全英范围内的志愿组织展开调查。迪金委员会（Deankin Commission）在经过对各类志愿组织、地方政府、其他机构、专家及公民等历时一年的调查之后，提出了《迎接挑战——21 世纪的志愿行动》报告，建议政府和志愿部门之间建立合作伙伴关系，并呼吁就未来关系的基本原则出台正式协议①。该报告中政府与民间组织合作的一些核心原则，成为后来新工党政府《政府与志愿及社区组织合作框架协议》（COMPACT）的雏形。为了更好地开展与政府的合作，英国志愿组织组建了专门的工作小组，代表志愿组织与政府开展合作。1997 年 12 月至 1998 年 2 月，工作小组就与政府的合作框架协议向全英志愿组织征求意见，超过 25 000 家志愿组织对此做出了积极回应。

四、教会慈善

在慈善世界还有一股力量非常重要，那就是教会慈善。但是现在的人们普遍认为，在现代的世俗英国，基督教慈善减少了，人们甚至不再重视信仰与慈善间的密切联系。"如果世俗化破坏了基督教的社会责任感，那么法定福利则使这些行为没有必要。"② 20 世纪后半叶，有两个重要发展导致人们对英国基督教慈善行为的忽视，一个是福利体系的建立，另一个是英国自 20 世纪 60 年代以来基督教信仰的急剧崩塌。

信仰的崩塌与世俗化的快速发展有密切关系。英国基督教的世俗化进程在二战前一直处于缓慢发展的状态，但二战后世俗化发展迅速，特别是在 20 世纪 60 年代后，无论是在以教会为代表的有形的组织机构，还是对无形的大众文化价值体系，教会的影响力都在不断下降。这在那些可量化

---

①　Deankin Commission. Meeting the Challenge of Change：Voluntary Action into the 21st Century [R]. London：NCVO，1996.

②　FILBY E. Faith，Charity and Citizenship：Christianity，Voluntarism and the State in the 1980s [A] // HILTON M，McKAY J. The Ages of Voluntarism：How We Got to the Big Society [C]. New York：Oxford University Press，2011：136.

的宗教指标中清晰可见，包括宗教归属率、教堂参与率、主日学校就学率、婴儿受洗和接受坚振礼率、举行基督教婚礼和葬礼的人口比例等全部都在下滑，且下滑的速度较前几个世纪都更为迅猛。"属于某个基督教会的英国人占英国成年人总人口的比例在 20 世纪 30 年代时大约为 31%，到1992 年只有 14.4%，而到 2000 年更下降至 12%。"在英格兰和威尔士最近的两次人口普查中，其宗教统计结果显示："2001 年，自称为基督徒的人口比例为 71.7%，到 2011 年下降为 59.3%；2001 年，自称为没有宗教信仰的人口比例为 14.8%，到 2011 年上升至 25.1%。"此外，人们的"教堂参与率在 1851 年为 40%～50%，1900 年为 30%，1950 年为 15%，到 1979—1984 年下降至 11.3%，在 20 世纪 90 年代只有不到 10%，1998年为 7.5%"①。

　　虽然这时期大多数英国人仍是基督徒，对教会也没有敌意，但他们的态度却变得日益漠然。英国宗教世俗化还有一个重要的因素便是宗教本身力量的下降。二战对教堂的毁坏是极为可怕的。坐落在伦敦主教教区的2 258 座教堂，只有 266 座得以幸免；其中 88% 被毁坏，很多是完全被摧毁。在 701 座安立甘教堂中，624 座被毁坏，91% 被完全破坏。相比较而言，1666 年的伦敦大火中只有 86% 的教堂被摧毁。二战后许多教区无法延续它们原有的规模，因为即便有来自战争破坏委员会的帮助和有来自主教及主教教区组织的呼吁，仍缺乏重建或修复教堂的资金。战后英国通过重组法案，至少 83 个伦敦主教教区很快被合并到其他教区。城市教会在战后经历了真正的危机，其神职授任也只剩下 1939 年的 1/3，许多圣俸空缺。集会持续减少，教区的意义在不断降低，甚至越来越多教会的社会组织和职能即将被政府接管②。60 年代以来，英国几乎各个宗派神职人员数量都在快速下滑。"在 1900 年，英国总共有 45 400 位牧师。到 2000 年时，英国人口总数几乎翻了一番，若按照相同比例的增长率计算，牧师总数应为 80 000 名，而实际上牧师的数量却在原有基础上减少了约 25%，总数只有 34 160。"1969—1984 年，圣公会出现了 1 086 座过剩的教堂，其中一些比较有历史意义的得以保留，其余许多都被毁掉了。在 1976 年一年中平均 9 天就有一座教堂被拆除。在曼彻斯特一个圣公会教区中，17 座

---

① 孙艳燕. 世俗化与当代英国基督宗教 [M]. 北京：社会科学文献出版社，2013：71-74.

② SNELL K D M. Parish and Belonging：Community，Identity and Welfare in England and Wales 1700-1950 [M]. New York：Cambridge University Press，2006：436，437.

教堂中的 14 座被关闭①。

　　世俗化使基督徒的宗教责任大为弱化，福利国家制度的建立使宗教慈善的价值不再那么显著。然而，这并没有使宗教慈善就此退出历史舞台。宗教慈善组织积极调整自身发展方向，重塑自身行为，仍然在社会福利领域发挥着重要作用。

　　二战结束后，教会及其各慈善组织积极参与到社会重建工作中。基督教慈善组织，如巴纳多之家（Dr Barnardo's），英国国教儿童协会（the Church of England Children's Society），沙夫茨伯里项目（the Shaftesbury Project）等继续活跃在为儿童和残疾人提供照顾的最前线，而 1924 年成立的教会住房协会（the Church Housing Association）到 80 年代已经发展成为老人和无家可归者提供住宿的主要供应者之一。此外，它们还活跃在反对种族歧视、争取社会公正的活动中。教区仍是英国募集资金和社区活动的中心，基督徒仍占据英国慈善工作者大军的多数。值得关注的是，许多基督教慈善机构为适应社会的世俗文化，对自身组织进行了重新命名。例如，英格兰国教儿童协会放弃了其名称的第一部分 the Church of England，而基督教教会节制委员会（the Temperance Council of Christian Churches）重命名为教会酒精和药物联合会（the Churches Council on Alcohol and Drugs），因为"节制"（Temperance）被认为有古老寓意。这都表明了宗教慈善要摆脱传统习惯、拥抱现代世俗志愿行为的模式和方法②。

　　基督教慈善在提供服务中还放松了维多利亚时期的道德控制，逐渐走出神圣的象牙塔，更加关注人们的世俗生活。维多利亚时期的宗教慈善机构以福音和传教为目的的特征很明显，教会在很大程度上是响应上帝的召唤去关爱他人和社会。但到 20 世纪晚期，教会慈善的这一特征已不那么明显，它不再苛求宗教道德的整齐划一，转而支持 60 年代英国道德准则的自由化。宗教组织也不再有明显的宗派身份。这在安立甘组织中尤为明显，这是因为它们附属于英格兰教会，感到有服务所有信仰的公民以及没有信仰公民的特殊责任。相比较而言，这种想法在天主教机构中就没有那

①　孙艳燕. 世俗化与当代英国基督宗教 ［M］. 北京：社会科学文献出版社，2013：87-88.

②　FILBY E. Faith, Charity and Citizenship：Christianity, Voluntarism and the State in the 1980s ［A］ // HILTON M, McKAY J. The Ages of Voluntarism：How We Got to the Big Society ［C］. New York：Oxford University Press, 2011：137.

么明显。

　　英国基督教会的领导者们多次传达出积极参与社会的信息。教会努力表达自身对现实社会的责任心和使命感。1961 年迈克尔·拉姆齐在其当选第 100 任坎特伯雷大主教的布道中，将教会对社会的参与与教会联合以及礼仪改革共同列为教会三项应予以优先考虑的事宜。他指出："我们应当努力深入于工业、科学、文学艺术……的社会当中。"拉姆齐明确表达了教会参与社会的重要性。教会还对社会上出现的新问题进行及时的讨论和宣传。1988 年召开的第 12 届兰伯斯会议还讨论了政治压迫、贫穷和国际债务等问题，并把 1991—2000 年定为"传福音运动的十年"，以变教会被动的维持现状为主动的对外传教。根据 1984 年、1989 年和 1990 年圣公会两次协商会议和圣公会主教会议的讨论结果，圣公会的对外宣教主要基于五点，而其中的第三点"通过爱的服务来回应人类的需求"和第四点"寻求改变社会的非正义结构"都直接涉及教会参与社会的行动纲领①。

　　教会慈善密切关注社会和大众的日常生活。其中，贫困是其长久关注的一个焦点。许多宗教人士兴办起各种各样的慈善组织，如 1942 年在英国成立的一个专门救助穷人的慈善机构——乐施会，这一组织后来发展成为世界上最大的国际慈善组织网络。教会也积极反对儿童贫穷，参与到 CPAG 的许多活动中，如"保卫儿童补助金"活动等，与儿童慈善机构共同致力于提高儿童的福利。80 年代，英国国教以及其他教会，对日益增长的贫穷和不平等感到不满并进行谴责。1982 年，教会形成了一个世界范围的"教会扶贫运动"组织。1987 年，"教会扶贫运动"组织还与 CPAG 共同筹划了一场反贫穷运动，这场运动由伯明翰主教正式发起②。此外，一些大主教们也经常参与到各种反对贫穷的运动中。

　　其中，教会慈善在解决 80 年代严重的失业问题上与政府密切合作，发挥了重要作用。政府人力服务委员会（MSC）的目标是在地方层面解决失业问题。教会在社区中的重要地位和影响力以及对社会问题的积极参与，使政府在解决就业问题过程中非常重视教会的角色。80 年代早期，教会和 MSC 在全国范围内共同发起了许多新项目。教会在就业咨询、机构帮助、资源提供、技能培训和商业合作等多方面帮助失业者实

　　① 孙艳燕. 世俗化与当代英国基督宗教 [M]. 北京：社会科学文献出版社，2013：142-143.

　　② THANE P, DAVIDSON R. The Child Poverty Action Group 1965 to 2015 [R]. London：CPAG，2016：26.

现就业。许多教会慈善组织也和世俗志愿组织一起工作。例如，在埃文郡（Avon），卫理公会派和安立甘派的代表们，在地方工业领导和 MSC 资金的帮助下，将一个老旧的工厂转变成一个新业务的工作地。为了协调和鼓励不同组织在就业领域中的行动，教会还在 1982 年成立了一个联盟组织——失业问题教会行动组（Church Action with the Unemployment，CAWTU）①。

教会经常针对政府政策发表评论，对社会政策施加影响。80 年代早期，由于失业和贫困等社会问题引发了布里斯托、利物浦、伦敦、曼彻斯特和伯明翰等几个大城市的街头暴乱，教会将其归因于几十年来家庭、学校和教会中不充分的引导而造成的"道德疲软"，呼吁政府为此承担起更大责任。撒切尔政府的扶富抑贫倾向违反了基督教的基本道德准则，从而激起了教会针对政府一系列社会经济政策的批评。由坎特伯雷大主教授权的一个特别委员会在历时两年对英国一些重要城市地区进行考察后，于 1985 年发表了报告《城市中的信仰——对教会和政府采取行动的倡议》，在英国社会引起极大反响，此后又于 1990 年出版了类似的《乡村中的信仰》，两份报告尖锐地指出当时英国的经济、政治、社会和道德等各方面存在的严重问题②。教会还反对将志愿部门看作是政府服务替代者的观点。

安立甘主教们可谓是基督教慈善组织的重要代言人，他们通过出现在上院和媒体中，能够发挥一种甚至超越 NCVO 的权威和影响。伦敦南萨瑟克区（Southwark）主教既是宗教领袖又是全国住房协会联合会（National Federation of Housing Association）的主席，在为这时期关注非营利住房组织的发声上极为有效。安立甘社会责任委员会（Anglican Board for Social Responsibility，ABSR），是教会的智囊团和一个重要的交流中心，它和 NCVO 共同主持例会，通过其出版物和向白厅递交意见书来报告志愿部门的关注点。虽然这些主教及其组织的说辞与世俗组织并没有非常重要的不同，但是其言论和批评却在削弱政府可信性上极为有效。

此外，宗教场所还逐渐延长向社会开放的时间，以提升其社会影响

①　FILBY E. Faith，Charity and Citizenship：Christianity，Voluntarism and the State in the 1980s［A］// HILTON M，McKAY J. The Ages of Voluntarism：How We Got to the Big Society［C］. New York：Oxford University Press，2011：140-141.

②　孙艳燕. 世俗化与当代英国基督宗教［M］. 北京：社会科学文献出版社，2013：144.

力。"圣公会、卫理公会和联合归正会等根据《路加福音》当中对好撒玛利亚人（good Samaritan）故事的描述，建立了一条电话心理服务热线，任何人在遇到心理上的难题需要帮助时均可拨打，这为在工作和生活重重压力之下焦虑、抑郁甚至想轻生的人们打开了一扇充满温暖的阳光之窗。"一些教会为儿童、青年人和老人等群体分别设计了适合他们的特色活动，教会还充分利用自身的空间和时间，如在无礼拜活动时在教堂里安放篮球架和桌球台，鼓励教区居民积极参加体育锻炼，在周末举行特色民间舞会丰富业余文化生活①。它们甚至还针对不同群体设立专门课程，以讨论基督教的一些基本问题以及人们关心的社会问题。同时，英国宗教慈善还面向发展中世界，呼吁消除贫困，远离战争，维护世界和平。

综上，面对政府福利的增长和世俗化的挑战，宗教慈善组织适应战后世界的变化进行内部的重组与重塑，到 20 世纪 80 年代，其神圣与世俗关怀的区别已很模糊。不过，它仍是地方社区中的一个重要角色，基督教的信念和为上帝工作的情感仍然是各宗教慈善机构的成员、志愿者和支持者的主要动力。不论是世俗慈善组织，还是宗教性质的慈善组织，在战后已基本专业化，为社会提供多方位的专业服务，满足了社会的新需求，这也让政府必须重视并在一定程度上借助其力量；而国家政策的变化又使慈善组织不得不去了解政策、影响政策，甚至是寻求政府的帮助和支持，在这一过程中，慈善组织也变得日益政治化。慈善活动专业化和政治化的发展都不可避免地使其加强了与政府的联系。于是，在保守党政府改革的推动下，慈善组织不再游离于政府之外，而是进入政府体系，成为英国福利服务的一个重要提供者。慈善组织的发展模式也随之发生变化，并在布莱尔时期再次经历了重要转型。

第三节　政府引导型慈善的形成

1979—1997 年的保守党政府改革，虽然在初期的确刺激了英国经济增长，通货膨胀从 1980 年的 18.1%下降到 1988 年的 4.4%，同期经济增长率达到 3.8%，超过欧共体 3.5%的增长速度，但是 80 年代末保守党的

---

① 孙艳燕. 世俗化与当代英国基督宗教 [M]. 北京：社会科学文献出版社，2013：147.

政策开始失效，1990 年经济增长率下降到不足 1%①。保守党政府的改革不仅没能改变英国福利费用日增的现实，反而加剧了社会的不平等，而且其慈善政策的执行也被证明是不连贯的甚至有些随意。英国没能走出福利困境，这使 1997 年上台的新工党政府不得不开启新一轮的公共部门改革。新工党政府改变了将志愿组织看作减轻政府财政负担工具的态度，而是将其看作一个平等的合作伙伴，《政府与志愿及社区组织合作框架协议》(The Compact on Relations Between Government and the Voluntary and Community Sector)（简称 COMPACT）的签署和合同合作的实行使志愿组织在新工党时期获得了重要发展。

一、新工党政府的改革政策

1997 年以布莱尔为首的新工党政府上台后，英国开始了第二轮公共部门改革。新工党政府以"第三条道路"为指导理念，以"民主化民主""建设投资型国家"为核心开始调整政府和社会的关系。政府政策再次出现了新的变化。

"第三条道路"理论的奠基人是被称为布莱尔精神导师的伦敦经济政治学院院长安东尼·吉登斯教授。吉登斯阐述了"第三条道路"的主要内涵：政治上打破左右两分法；经济上创造混合经济；分解国家的权力；建立世界主义的民族国家②。"第三条道路"主张国家与公民社会建立伙伴关系，帮助公民社会"再生"，实行新的社会治理方式。保守党政府强调市场和竞争，布莱尔政府认为其"最大的缺陷在于'撒切尔时期的行政改革在引入竞争机制的同时却忽略了部门之间的合作与协调，带来了碎片化的制度结构'。对此，新工党政府希望能够推出新型的改革取向来取代过去的'竞争政府'模式"③。新工党政府不是一味地减轻自己的责任，而是更注重不同部门之间的协调，在坚持地方治理的同时，强调社会治理。

社会治理是西方国家在现存政治制度的基本框架内、在政府部分职能和公共服务输出市场化以后所采取的公共管理方式，也是公众表达利益和

---

① 陈晓律，等. 英国发展的历史轨迹 [M]. 南京：南京大学出版社，2010：309，310.

② 陈潭，肖建华. 地方治理研究：西方经验与本土路径 [J]. 中南大学学报（社会科学版），2010 (1).

③ 陈振明. 政府再造：西方"新公共管理运动"述评 [M]. 北京：中国人民大学出版社，2003：59.

参与社会管理的重要途径与方法①。它蕴含了有限政府、法治政府、公众参与、民主、社会公正等理念，以共同参与为本，力求政府部门、私营部门、社会组织等多种社会管理主体之间的合作，通过多种社会主体参与社会管理的方式来提高社会公共服务和公共产品的质量。布莱尔指出："只有在一个强大的、积极的社会中，并且其中的社会成员都意识到自己对他人以及自身所承担的义务之后，个人才能够在这一社会中得到最大程度的发展"②。英国开始了从保守党时期的地方治理向新工党政府的多主体协同治理的转变。

新工党政府强调通过协调、合作的方式来实现公正平等，但是它并没有放弃保守党的竞争文化与市场机制，一上台就开启了与私人部门的积极合作。最初是在地方层面上鼓励大量的公私合作项目。到 2002 年，英国政府在地方和地区层面已经发展了超过 5 500 个公私合作项目，并为此直接花费了近 43 亿英镑（参见表 4 - 2 公私合作项目案例选）。从 2001 年开始，一些新的措施开始实施，包括建立"地方战略伙伴关系"（Local Strategic Partnership，LSPs）和被称为"地区协议"（Local Area Agreements，LAAs）的纵向伙伴关系，用以推动地方伙伴关系的协调发展，把地方层面上各个具有代表性的实体联合在一起，包括公共部门、私人部

表 4 - 2　　　　　　　　　　公私合作项目案例选

公私合作项目名称	开始时间	数量	2001/2002 年度资金投入（百万英镑）	目标
犯罪动乱条例	1998	376	160	解决社区安全和犯罪恐慌问题
儿童早期发展和照料计划	1998	150	435	提供托儿所和儿童保健
健康行动区计划	1998	26	160	健康保健和治疗
社区复兴基金	2001	88	200	在多数贫困社区地区改善福利
社区新协定计划	1999	39	112	解决贫困社区的贫穷问题
确保开端计划	1999	500	284	在贫困家庭中促进儿童成长

资料来源：STOKER G. Transforming Local Governance：From Thatcherism to New Labour [M]. London：Palgrave Macmillan，2004.

---

① 孙晓莉. 西方国家政府社会治理的理念及其启示 [J]. 社会科学研究，2005（2）.

② BEVIR M，OBREIN D. New Labour and the Public Sector in Britain [J]. Public Administration Review，2001，61（5）.

门、志愿性组织和社会团体，还有当地的居民。为了更好地促进合作，新工党政府还建立了一种全面的绩效管理体制，希望通过重新审视、重组地方管理体系来提高他们的绩效。新工党政府在推动服务改善方面的一项重要措施是 1999 年《地方政府法》所确立的"最佳价值"制度。它是为了改变地方政府的组织文化和服务提供理念，以及时发现政府失灵而进行严格审计和检查。由此，工党政府建立了一个信息搜集和制度安排的系统框架。中央政府运用法定权力制定了绩效审查框架和失灵状况下的干预机制，对服务提供和过程进行监管①。

此外，新工党政府还将权力下放，分别建立北爱尔兰议会和自治政府、苏格兰议会、威尔士国民公会以及大伦敦郡议会和市长的选举制度，同时在英格兰的其余 8 个地区建立区域发展局（Regional Development Agencies）、非选举产生的区域议会（Regional Chambers）②，结束英国大中央化的时代。新工党希望通过建立合作政府，推行政府的现代化议程。在地方层面上，就是为地方政府提供更多的权力和机会，使地方公众加入到地方管理中来，重新焕发地方政府活力。

为了确保改革的顺利实施，1997 年布莱尔执政后使首相的权力进一步制度化，以保障"合作治理"的推进不会受到政府部门主义的阻滞。内阁中设立了直接对首相负责的机构，包括公共服务改革办公室、首相执行中心和未来策略中心等。例如，2001 年政府创立首相执行中心，其最主要的功能是监控和汇报首相优先考虑的政策的落实情况。该中心把政策落实与中央政府直接挂钩，从而保证政策能够执行顺畅。中央政府还以特别顾问和特别机构为基础，直接引导各个政府部门的能力，并利用这两种特殊设置来监督政策落实状况。此外，英国政府通过各种方式为公众提供参与公共服务决策的机会。2000 年，英国政府成立了数量众多的"公民咨询团体"，大约有 114 个地方政府创建了"地方政府咨询团"。在地方层面，英国政府也启动了许多公民参与的活动③。

在保守党立足于竞争、新工党立足于合作的基础上，双方对志愿组织的政策也存在很大差别。保守党政府允许志愿部门执行服务代理人的角色，但通常把它看作最后诉诸的提供者，而不是主要的合作者，其政策核

---

① 杰瑞·斯托克. 英国地方政府治理的新发展 [J]. 中共浙江省委党校党报，2007（1）.
② 后改为区域国民公会（Regional Assembly），仍然是非选举产生的组织。
③ 宋雄伟. 英国地方政府治理：中央集权主义的分析视角 [J]. 北京行政学院学报，2013（5）.

心是降低公共支出、扩大私人部门在公共服务提供中的角色范围，志愿部门没有很大程度上在政府的改革计划中被提及。然而，新工党将志愿部门看作是解决公共部门弱势和缺陷的政策对象，将志愿部门纳入政府改革计划之中。布莱尔在1997年一个公开演讲中对公共服务投资解释道：我们已经达到了公众自愿通过高税收和花费为一成不变的福利体系提供资助的极限。将志愿部门和私人部门纳入公共服务供给体系是合理的。新工党还认为：志愿部门是解决诸如政府大臣抱怨的业务僵化和追求自我等已知的公共部门问题的一种途径；它提供了一系列公共部门所没有的积极特性；它满足新政府优先考虑的新政策的要求。工党政府认可志愿部门在公共服务体系中的中心角色，它与志愿部门的友好关系，是基于政府的公共服务改革计划，即多样化的服务提供者和多样化的服务选择。英国政府公共部门改革计划有三个步骤：（1）弥补保守党造成的破坏并确立基本的服务标准；（2）引入服务提供者的多样化体系，实现更多的选择和竞争；（3）进一步提高授权用户和专业者的选择标准，以推动服务标准的提升。志愿部门被认为在实现第二和第三步骤中具有重要的作用。"布莱尔曾说，由公共资金资助而不必由公共部门提供服务成为重新定义公共服务的关键。将志愿部门和私人部门纳入公共服务体系成为新工党联合政府的一个重要部分。"① 早在1994年，工党就开启了"共创未来"工程（Building the Future Together），随后提出政府和志愿部门间应该建立正式协议，并以一种框架或者是契约的形式确定下来，它所提出来的一些原则与方法，成为后来政府和志愿组织签署的COMPACT的基本内容。

二、合同合作

志愿组织谋求与政府的合作，恰好与政府的目标相一致。在这种情况下，工党敏锐意识到迪金报告的价值，并将之融入1997年的出版物《共建未来》中，呼吁双方建立合作协定。1997年布莱尔的上台最终让理想变成现实。1998年11月，经女王批准，首相托尼·布莱尔、内政大臣杰克·斯特劳和全英慈善组织与政府合作委员会主席肯内斯·斯通，共同签署了《政府与志愿及社区组织合作框架协议》（COMPACT）②。随后，还

① DAVIES S. Government Policy，Recession and the Voluntary Sector ［R］. London：U-NISON，2010：8-11.

② 2010年更新后的框架协议 ［Z/OL］. ［2017-05-05］. http：//www.ncvo-vol.org.uk/sites/default/files/the_compact.pdf.

签署了一个地方版的 COMPACT——《地方各级政府与志愿及社区组织合作框架协议》①。COMPACT 确定了政府和志愿部门之间的合作伙伴关系，并阐述了双方关系的价值和原则，用于指导政府各部门与志愿部门之间的合作关系，它突出强调：政府对志愿部门的资金支持原则；政府确保志愿部门的独立性原则；双方在制定公共政策、提供公共服务上的协商、协作原则；志愿部门在使用公共资源上的公开性、透明性原则；政府保障不同类型的志愿组织公平获得政府资助的原则②。

在 COMPACT 的指导下，合同合作，即政府与志愿组织签订合同，政府出资、志愿组织提供服务，逐渐成为双方合作的主流形式。合同包括全国性的和地方性的两种类型，其中有的是双边合同，有的是多边合同即志愿组织和多个公共机构签订的合同。合同不具备法律效力，实际上是对参与者不具有约束性的协定。合同通常由一份以上的文件或者一个以上的协定组成。尽管其形式在英国各地有所不同，但是合同一般包括参与者达成协议的要点、双方共同的目标和理念，详细的执行协定等。在大部分情况下，合同签订后的第一步是建立合同发展小组，它由来自公共部门和志愿部门的代表组成。然后，选出一位执行主席，确保合作过程的有序进行并作为合作的公共发言人。第二步是收集各方观点，第三步是制定执行计划。其中，制定可行的执行计划是最重要的。执行计划包括：合同的开启，开启后的运行，合作者间的工作实践，具体内容的执行，监管协议的执行，协议的评估③。

合同合作的适用范围包括环境保护、公共设施维护、医疗救助、社会保障、精神保健、数据处理、选民登记、公共管理人员录用、犯人的监护管理、决策咨询与政策设计、公共项目的论证与规划、政策效力评价、项目影响评价、公共组织绩效评估等诸多领域和方面。英国政府先后颁布了一批教育、健康等方面的法律文件，对公共服务的竞争性合同做出了多方面的规定，并不断扩大其范围。政府作为合同的主导者和资金的提供者在合同的制定和实行中发挥着重要作用，它不仅提供资助，而且在合同的管理和评估上发挥着引导作用。

---

① 相关案例 [Z/OL]. [2017-05-05]. http://www.compactvoice.org.uk/resources/case-studies.

② 1998 年框架协议 [Z/OL]. [2017-05-05]. http://www.compactvoice.org.uk/sites/default/files/compact_1998.pdf.

③ Guidance on Developing Compacts [R]. Scottish Executive, 2006.

1. 提供合同资助

新工党执政期间，政府与志愿组织的合作资金呈上升趋势。政府对志愿部门的年均花费从 1997 年开始增加了一倍，到 2009 年已达 110 亿英镑，并且建立了第三部门办公室认可其日益重要的角色①。英国政府还将每年博彩业收益的 16.7% 通过政府基金分配给全国的各类慈善组织，并设立面向公益活动的财政部专项资金②。不过政府直接授予资金和合同资助间的比例已经发生变化。政府直接授予志愿组织的资金数量降低了，合同资助正在替代传统的现金资助。NCVO 在 2009 年的调查数据显示，志愿组织来自政府的收入在 2006/2007 年度是 120 亿英镑，其中直接资金资助是 42 亿英镑，而合同资助是 78 亿英镑。合同正在成为资源转移的一个重要机制③。

NSPCC 与政府的合同合作亦鲜明地体现了上述变化。在保护儿童领域，政府具有义不容辞的责任，但这一问题的私人性和复杂性决定了政府不可能包揽全部工作，也不可能挨家挨户地去探访、调查、发现问题，而只能从宏观政策上进行引导，这就使志愿组织和社会工作者的角色显得尤其重要。新工党政府与 NSPCC 的合同项目也在不断增加。在 NSPCC 与政府合作的众多项目中，以政府的"确保开端计划"（Sure Start）为例进行说明。"确保开端计划"是英国政府在 1998 年由财政大臣布朗发起的，其目标是通过改善儿童照顾、早期教育、健康和家庭支持并强调扩大服务和社区发展等方式"给予孩子生命中可能的最好开端"。"确保开端计划"力图改变为儿童提供服务的方式，它是政府处理儿童贫困和社会排斥的基石和开创行为。布莱尔曾将这个项目描述为新工党最伟大的成就之一。政府对此的资助规模非常庞大，1999—2002 年政府下拨的资助金额是 5.4 亿英镑④。2005 年后，政府将这项工程从中央转移到地方政府，并在每个社区建立一个"确保开端计划"儿童中心。NSPCC 与政府在这项计划中的合作范围越来越大。2000 年，协会仅是四项"确保开端计划"项目的

---

① DAVIES S. Government Policy, Recession and the Voluntary Sector [R]. London: U-NISON, 2010: 7.

② 小政府，大社会：英国公共服务体制改革 [N]. 卫报，[2012-03-27]. http://www.gongyishibao.com/newdzb/images/2012-03/27/10/GYSB10.pdf.

③ 同②11.

④ ROBERTS H. "What is Sure Start?" [Z]. Archives of Disease Childhood 2000, 82: 435-437.

主导代理机构①，2001 年，协会是"确保开端计划"已开启的 5 个项目的主导机构，15 个项目的主要合作者②。到 2002 年，NSPCC 已经是 9 项"确保开端计划"项目的主导机构，另外 19 个项目的参与机构③。除 NSPCC 外，许多儿童类慈善组织如 CPAG，都积极参与并支持"确保开端计划"。

　　另外，协会从中央和地方政府获得的资助越来越多。NSPCC 的运作虽然一直依赖于志愿捐赠，但从表 4 - 3 中可以看出：协会从政府中获得的收入在其总收入中的比例从 2001 年的 9.55% 上升到 2005 年的 12.94%。这部分收入绝大部分来源于合同收入，直接的现金资助很少且具有不稳定性。大量的合作资助有效地帮助志愿组织扩展了其活动范围，增强了其社会活力。

表 4 - 3　　　　　　2000—2005 年 NSPCC 所获政府资助统计　　　　单位：千英镑

项目门类	2000 年	2001 年	2002 年	2003 年	2004 年	2005 年
与法定机构签订服务合同收入	4 164	4 570	5 531	8 150	10 379	12 184
服务合同下获得的捐赠服务价值	1 533	1 260	1 459	1 138	1 059	757
现金资助和一次性酬金	2 082	2 938	2 556	1 432	937	1 490
所获政府资助总额	7 779	8 768	9 546	10 720	12 375	14 431
NSPCC 年度总收入	82 261	91 791	90 584	100 304	104 884	111 533
政府资助占总收入的比例	9.46%	9.55%	10.54%	10.69%	11.80%	12.94%

资料来源：表格由作者绘制，数据来自 2000—2005 年 NSPCC 年度报告及账目。

2. 加强管理

　　政府不断完善内部管理，以创造良好的合同合作环境。例如在英格兰，地方战略合作伙伴关系由相关的地方当局领导，其目标是提供战略性概览，为单个重建性的创新行为确立优越环境。为了确保志愿和社区部门的代表性，邻里革新小组（Neighbourhood Renewal Unit）通过社区授权基金（the Community Empowerment Fund）提供了 3 600 万英镑，在 88 个邻里革新基金地区（Neighbourhood Renewal Fund districts）建立了社

①　NSPCC，Annual Report and Accounts 2000 [R]. London，2001：13.

②　NSPCC，Annual Report and Accounts 2001 [R]. London，2002：6.

③　NSPCC，Annual Report and Accounts 2002 [R]. London，2003：5.

区网络①。

　　政府还和志愿部门共同参与制定行为守则，用于指导合同执行的有关细节。到 2000 年，共有四个行为守则，涵盖了资助、咨询、黑人和少数民族组织以及志愿活动。尽管每个行为守则的长度不同（有关资助的守则最长，达 39 页），但是它们都有共同的格式：政府应该承担的职责；志愿部门的职责；双方共同的事业，即鼓励和支持志愿行为②。在北爱尔兰，政府和志愿部门则制定了《资助和管理指导手册》，规定了管理、规划和财政控制等方面的主要原则，并给政府和志愿部门在建议和资源支持上提供指导③。

　　COMPACT 有自己的委员会和工作人员，以确保实施的顺利进行以及相关研究的开展。COMPACT 委员会成立于 2007 年 4 月，是一个独立组织，负责监督协定的制定执行。委员会与第三部门办公室、协定之声（Compact Voice）以及地方政府协同合作，以便有效地实施相关协定，改善个人和社区状况。委员会通过分享好的做法、开展研究、关注政府和志愿部门关系的影响要素等主要论题，推动 COMPACT 的发展。

　　为了使志愿组织能够具备竞标公共资助的能力，政府也对其进行帮助。为此，2005—2008 年政府投资 1.25 亿英镑开启了建设者资助计划（Future Buliders Fund），为志愿组织提供资助和贷款，以帮助它们提高竞标的能力。后来这项计划又将投资增长到 2.15 亿英镑，并延长至 2011 年④。资助者引导计划（Lead Funder Programme）则致力于处理多重监管和过多官僚主义等问题，特别是在那些资助来自不同部门且资金被用于交叉服务的领域，如儿童服务、乡村支持等，以此来支持志愿组织角色的多样性发展，构建合作方之间的良好关系⑤。政府为此也颁布了内政部指导文件，对政府和志愿组织间的资助关系进行必要的说明。双方还组织联合论坛，每年至少会面三次讨论双方的共同利益和关注的问题，以改进合作关系。

①　HAYTON K. Scottish Compact Baseline Review ［R］. Scottish Executive Social Research，2003：4-5.

②　同①11.

③　Department for Social Development. Positive Steps ［R］. March，2005.

④　HILTON M，McKAY J. The Ages of Voluntarism：How We Got to the Big Society ［M］. New York：Oxford University Press，2011：171.

⑤　PALMER P. The British Are Not Coming ［J］. Nonprofit Management ＆ Leadership，2008，19 (1).

新工党政府还在合同治理中引入了选择机制，通过鼓励服务机构之间的竞争，将竞争和选择机制同时引入到合同治理中。选择模式的前提是，志愿组织必须是提供专业服务的独立机构。而用户可以用实际行动做出选择，比如放弃服务水平不高的机构，转而向更好的机构来获取服务。在人们做出决策后，政府的拨款就会随之而来。政府会依据这些机构能够吸引用户的多少而决定拨款数额的增减。这种"选择、竞争"模式激发了服务提供者改善服务的动力，推进了许多领域的政策创新，提升了服务水平。

3. 构建评估体系

对协议的评估发生在两个层面上：程序问题，即合同的执行；效果问题，即合同是否带来改变。前者相对简单明了，通常每三个月进行一次评估。而合同效果的检测则没有那么明确，其中一个原因是合同和详尽的执行协定并不是孤立存在的。在任何时候，有许多外在的因素都可能影响公共机构和志愿部门的关系。定量分析并不总是有效和可用的，合同确定的许多目标很可能既是长久的又是无形的（如带来的文化改变）①。

由专业人士审计的年度报告是政府进行评估的关键。合同在政府和志愿部门之间采取备忘录的形式，并以年度会议的方式对合同的运行进行年度评审。年度会议由内政部大臣主持，其他政府大臣、官员和来自志愿部门的代表出席。会议有两个主要目的：对过去一年计划的执行情况进行评估，达成下一年执行的行动计划。会议结束后会出版年度报告，总结审核过程和调查结果。报告本身会被置于下院图书馆。由于年度报告是解释和评估合同的关键，通常会建立一个工作小组以管理和监督这一过程，并在起草报告过程中承担顾问角色②。

尽管志愿部门和政府经常举行一些正式会议探讨评估体系，相关的建议和行为指导也在不断增加，但是大部分都是针对地方的合同而不是全国性的，此外有些群体希望能够有某种仲裁手段来针对评估中的不合格，而以政府为代表的另一方则强调用调解的方式来解决问题。合作效果的非即时性也使政府很难发现哪些项目在发挥作用，哪些项目没有在发挥作用。然而，政府必须衡量志愿组织在服务供给上的贡献，并日益需要获取质量标准的数据来作为资助志愿组织的先决条件和激励志愿组织提高服务质量

---

① Guidance on Developing Compacts [R]. Scottish Executive，2006.

② HAYTON K. Scottish Compact Baseline Review [R]. Scottish Executive Social Research，2003：12.

的措施。志愿组织则必须采取和应用政府的衡量标准以展示其工作的价值。评估体系还需要更合理和明确的质量检测标准来衡量合作成效。

总体而言，新工党政府一方面强调要建立一个强大的、独立的志愿部门，发挥其积极性，另一方面则积极倡导通过合作方式加强双方行为的有效性。工党政府与保守党政府虽然都体现了对志愿组织力量的重视和利用，但是双方在改革思路和工作方法上侧重点不同，而这种不同为志愿组织的发展创造了不同的环境，也产生了不同的效果和影响。

三、合同合作的影响——政府引导型慈善的形成

英国政府与志愿组织间的这种合同合作模式也同时发生在苏格兰、威尔士和北爱尔兰。尽管 COMPACT 主要针对英格兰，但在苏格兰、威尔士和北爱尔兰都有类似的政策和机构。合同合作以政府政策的新方式给官方和志愿组织带来了各自期待的结果。

从政府角度来说，志愿组织参与服务输送，政府不仅额外获得了重要的资源，而且增添了有效的服务输送方法。合同合作在很多方面成效显著，特别是为那些找工作的人提供了真正的帮助。1995 年，英国政府用于失业救济的花费是 117 亿英镑，而同年的社会福利支出是 601 亿英镑①，失业救济占了其中 19％ 的份额。新工党政府上台后实施了一系列就业新政项目。以"青年新政"项目为例，政府宣称要让 25 万青年失业者脱离救济重返工作，为此财政部在第一次预算中就投资了 35 亿英镑，其中包括与志愿组织签订岗位合同，即志愿组织为 18～24 岁的失业青年提供工作岗位，一旦新政参加者选择了志愿岗位，主导的志愿组织就必须负责管理和监督②。志愿组织通过合同合作参与到青年新政计划中，与公私部门全面合作，成为失业者就业的一个重要渠道。到 2000 年，英国失业救济的总体花费是 70 亿英镑（其中 38 亿英镑用于直接救济，32 亿英镑用于失业政策支出），这年的社会福利支出是 591 亿英镑③，失业救济所占份额

---

① 英国政府公共支出统计数据网站 [Z/OL]. [2016 - 02 - 22]. http://www. ukpublic-spending. co. uk/year_spending_1995UKbn_15bc1n_04304045444749 # ukgs302. 社会福利支出指除医疗、养老、教育外的社会服务，包括家庭儿童、失业救济、住房、社会排斥、社会保护等。

② MORRIS D. Charities and the "New Deal": Compact Relations? [J]. Journal of Social Welfare and Family Law, 2001, 23 (1): 65.

③ 英国政府公共支出统计数据网站 [Z/OL]. [2016 - 02 - 22]. http://www. ukpublic-spending. co. uk/year_spending_2000UKbn_15bc1n_4045 # ukgs302.

已降至不足 12%。到 2005 年，失业救济花费是 38 亿英镑，社会福利支出是 780 亿英镑[①]，2010 年这两个数字分别是 55 亿英镑和 1 107 亿英镑[②]。自 1997 年以来，政府已经让两百多万人重返工作岗位[③]。

经济的发展和福利的实现有赖于社会就业能力的提高。志愿部门是一个重要的雇主，这已经成为一个共识。虽然志愿部门的雇用情况缺乏地方统计信息，但国家统计局认为志愿部门大约雇用了英国整个劳动力市场的 2%~4%[④]。志愿部门为领薪工作者、志愿者和服务使用者提供了培训和发展技能的环境，特别是为那些被排斥的团体和社区提供基本技能服务，包括自信心构建、自我认同和交流等。志愿部门的工作具有灵活性，为妇女、老人、黑人和少数民族工作者提供了更好的工作机会[⑤]。2006 年的一项数字显示，在 2004 年至少有 608 000 人受雇于志愿部门，比 2000 年增长了 45 000 人，详见表 4 - 4。

表 4 - 4　　　　　1995—2004 年英国不同部门劳动力人数　　　　单位：千人

部门	1995 年	2000 年	2004 年
私人部门	19 095	20 711	20 270
公共部门	6 042	6 246	6 842
志愿部门	478	563	608
总数	25 616	27 520	27 720

资料来源：CLARK J. The Voluntary and Community Sector's Paid Workforce：An Analysis 2006 [R]. NCVO Annual Research Conference，University of Warwick，2006.

此外，单身父母的就业率在 1997—2008 年间从 45% 上升到 57%，儿童贫困率也在持续降低。2007 年，联合国儿童基金会报道，在所有 OECD 国家中，英国的儿童贫困降低程度最为明显。到 2010/2011 年，已有 110 万儿童脱离了贫困[⑥]。英国逐渐形成了"政府、市场与社区、志愿

① 英国政府公共支出统计数据网站 [Z/OL]. [2016 - 02 - 22]. http://www. ukpublic-spending. co. uk/year_spending_2005UKbn_15bc1n_4045♯ukgs302.

② 英国政府公共支出统计数据网站 [Z/OL]. [2016 - 02 - 22]. http://www. ukpublic-spending. co. uk/year_spending_2010UKbn_15bcln_40♯ukgs302.

③ HM Treasury. Departmental Report 2005 [R]. London：HMSO，2005，Page of Foreword.

④ PHAROAH C，SMERDON M. Dimensions of the Voluntary Sector [R]. CAF，1998：21.

⑤ WILLIAMSON R. The Economic Contribution of the Voluntary Sector [R]. 1999.

⑥ THANE P，DAVIDSON R. The Child Poverty Action Group 1965 to 2015 [R]. London：CPAG，2016：40.

组织等第三部门"的多元合作，顺应了英国民众对公共服务质量的多样化、多层次需求，实现了公共服务的提升，推动了其公共部门改革的成功。

从志愿组织来说，它获得了政府的政策支持和资金援助，政府对志愿组织的资助力度从来没有如此之大。NCVO 将自工党选举以来的阶段看作是志愿部门所经历的最有利的发展时期。正式注册的慈善组织的数量从1991 年的 98 000 个上升到 2004 年的 169 000 个，至 2006 年，英国大约2.2% 的劳动力受雇于志愿部门，这一数字以每年 10 000 人的速度在增加①。根据 NCVO《2010 年公民社会年鉴》的统计数字，2007—2008 年，英国有公民社会组织共 90 万家，总收入 1 570 亿英镑，带薪雇员为 160 万人。调查表明，每年有 2 040 万英国人参加志愿服务，他们提供了相当于120 万专职人员、价值 215 亿英镑的工作量②。此外，志愿部门提供服务的范围和程度也有了显著的增加。据统计，在 1992 年英格兰只有 2% 的家庭照顾时间是由独立部门提供的，而到 2005 年已经增长到 73%。过去志愿部门提供的公共服务很少，主要是集中在特殊领域和政府公共供给不足的领域。然而到 2006 年 3 月，80% 的注册家庭照顾机构都属于私人和志愿部门。政府认为志愿部门在以下五个公共服务领域具有更大的发展潜力：纠错服务，就业服务，有关儿童的服务、教育和训练，健康和社会护理服务，其他地方服务③。

志愿组织还增加了参与公共政策和了解政府长期规划与战略思考的机会，在政治和政策范围内提升了形象。志愿组织积极关注政府政策，对工党时期使用日渐增多的对申请人的惩戒性措施（特别是对残疾人和失业者）、不情愿工作的人、福利欺诈等问题提出建议，而且更大程度地实现了与政府部长们和官员们的接触交流。此外，志愿组织的成员与政党成员之间也存在交融，例如 CPAG 的首席执行官凯特·格林（Kate Green）在 2004 年接任这一职务，2009 年她离开了 CPAG 成为 2010 年大选中工党的一个成功候选人。在儿童贫困领域，2001 年英国成立了一个"结

①　PALMER P. The British Are Not Coming！［J］. Nonprofit Management & Leadership，2008，19（1）.

②　小政府，大社会：英国公共服务体制改革［N］. 卫报，［2012-03-27］. http://www. gongyishibao.com/newdzb/images/2012-03/27/10/GYSB10.pdf.

③　DAVIES S. Government Policy，Recession and the Voluntary Sector［R］. London：U-NISON，2010：7.

束儿童贫困"联盟，一些有影响力的儿童组织向政府施压以履行布莱尔的诺言，并在推动《2010年儿童贫困法》的颁布上发挥了重要作用。许多组织对相关政府政策如工作家庭税额减免中存在的瑕疵和问题予以关注，并呼吁改正。同样，财政部在制定税额减免政策时也会就诸如低收入家庭状况等方面咨询志愿组织以便更全面地掌握情况。双方的合作在不断加深①。

　　但与此同时，慈善也前所未有地受到政府的影响，政府的政策决定着其发展走向，政府的资助影响着其发展规模，英国由此形成了政府引导型慈善的发展模式。这是英国慈善事业在新时期发展的一个重要转向。这种政府引导型慈善模式的发展，在给志愿组织带来巨大政治和经济资源的同时，又具有一定的局限性，给志愿组织的发展带来了一定的束缚。

　　这首先表现为政府资源的有限性和不平衡性。政府资助主要集中在社会照顾领域，且在地域上也存在很大差异，得到资助的志愿组织在不同的地方其比例从7%到76%不等。2001年志愿部门有1/3的资金来自政府，但是只有10%的志愿组织享有它们②。大部分获得政府资助的组织都是年收入在100万英镑以上的大型或者中型机构，得不到资助的通常是一些小组织。许多中小型组织迫切需要政府的资助，但是资源的有限限制了双方合作的实施范围。

　　在法律方面，合同合作也存在着一些漏洞。合同合作亦可谓是一种个人与国家、组织与国家以及国家机构内部之间的契约关系，它是处理日常关系的一种工具，也是对现代社会发展的一种最新阐述。但这种契约却存在严重的问题：契约两方缺乏相互分离、各自独立的法律人格，它如同自己与自己签订合同，法律关系十分模糊，缺乏法律执行力，也无法采取有效的机制来实现自我执行；合同一方是否具有足够的自主选择权同另一方来签订协议也备受质疑。除了NHS的内部契约和一些地方政府服务契约存在较大程度上的竞争与自主选择权之外，其余则不容乐观③。

　　更重要的是，以合同合作为主要表现形式的政府引导型慈善还使政府所积极倡导的、志愿部门的最核心特征——独立性，遭遇了严峻挑战。志愿组织的独立性是其存在的一个基本要素，也是其发挥作用的重要前提。

---

①　THANE P, DAVIDSON R. The Child Poverty Action Group 1965 to 2015 [R]. London: CPAG, 2016: 38.

②　王名. 英国非营利组织 [M]. 北京：社会科学文献出版社，2009：135.

③　卢超. 经由内部契约的公共治理：英国实践 [J]. 北大法律评论，2009，10 (2).

其独立性涉及很多方面，如经济独立（即收入保障）、项目独立（即项目运营自由）、组织独立（即处理自己内部事务的能力）等①。不论是志愿组织的经济独立、组织独立还是其社会信任，政府引导型慈善都给志愿组织带来了一定的发展困境。

1. 财政依赖问题

当今志愿组织的一个明显特征是他们面临财政危机的威胁，随之一个有趣的问题是在一个有政府广泛支持的时代为何志愿组织仍旧存在财政危机。产生这一问题的主要原因是志愿部门花费的不断提高以及经济衰退的侵袭。随着人们对社会服务要求的不断增加，以及工资水平的不断提升，志愿组织在合同执行的服务支出和工资支出上不断增加。在被调查的慈善机构中，超过一半的机构（51%）报告了人们对其服务要求的上升。这不仅有新用户需求的增加和现有用户需求的增强，而且还有双方关系的紧张②。

在考察经济衰退对志愿组织的影响之前，有必要对志愿组织的收入来源进行分析。2008 年，志愿组织收入的 36% 来自政府法定收入，37% 来自社会捐赠和购买服务的收入。然而到 2010 年，即便是保守地估计，志愿部门也有 38% 的资助来自政府法定收入，35% 来自公众，这意味着政府正在成为志愿慈善的最大投资者③。志愿部门严重依赖政府的资助，特别是在就业和培训服务上，它们约三分之二的资金依赖于政府。不同的收入来源对经济困境下志愿组织的影响又是不同的。英国和美国的调查显示，个人捐赠并没有随着经济衰退而降低，经济衰退只是使个人捐赠的长期增长速度放缓。但政府资助则随着经济波动而变化，在经济发展良好时上升，不好时则下降。地方政府对志愿组织的直接资金援助在 2006—2009 年间削减了 13%④。NSPCC 在 2011 年的收入是 1.486 亿英镑，比 2010 年的 1.522 亿英镑减低了 2.4%，这主要是由于来自政府法定收入的减少⑤。

经济衰退迫使很多志愿组织尽管面临着日增的服务要求却必须裁员，

① WELLS R. Ensuring NGO Independence in the New Funding Environment [J]. Development in Practice, 2001, 11 (1).

② DAVLES S. Government Policy, Recession and the Voluntary Sector [R]. London: U-NISON, 2010: 14−15.

③ SEDDON N. Who Cares? How State Funding and Political Activism Change Charity [M]. Civitas: Institute for the Study of Civil Society, 2007: 4.

④ 同②19.

⑤ NSPCC Report and Accounts 2010/2011 [R]. London, 2011: 22.

因为政府资助是许多组织维持服务水平、增加服务供给的关键因素。这让志愿组织对政府依赖的弊病暴露无遗。86％的第三部门受访者认为现行的资助体系对他们提供的服务产生了负面影响。一位志愿机构的代表指出：参与公共服务的志愿组织确保收入多元化是非常重要的。私人部门有许多的合同，如果其中几个没有了，它们可以重新调整，但如果是一个依赖于两三个合同的志愿组织……它们不能随意开启一项新事业。如果那些合同因为某些原因突然中止或者有大的改变，志愿组织将会更难找到其他支持。合同合作还要求服务的个性化，而个性化更昂贵，志愿组织必须变得更像私人部门组织，强调合同管理、商业计划和市场以及项目必须迎合资助机构的要求。对合同资助的日益依赖很可能会扭曲志愿组织的目标和行为。一旦依赖政府，志愿组织就很难打破这种局面。以儿童机构为例，英格兰 125 个儿童机构中 44％的机构在 2006—2008 年经历了资助上的不利变化……40％的机构处于"资助脆弱的地位，如果预期资金不到位的话很有可能倒闭"①。许多地方委员会削减其"确保开端计划"的预算，"确保开端计划"儿童中心获得的政府资助大幅削减，很可能导致多达 250 个儿童中心在 2011 年关闭②。

2. 组织自主性削弱

一个独立的组织需要有预算、操控、评估的能力，有必要的使命和价值观念，以及充足的人力资源政策。无论是大型还是小型志愿组织，它们在维持自身组织独立上也面临着不同程度的困难。

正式合同的达成是一个长久的过程，从最初决定实行到正式开启大约需要两年甚至更长的时间。为了赢得资助合同，志愿组织必须在申请过程和进展报告上花费高昂的成本。这是因为对合同执行过程的不断讨论以及与大量的资助机构打交道很耗时间也很昂贵。政府的管理体系严格，合同中的服务条款规定极为严密，包括："用户状况的改进、服务提供的精确数量和要达到的标准。可能还有关于提供者机会均等政策、控诉程序、职员工资水平和服务条件等的要求。"③ 资源被过多地用在了提供服务以外

① DAVIES S. Government Policy, Recession and the Voluntary Sector [R]. London: U-NISON, 2010: 18, 23.

② BUCKLER S. Closure Threat to 250 Children's Centres [N]. London: BBC News, 2011-01-28.

③ 沃尔曼. 比较英德公共部门改革：主要传统与现代化的趋势 [M]. 北京：北京大学出版社，2004：264.

的花费上。

　　为了赢得政府合同，志愿组织还必须去积极竞标，这引起了不恰当竞争，使许多组织开始忽视本身的服务宗旨，把工作重心转向降低成本、赢得合约，甚至为了装点门面不惜改变内部结构。例如，在与政府的合同中，NSPCC 必须满足政府在专业技能上的要求，这增加了协会用于管理和培训的时间，于是员工和资源的不足与它所承担的工作量的日益上升和专门化的发展方向之间的紧张关系在不断加深。志愿组织有时变得过于追逐获取资助而没能对资助是否适合自身进行充分考虑。

　　鉴于合同需要谈判和验收，所以合同越小交易成本越高。与全国性的大机构签订合同既在谈判上更廉价，也明显在提供服务过程中风险更小，所以政府实际上主要与大机构合作，导致小组织经常被边缘化。对效率和规模经济的追求使政府倾向于签订包含很多小合同的大合同，这对那些缺乏资源和经验的小志愿组织来说通常项目太大而无法成功中标。对于许多专业组织来说，即便那些服务是他们正在做的，也只好选择放弃投标，反而使那些没有专门知识的大组织被授予合同①。这使志愿组织的发展出现了两极化的倾向，大组织越来越强大，而小组织越来越步履维艰。

　　3.　社会信任危机

　　一个组织必须具备一定的有效性才能保证其独立地位。一个有效组织的四要素包括：适应社会需要的项目，内在的组织理念，大众支持的持续程度，混合的收入来源②。其中，大众的支持，即社会信任，可谓是志愿组织存在的一个重要因素，没有大众支持就不会有充足的收入、合适的项目和完善的组织理念。这种社会信任也是政府重视志愿组织的一个重要因素。可是随着志愿组织参与政府服务的增多，其社会信任却在降低。

　　合同合作提高了服务供给效率，也促使志愿组织引入专业管理标准，但是对获得资助和提供合同服务的专注使志愿组织脱离了它本最应该关注的人，即受惠者。而且降低价格的竞争导致志愿组织在一个其实际中不可能提供服务的层次去竞标。潜在的服务质量的降低，引起了民众普遍的担忧。加之，政府可以自由地决定志愿组织提供服务的种类和水平，而志愿

---

① 　DAVIES S. Government Policy, Recession and the Voluntary Sector [R]. London: U-NISON, 2010: 26.

② 　WELLS R. Ensuring NGO Independence in the New Funding Environment [J]. Development in Practice, 2001, 11 (1).

机构却必须提供购买者想要的服务，提供服务越来越像一个商业模式。人们担忧合同机制会削弱志愿部门的创新能力。

志愿者的活动也在很大程度上受到了政府的影响。近年来英国政府采取了一系列措施来激励志愿行为，使很多志愿者认为政府将志愿行为看作是提供廉价劳动力的一种方式。如当失业成为一个问题，那些与失业相关的项目很可能会更容易获得政府资金时，志愿组织便会关注此问题，而这与其自身的活动宗旨却不一定有关联。社会对志愿组织不信任的增长便不可避免。正如 NSPCC 对政府政策的支持和政府资助的接受，使许多志愿者认为它正在沦为政府政策的工具。2011 年协会用于募捐的宣传花费是 3 140 万英镑，占总花费的比例是 20.9%，仅次于为儿童提供服务的花费（1.116 亿英镑，74.1%）①。NSPCC 被认为更致力于它所应有的社会地位而不是它建立时所倡导的社会服务。NSPCC 面临的信任危机显而易见。

当然帮助那些需要帮助的人应该得到政府的资助，重要的是应该考虑如何激励一种新的志愿文化。"一个志愿机构的资产不仅仅是财政上的，也是名誉上的。"维护志愿组织的社会信任是志愿组织的责任和发展需要，"因为社会信任授予了志愿部门所从事事业的合法性"②。

尽管政府引导型慈善发展模式的发展还存在诸多的问题，其实施效果也还无法最终衡量，但是其意义深远，它开启了政府与志愿组织合作的一种新方式，更是对志愿组织的政治地位给予了充分的肯定。这预示了英国慈善与政府关系的发展趋向，亦为福利困境下的英国社会提供了一种新的思考路径。

第一，这一政府引导型慈善发展模式使志愿组织与政府的合作以国家政策的方式固定下来，构建了一种新型伙伴关系，这在人类历史上是第一次。它改变了整个社会对志愿组织的认知，以往志愿组织通常被看作是政府在社会服务方面的补充角色，而如今则被看作是与政府平等的合作伙伴，这是对志愿组织政治地位的极大肯定，也为志愿组织的发展提供了一个政治框架。为此英国出台了一些政府支持计划，以提供资源让各组织能够对发展规划进行投资，包括招募新成员、进行培训、改善管理、制定远

---

① NSPCC Report and Accounts 2010/2011 [R]. London，2011：29.

② SEDDON N. Who Cares? How State Funding and Political Activism Change Charity [M]. Civitas：Institute for the Study of Civil Society，2007：108，111.

景规划等。2004 年以来，英国已经向这些计划投入了超过一亿英镑，旨在让各组织建立起它们的行政基地，增强它们参与协作伙伴关系的能力①。尽管 COMPACT 描绘的只是一个极其初步的基本框架和模糊的原则性宣示，但是它的实施和发展必将落实到国家制度建设上来，也会关涉整个社会治理模式的变革。新型伙伴关系的理念将会对未来的社会服务产生愈加重要的影响，并对志愿组织的发展产生决定性的影响。

　　因而，COMPACT 的签署，迅速在英联邦国家产生反响。2001 年 12 月，"加拿大政府与志愿部门协议"签署。2010 年 3 月 17 日，澳大利亚政府和志愿组织在议会正式签署"全国性协议——携手合作"。欧洲其他国家、韩国、新加坡等都逐渐发展了此种合作协议。政府引导型慈善发展模式得到了越来越多国家的认可，体现了这种新型伙伴关系的前瞻性。

　　第二，政府引导型慈善发展模式为志愿组织的发展提供了广阔的政治空间，延伸了其活动外延。志愿组织的服务早已纳入英国福利服务提供体系，但是志愿组织本身却一直被排除在英国的政治体制之外。在合同合作的实现过程中，政府有意识地将志愿组织融入政府工作的一切方面，从合同的构建到合同资金的申请再到合同的实施以及最后的评估，志愿组织都享有与政府平等对话的权利，全面展示了其政治上的发言权。志愿组织获得了进入政府公共部门的合法地位，它在很多领域影响到了政府政策和管理的发展，成为政治体制的一个组成部分。志愿组织不再仅仅是政府的一支社会监督力量，其社会福利发言权的获取无疑开启了其政治化的发展道路。正如志愿组织活动的市场化②，志愿组织的政治化也是其发展的必然，而合同合作为之进入政府的发展道路开启了新路径。志愿组织只有拥有了更大的政治发言权，才能更好地为其发展提供空间。因为资源是志愿组织发展的一个核心要素，没有相应的资源落实，促进志愿组织的发展、发挥其社会救助和政府监督作用就无从谈起。政治发言权的获取和扩大可以帮助志愿组织更好地为自己寻找可用的资源。如同提出保护环境的非政府组织发展成为绿党③，也许志愿组织在未来也会有代表其意愿的政治

① 尼古拉斯·迪金. 政府、民间团体和企业在英国社会福利中的协作伙伴关系［J］. 行政管理改革，2010（7）.

② 志愿组织在发展中为了募集更多的社会资源，开始大规模地采取市场的运作方式，如营销和投资的方式，本书称之为市场化。

③ 绿党由社会运动的行动者组成，代表了政治上的弱势团体或是少数族群。作为一种政治力量，它积极参政议政，开展环境保护活动，提倡生态的永继生存及社会正义，以全人类为出发点，不分阶级和阶层。

力量。

一些人担心，志愿组织参与政府政策和政府管理的活动，会削弱其信用。但是志愿组织的政治化，主要是其政治发言权的提高，而不是自身性质的转变。这种政治化不受政治因素的主导，是建立在志愿组织的独立自主基础之上的。对于那些自下而上产生、规模大且运作能力强的组织来说，它们对政府的依赖程度低，同时也有实力向政府提供建议、洽谈项目，因而能够与政府进行良好的富有成效的互动，而不会丧失应有的属性和本身的活动宗旨。但是如果志愿组织本身独立性不足，则很难与政府平等对话，极易沦为政府的附庸。

针对 COMPACT 在实践中的种种弱点，2005 年志愿组织与内政部共同促进了 COMPACT 的修订版本——COMPACT PLUS 的出台，它比 COMPACT 更为简洁，原则更具有实践性，同时加强了规则的约束力，由政府和志愿部门组成的 COMPACT 协领组的成立，在机构上使合同合作的工作机制更加完善。到 2010 年，全英格兰和威尔士地区已有 94％的地方政府接受该原则并制定和签署了本地方的 COMPACT[①]。这也显示了志愿组织政治化的优势，它可以及时就发展中的问题与政府进行磋商寻找解决途径。

第三，政府引导型慈善发展模式绝不是偶然出现的结果，它反映了英国社会福利发展的一个新方向。马克思曾说："人们自己创造自己的历史，但是他们并不是随心所欲地创造，并不是在他们自己选定的条件下创造，而是在直接碰到的、既定的、从过去承继下来的条件下创造"[②]。英国不论是其民主制度还是经济制度的发展都体现了循序渐进、不走极端的改革之路。在历次变革中，不同的社会力量最终融合成朝向同一目标发展的一股力量。这成为英国社会发展的动力来源，也是其社会与政治文化的特质。以合同合作为代表的政府引导型慈善发展模式，恰恰体现了这一特质。近年来，英国政府越来越倾向于从政治体制之外来寻找合作者以解决英国社会与经济的痼疾，积极地倾听、采纳其他力量的建议。其中提高公民责任、开拓与志愿组织的合作关系、推进社区发展被纳入政府发展战略。新工党政府希望以此重新焕发大众社会的活力，从而为福利制度的发展创造积极上进的社会环境，改变以往的消极索取状况，进而解决福利危机。"英国人的一个特点——愿意自发为'有益的事业'贡献力量。这种

①　贾西津. "伙伴关系"：英国政府与社会关系的启示 [J]. 学会，2006（6）.

②　马克思恩格斯选集：第 1 卷 [M]. 3 版. 北京：人民出版社，2012：669.

利他的行为习惯一直被视为英国文化的重要方面。"① 这正是新工党政府能够重新激发公民责任感和实现社会组织参与政治的源泉,与此同时志愿组织也在积极寻求获取政治资源的发展途径,合同合作适时地为双方提供了一个交流平台,使二者在对立、妥协中获得了共生。合同合作淋漓尽致地展现了英国社会的可塑性特征,不同的社会力量经过多元化能动的选择,可以重塑一种新的发展体制。英国不仅是第一个建立福利制度的国家,或许也将通过合同合作方式继续引领世界改革福利体制的潮流。

新工党政府希望通过培养社会的互助有效利用社会资源,进而实现福利的多元化。合同合作即是政府有效利用社会资源的一种新方式,这也是政府权力下放的目的。合同合作并非局限于一地一事,从而使这种新发展具有了全国层面的意义,2006 年第三部门办公室(Office of Third Sector)的创立即说明了这一点。第三部门,"这一术语包括志愿和社区组织,慈善,社会企业,各种大小的合作和互助组织"②。其建立表明政府不仅将第三部门看作是一个实体,而且希望它能够发展成为一个实体。新工党政府还在内政部建立协调部门,在财政部建立专门机构,以便于政策发展和执行。第三部门办公室建立后第一位政府在职者即是米利班德③,而其第一位主管则是曾在 NCVO 任职的罗伯(Robb),罗伯的任命意味着政府和志愿部门在人力和资源上的交换,志愿部门的视角和经验很可能对政府具有重要价值。可以说,第三部门办公室是新的政府管理活动的一个产物,通过它可以将以前政策制定之外的机构纳入政府管辖地带,并成为政策干预的一个地方。而社会各方人士也希望将第三部门办公室发展成为一个与众不同的实体,以此作为社会力量在政府的代言人。

2010 年后保守党政府的大社会思想仍然是鼓励民众和社区的参与,扩大志愿组织和社会企业在公共服务供给上的作用,以支持大众社会的发展,显示了上述政治变革具有可持续发展的特质。

无论如何,任何一种变革都需要时间来检验,对于这样一种涉及政府与社会关系发生重大变化的体制安排更是如此。因此,我们必须认真关注政府引导型慈善发展模式的变化,并对它可能产生的长远政治、经济和社会后果进行学理上的评估。

---

① 尼古拉斯·迪金. 政府、民间团体和企业在英国社会福利中的协作伙伴关系 [J]. 行政管理改革,2010 (7).
② OTS 的网页档案馆,www. cabinetoffice. gov. uk.
③ 埃德·米利班德,2010—2015 年英国工党领袖。

结　语

　　至此，我们已经对英国慈善活动从古至今的发展有了一定的了解，它从最初以贫困救济为主发展到关注不同的社会问题，并最终成为政府改革的一个依托者。那么回到本书初始的问题，即英国慈善活动有哪些内在的活动机制或动力使其能够在不同社会形态下保持长盛不衰？通过对封建时代、自由资本主义时代、国家垄断资本主义确立时期、福利制度改革时期等不同社会形态下慈善活动发展状况的研究，我们可以将英国慈善发展的内在机制归结为两大方面：

　　一方面，慈善本身的理念和社会功能不断丰富与革新。"每一个时代都会对人们共同的历史提出自己的解释，有自己的理解。"① 同样在英国，人们也在不同时期赋予了慈善不同的理解。如前所述，慈善的概念从古至今不断发生变化，从最初主要指宗教之爱，后又蕴含世俗之爱以及道德之爱。虽然慈善在英国的发展和流行得益于基督教信仰，但贵族通过世俗的慷慨行为将慈善树立为社会的行为典范，新兴的中等阶层将其以自助为核心的价值观赋予其中，社会下层则将其互助理念运用到慈善活动中。不同的社会阶层在不同时期赋予了慈善不同的内涵，从而使慈善概念不断发生变化并使慈善活动最终发展成为一种蕴含了社会各阶层价值观的良好行为。但新内涵的赋予并未给慈善或从事慈善的原有主导者造成伤害，赋予者们只是使慈善包含了自己的价值追求，希望通过慈善优势地位的取得来获得慈善的话语主导权，进而获得本阶层在社会中的道德价值优势。更重要的是，这些新内涵都是具有社会进步意义的内涵，体现的是不同阶层正面含义的价值诉求，从而使慈善更符合社会价值观念变化的要求，并保证了慈善活动能够更好地服务社会。慈善理念的变迁恰反映了慈善活动在不

---

　　① 钱乘旦. 思考中的历史：当代史学视野下的现代社会转型［M］. 北京：北京师范大学出版社，2015：1.

同时期侧重意识的变化，也表征了英国的时代进步。可以说，公共受益是慈善概念不变的核心，而在发展中不断融合反映时代变化的新理念则是其历史变迁的本质。这正是慈善活动能够经久不衰的一个重要内在机制。

由此，社会关于慈善的评判标准也在发生变化。1601 年的《慈善用途法规》、1891 年对慈善目的的归纳以及《2006 年慈善法》，正是政府顺应时代变化，适时调整其法令，对慈善的评判标准进行重新界定所做出的努力。新的评判标准不仅极大扩展了慈善的活动范围，引导着慈善行为的发展方向，而且使慈善活动的社会基础更为广泛，慈善的社会功能进而不断得到增强和完善。1601 年慈善法弱化了慈善的宗教职能，使慈善承担起对人们日常生活提供救助的社会功能。1891 年四大慈善目的的新归纳则促使慈善为营造一个健康、理想的社会而努力，维多利亚时代"为我们提供了公园、图书馆、博物馆、市政厅、医院、大学、学校、教堂、泳池、公厕、马槽和现在已被遗弃不用的配备黄铜制勺的饮用水喷泉"①。慈善社会功能的扩展在《2006 年慈善法》中更为明显，它被鼓励参与到历史遗产保护、业余体育发展乃至救护效率的提高等社会领域的方方面面。慈善社会功能的日渐完备也为其自身带来了革新。20 世纪前，慈善在捐赠者和接收者之间形成了一种关系，即接收者得到了物质和经济支持，捐赠者则得到了经济或社会优势。慈善是界定社会区分和社会阶级的一种方式，它"总是与权势及未来社会的塑造有着千丝万缕的联系"②，具有明显的阶级属性③。但随着时代变迁，慈善活动不再是一个阶层对另一个阶层的帮助，而是不同阶层间的相互受益，慈善的阶级属性发生根本变化——慈善与阶级的历史联系得以打破，这是英国社会的巨大进步。慈善真正成为一项为社会所有人提供服务的活动，其社会功能前所未有地具有了全民属性；同时它也成为公民的一项社会责任，是每个人精神和社会生活的一个正常的组成部分。慈善更接近它的本来含义，"人们不是为了

---

① 劳伦斯·詹姆斯. 中产阶级史［M］. 北京：中国社会科学出版社，2015：206.

② ADAM T. Philanthropy, Patronage, and Civil Society: Experiences from Germany, Great Britain, and North America［M］. Bloomington: Indiana University Press, 2004: 4-5.

③ 关于慈善的性质，人们的态度不一，一些激进者认为慈善本质上是对中等阶级优势的一种维持，还有历史学家将之解释为主导的专业和商业阶级加强其权力和地位的一种手段，他们力图通过慈善机构控制穷人，希望创建一个服从的阶级。（THOMPSON F M L. The Cambridge Social History of Britain 1750-1950, Vol. 3［M］. Cambridge: Cambridge University Press, 1990: 358-359.）

恩惠或是因为烦恼而给予，而是因为想给予"①。

另一方面，慈善在英国历史变迁中还具有深刻的社会含义，它不断开拓并彰显自身的社会价值，不仅是近代以来英国对抗自由竞争的商业社会毒瘤的有效武器，也是当今英国构建福利社会的有效依赖途径。15世纪以来，圈地运动和海外贸易的发展极大促进了商品经济的发展，此后的工业革命更是促使英国形成了一个崇尚自由竞争的商业社会，加之自由放任政策的推行，英国充斥着这个商业社会带来的种种问题，贫富差距、道德败坏、社会不公等威胁着英国的稳定和发展。其实早在十六七世纪，英国的思想家已经意识到慈善在商业社会中的重要性。培根首先解放了 charity（爱）这个极具宗教色彩的道德价值，重构了其内涵。他不仅认为爱（charity）要有益于人类社会，而且进一步将之与科学相结合，认为要在爱中完善和支配知识，"新科学的真正目的乃是改善人类的境况，就此而言，新科学成了慈善活动［或爱的活动］的化身"②。培根成功将慈善与世俗社会发展结合起来。霍布斯则通过一种全新的道德态度进一步将慈善纳入他所创建的独特道德观中。霍布斯早期承认贵族德行（荣誉和宽宏气度），但"随着他思想的形成发展，霍布斯越来越远地背离了对贵族德行的承认……创建了一个城市自由中产阶级的独特道德"，即功利主义的道德思想，取代曾经由荣誉占据的位置的，正是"正义与博爱"③。霍布斯曾明确论述道："我们真正能够用不同国家不同市民法衡量的道德德行是正义和平等（justice and equity）；我们能够纯粹用自然法衡量的道德德行只有博爱（charity）。所有道德德行都被包括在这两大类中。"④ 追求财富的过程需要和平的环境，而正义和博爱（charity）则是保障和平的基本要素，霍布斯将慈善看作是一种至高的道德，是每个人都应遵守和推崇的基本原则。此后的亚当·斯密进一步论述了这种美德⑤，他认为"仁慈的运用会将单纯的商业社会转变成更令人高兴的社会秩序"⑥。不过当时的人们更多关注了霍布斯的政治思想和斯密的经济思想，而对他们关于慈善（charity）的论述则没能予以足够重视。

---

① BEVERIDGE W, WELLS A F. The Evidence for Voluntary Action［M］. London：George Allen and Unwin LTD, 1949：60.

② 彼得·哈里森. 科学与宗教的领地［M］. 北京：商务印书馆, 2016：201.

③ 列奥·施特劳斯. 霍布斯的政治哲学［M］. 南京：译林出版社, 2001：61, 139.

④ MITCHELL C, MOODY S. Foundations of Charity. Oxford：Hart Publishing, 2000：1.

⑤ 亚当·斯密. 道德情操论［M］. 南昌：江西教育出版社, 2014：71-84.

⑥ 诺曼·巴里. 福利［M］. 长春：吉林人民出版社, 2005：21.

　　值得关注的是历史的发展却与思想家们对慈善的重视有着惊人的相似。崇尚自由竞争的商业社会认为只有个人才最清楚什么对于自己是最好的，但大众贫困和激增的社会犯罪等诸多问题却影响到了经济的发展，如何使先进的处于上升中的商业文明不受累于日增的贫困人口和社会问题？"以打击犯罪、推广教育、捉拿窃贼和创建主日学校为宗旨"的慈善协会会员们，"通过大量不同的方式朝着两个共同的目标努力着：将社会从混乱的边缘拉回，以及对那些无法自助者的赎罪"①。慈善家们在施惠的同时，还通过慈善组织对中央和地方政府施压，以游说督促制定规范社会行为的法律法规。19 世纪末的英国人曾明确提出慈善在社会进步中发挥着保护弱者、创造平等机会的双重作用②。慈善在解决社会问题上既温和又有效率，自由社会的人们通过慈善施惠和施压在很大程度上融化了商业社会的冷漠，消解了商业社会带来的物质和道德问题，于是慈善在不知不觉中成为商业社会毒瘤的有效消解方式。英国恰是在进入近代强调自由竞争的时代，极大发展了慈善的理念和实践。慈善理念与自由竞争潮流相对抗、相协调，它通过一系列合理化、多样化的世俗慈善活动成功缓和了商业社会带来的诸多问题，从而保障了英国社会的平稳发展。可以说，慈善理念与英国的工业化发展是相辅相成的，是英国社会进步不可或缺的要素。不过，慈善的发展并不是政府或人们有意为之的结果，而是历史自然发展的结果，它是在历史中逐渐丰富发展起来的。如今，慈善组织不仅是政府的政策咨询者，更是被纳入政府的社会服务改革框架，成为政府福利改革的一个依托者和福利社会的一个构建者，其社会价值不仅仅体现在经济含义上，且早已上升到了政治含义。就此而言，慈善的发展变迁可谓是英国社会进步的一只有力推手和一面象征旗帜。这恰是慈善活动能够在不同社会形态下保持长盛不衰的内在动力。

　　慈善，作为每个人都可能做的一项活动，本质上体现了民众与社会的互动，以及行为的积极性。因而，要确保慈善发展内在活动机制的有效性，就必须使其不断吸纳新力量新思想，让更多的人和物能够彰显其社会价值，实现民众与社会的有效互动。其实，英国慈善活动的活跃也在一定程度上归因于其特殊的政体宽松的政治环境，这使得慈善不仅能够有充足

---

①　劳伦斯·詹姆斯. 中产阶级史 [M]. 北京：中国社会科学出版社，2015：181.

②　CUMMINGS E. Charity and Progress [J]. The Quarterly Journal of Economics，1897，12 (1)：27—41.

的空间来协调自身适应社会发展需求，更重要的是可以充分调动民众的主动性和责任感。

　　然而，如今国内外环境的变迁给这种互动带来了极大挑战，也让人们对慈善的发展产生担忧。对慈善与政府关系如此多的讨论和研究表明了慈善与福利共同交织在人们的生活中，慈善活动无法摆脱福利制度对它的影响。关于以慈善为代表的志愿行为与福利制度关系的两种典型观点是：以佛兰克·普罗查斯卡为代表的一方认为，对于英国来说自二战以来志愿行为与宗教信仰一起在下降；但另一方则认为从事慈善活动的人和非政府的社会行为从近期和长远来看并没有下降，英国并不是一个单一的福利国家，而是一个包括公私行为的混合福利经济体，没有迹象表明志愿行为因为福利国家的发展而减少①。但慈善组织的发展受到政府的影响越来越多，却是毫无疑问的。这种影响既有积极的，也有消极的，从资金支持、法律引导、政策扶持上是积极的。可是福利制度下集体主义思想的盛行，使得民众曾经积极的公民精神在不断削弱，民众对待社会问题的积极性也在下降，而是更多地被动地接受政策制度的安排。这种民众的被动极不利于慈善的发展。不过，政府在执行福利、社会和文化领域的诸多任务时，也已变得越来越依赖非政府组织。政府和志愿慈善组织一起工作并一同发生了变化。福利和慈善的未来发展还将继续发生改变，慈善与政府的关系问题也将持续受到关注，并持续关系到慈善的未来发展。

　　而目前的移民和难民问题更是让慈善组织在调动民众积极性上困难重重。从 1945 年到冷战结束，由于军事对立和国界控制，申请到西欧国家的难民人数尚不多。20 世纪 90 年代以后，苏联解体、东欧剧变使得欧洲的难民数量急剧增加，欧洲出现了第一次难民潮。不过这时的难民还主要来自欧洲内部，矛盾还不至特别尖锐。但进入 21 世纪后，情况发生了变化，欧洲外部的难民数量逐步增多，来自阿富汗、伊拉克、叙利亚等国的难民占据了多数。最初，难民俘获了英国人的同情，英国政府也实行了较为开放的多元文化政策，但随着各地骚乱的频发，右翼势力如英国独立党的迅速发展，也显示了这一政策的失败。经济的下滑让越来越多的人担心难民会挤占英国公民在住房、就业、福利等方面的生存资源，甚至有媒体

---

① THANE P. The 'Big Society' and the 'Big State'：Creative Tension or Crowding Out?' The Ben Pimlott Memorial Lecture，2011 [J]. Twentieth Century British History，2012，23 (3)：408-429.

认为有许多虚假避难者在骗取英国的福利，人们对难民的同情和敌意并存。移民难民问题随之进入了英国的政治话语，并成为一个焦点。对慈善发展而言，内部对慈善的共同认同感，遭遇了来自外部的挑战。如何协调内部公民的慈善责任意识、人道主义与异质力量对资源占有的恐惧成为一个重要问题。

　　类似问题也同时存在于英国的国内慈善机构与其国际慈善机构之间。在 19 世纪，英国的传教士协会执行了海外的慈善工作。20 世纪后，世俗慈善才大量进入这一领域。这些机构大小不一，如乐施会（Oxfam）、国际儿童援助组织（International Help for Children）、兄弟会（Brothers to All Men）、国际家庭基金会（the International Families Fund）、难民援助基金信托（the Refugees Aid Foundation and Trust）等。概括来说，英国国际慈善机构的发展大致经历了几个阶段：第一阶段为（欧洲）战争受害者提供饥荒救济，第二阶段为不幸的人提供普遍的救济，第三阶段出现了"授人以渔"的政治动员策略，第四阶段加强政治游说，第五阶段见证了具有良好形象的政治运动和联合的发展①。可以说，英国的国际慈善组织由最初的人道主义发展到 20 世纪末以人权为中心，其发展已经与更广泛的政治和经济全球化缠绕在一起②。这些国际慈善机构日益卷入政治的洪流，吸引了英国慈善委员会的关注。1990 年，慈善委员会决定调查在促进国内外政治改变的游说中，慈善机构托管人的行为是否与其信托和英国的慈善法律相一致③。慈善机构如何在国内慈善法律的框架内开展其国际活动，变得越来越复杂。此外，资源问题再次成为一个重要关注点。慈善捐赠是海外发展和紧急救援资金的一个重要来源，英国的捐赠是政府发展援助规模的四分之一④。国内资金与国际资金的分配，正如个人主义与集体主义的矛盾一般，在经济发展不好的情况下，变得更为难以有效协调。

　　在慈善行为多元发展的今天，慈善与不同的思想碰撞交流，与许多现

①　SAUNDERS C. British Humanitarian, Aid and Development NGOs, 1949 – Present [A] // CROWSON N, HILTON M, McKAY J. NGOs in Contemporary Britain: Non-state Actors in Society and Politics Since 1945 [C]. London: Palgrave Macmillan, 2009: 40.

②　HILTON M. International Aid and Development NGOs in Britain and Human Rights since 1945 [J]. Humanity, 2012, 3: 449-472.

③　同①49.

④　ATKINSON A B, BACKUS P G, MICKLEWRIGHT J, et al. Charitable Giving for Overseas Development: UK Trends over a Quarter Century [J]. Journal of the Royal Statistical Society, Series A 175, part 1, 2012: 167-190.

实的问题交织在一起，在未来的发展中不论在形式上还是内涵上，慈善依然会不断地得到丰富和补充。而对英国慈善历史发展的探讨，亦可为慈善在当今和未来的发展提供更为广阔的视野。不过，"仁善总是自由的，它不能被强迫"①。这句话十分真切地显示了慈善的本质：那就是，这是一种完全自愿、完全自发、完全自为的行为体。当一个社会的某些不足出现，而制度性的措施往往要经过很长一个时间段才能跟上，人们和社会的良知便会自发地产生补救的欲望和行动，这是一个永远都不会被取代的人之所以为人的道理。当然，要使慈善事业长盛不衰，维持自身的健康发展，则必须不断探寻慈善与政府、民间团体以及普通民众之间进行有效合作的方式，并使其能与社会的整体发展有机地联系起来，为创建一个更好的人类家园而做出自己的贡献。

① 亚当·斯密. 道德情操论 [M]. 南昌：江西教育出版社，2014：71.

参考文献

（一）中文著作

［1］阿利埃斯，杜比. 私人生活史Ⅰ［M］. 哈尔滨：北方文艺出版社，2007.

［2］埃文斯. 中世纪的信仰［M］. 北京：北京大学出版社，2005.

［3］巴里. 福利［M］. 长春：吉林人民出版社，2005.

［4］鲍威尔. 新工党，新福利国家？英国社会政策中的"第三条道路"［M］. 重庆：重庆出版社，2010.

［5］贝弗里奇. 贝弗里奇报告：社会保险和相关服务［M］. 北京：中国劳动社会保障出版社，2008.

［6］比德. 英吉利教会史［M］. 北京：商务印书馆，2009.

［7］毕尔麦尔. 古代教会史［M］. 北京：宗教文化出版社，2009.

［8］波默罗伊，等. 古希腊政治、社会和文化史［M］. 上海：上海三联书店，2010.

［9］伯姆纳. 捐赠：西方慈善公益文明史［M］. 北京：社会科学文献出版社，2017.

［10］布里格斯. 英国社会史［M］. 北京：商务印书馆，2015.

［11］陈晓律，等. 英国发展的历史轨迹［M］. 南京：南京大学出版社，2010.

［12］陈晓律. 英国福利制度的由来与发展［M］. 南京：南京大学出版社，1996.

［13］陈振明. 政府再造：西方"新公共管理运动"述评［M］. 北京：中国人民大学出版社，2003.

［14］邓正来. 国家与市民社会［M］. 上海：上海人民出版社，2006.

［15］狄更斯. 艰难时世［M］. 上海：上海译文出版社，1978.

［16］丁建定. 从济贫到社会保险［M］. 北京：中国社会科学出版

社，2000.

　　［17］丁建定：《英国社会保障制度史》［M］. 北京：人民出版社，
2015 年.

　　［18］丁建定，杨凤娟. 英国社会保障制度的发展［M］. 北京：中国劳
动出版社，2003.

　　［19］丰华琴. 从混合福利到公共治理［M］. 北京：中国社会科学出
版社，2010.

　　［20］冯英，等. 外国的慈善组织［M］. 北京：中国社会出版社，
2008.

　　［21］弗里德曼. 美国历史上的慈善组织、公益事业和公民性［M］.
上海：上海财经大学出版社，2016.

　　［22］弗农. 远方的陌生人：从英国的现代转型探寻当下生活的起源
［M］. 北京：商务印书馆，2017.

　　［23］格茨. 欧洲中世纪生活［M］. 上海：东方出版社，2002.

　　［24］格伦内斯特. 英国社会政策论文集［C］. 北京：商务印书馆，
2003.

　　［25］何增科. 公民社会与第三部门［M］. 北京：社会科学文献出版
社，2000.

　　［26］霍布斯. 利维坦［M］. 南昌：江西教育出版社，2014.

　　［27］霍斯金斯. 英格兰景观的形成［M］. 北京：商务印书馆，2018.

　　［28］蒋孟引. 英国历史［M］. 北京：中国大百科全书出版社，2013.

　　［29］柯尔. 欧文传［M］. 北京：商务印书馆，1995.

　　［30］克拉克. 1660—1832 年的英国社会［M］. 北京：商务印书
馆，2014.

　　［31］克拉潘. 现代英国经济史［M］. 北京：商务印书馆，1975.

　　［32］科利. 英国人：国家的形成，1707—1837 年［M］. 北京：商务
印书馆，2017.

　　［33］科特金. 全球城市史［M］. 北京：社会科学文献出版社，2014.

　　［34］拉蒙德. 论英国本土的公共福利［M］. 北京：商务印书
馆，1989.

　　［35］雷立柏. 古希腊罗马与基督宗教［M］. 北京：社会科学文献出
版社，2002.

　　［36］李迎生. 转型时期的社会政策：问题与选择［M］. 北京：中国

人民大学出版社，2007.

　　[37] 刘明翰. 欧洲文艺复兴史·城市与社会生活卷 [M]. 北京：人民出版社，2008.

　　[38] 陆伟芳. 英国妇女选举权运动 [M]. 北京：中国社会科学出版社，2004.

　　[39] 罗志如，厉以宁. 二十世纪的英国经济："英国病"研究 [M]. 北京：人民出版社，1982.

　　[40] 马深. 英格兰精神与基督教文化 [M]. 北京：知识产权出版社，2013.

　　[41] 马威克. 一九四五年以来的英国社会 [M]. 北京：商务印书馆，1992.

　　[42] 马璎. 工业革命与英国妇女 [M]. 上海：上海社会科学院出版社，1993.

　　[43] 芒福德. 城市发展史：起源、演变和前景 [M]. 北京：中国建筑工业出版社，2005.

　　[44] 芒图. 十八世纪产业革命 [M]. 北京：商务印书馆，1983.

　　[45] 闵凡祥. 国家与社会：英国社会福利观念的变迁与撒切尔政府社会福利改革研究 [M]. 重庆：重庆出版社，2009.

　　[46] 摩根. 牛津英国通史 [M]. 北京：商务印书馆，1993.

　　[47] 默里. 玛格丽特·撒切尔 [M]. 北京：新华出版社，1979.

　　[48] 帕克斯曼. 英国人 [M]. 上海：上海译文出版社，2000.

　　[49] 彭澎. 政府角色论 [M]. 北京：中国社会科学出版社，2000.

　　[50] 钱乘旦. 思考中的历史：当代史学视野下的现代社会转型 [M]. 北京：北京师范大学出版社，2015.

　　[51] 钱乘旦. 西方那一块土 [M]. 北京：北京大学出版社，2015.

　　[52] 钱乘旦. 英国通史：6卷本 [M]. 南京：江苏人民出版社，2016.

　　[53] 钱乘旦，陈晓律. 英国文化模式溯源 [M]. 上海：上海社会科学院出版社，2003.

　　[54] 钱乘旦，许洁明. 英国通史 [M]. 上海：上海社会科学院出版社，2002.

　　[55] 秦晖. 政府与企业以外的现代化：中西公益事业史比较研究 [M]. 杭州：浙江人民出版社，1999.

[56] 琼斯. 慈善法史：1532—1827 [M]. 北京：社会科学文献出版社，2017.

[57] 斯密.《道德情操论》[M]. 南昌：江西教育出版社，2014.

[58] 施密特. 基督教对文明的影响 [M]. 北京：北京大学出版社，2004.

[59] 施特劳斯. 霍布斯的政治哲学 [M]. 南京：译林出版社，2001.

[60] 孙洁. 英国的政党政治与福利制度 [M]. 北京：商务印书馆，2008.

[61] 孙艳燕. 世俗化与当代英国基督宗教 [M]. 北京：社会科学文献出版社，2013.

[62] 王萍. 现代英国社会中的女性形象 [M]. 南京：江苏人民出版社，2005.

[63] 王绍光. 多元与统一：第三部门国际比较研究 [M]. 杭州：浙江人民出版社，1999.

[64] 王名. 英国非营利组织 [M]. 北京：社会科学文献出版社，2009.

[65] 王亚平. 西欧中世纪社会中的基督教教会 [M]. 北京：中央编译出版社，2011.

[66] 王振华，申义怀. 撒切尔主义：80 年代英国内外政策 [M]. 北京：中国社会科学出版社，1992.

[67] 威纳. 英国文化与工业精神的衰落：1850—1980 [M]. 北京：北京大学出版社，2013.

[68] 韦伯. 新教伦理与资本主义精神 [M]. 西安：陕西师范大学出版社，2002.

[69] 沃尔曼. 比较英德公共部门改革：主要传统与现代化的趋势 [M]. 北京：北京大学出版社，2004.

[70] 希尔. 理解社会政策 [M]. 北京：商务印书馆，2003.

[71] 阎照祥. 英国贵族史 [M]. 北京：人民出版社，2015.

[72] 阎照祥. 英国贵族史 [M]. 北京：人民出版社，2000 年。

[73] 詹金斯. 撒切尔夫人的革命 [M]. 北京：新华出版社，1990.

[74] 詹姆斯. 中产阶级史 [M]. 北京：中国社会科学出版社，2015.

[75] 张康之. 社会治理的历史叙事 [M]. 北京：北京大学出版社，2006.

[76] 资中筠. 财富的责任与资本主义演变 [M]. 上海：上海三联书店，2015.

（二）中文论文

[1] 毕素华. 基督教的慈善观 [J]. 南京社会科学，2006 (12).

[2] 陈潭，肖建华. 地方治理研究：西方经验与本土路径 [J]. 中南大学学报（社会科学版），2010 (1).

[3] 陈晓律. 从习俗到法治 [J]. 世界历史，2005 (5).

[4] 陈晓律. 社会福利与社会控制 [Z]. 中国世界近代史研究会 2009年年会发言。

[5] 邓云清. 从慈善到公益：伦敦济贫改革与近代慈善救济院制度 [J]. 世界历史，2013 (1).

[6] 迪金. 政府、民间团体和企业在英国社会福利中的协作伙伴关系 [J]. 行政管理改革，2010 (7).

[7] 丁开杰. 英国志愿组织联盟与志愿者参与实践：以英格兰志愿组织理事会（NCVO）为例 [J]. 理论月刊，2009 (3).

[8] 高岱. 20 世纪初英国的社会改革及其影响 [J]. 史学集刊，2008 (2).

[9] 高晓玲. 维多利亚文人的知识共同体 [N]. 光明日报，2015-09-26.

[10] 郭家宏、李雁. 第一次世界大战期间英国士兵分居补贴制度研究 [J]. 史学月刊，2008 (4).

[11] 基恩. 市民社会：旧概念、新见解 [J]. 国外社会科学文摘，1999 (6).

[12] 贾西津. "伙伴关系"：英国政府与社会关系的启示 [J]. 学会，2006 (6).

[13] 龙瑞翠，王立河. 英国 19 世纪小说中"慈善"一词的语义转换研究 [J]. 东北师大学报，2012 (6).

[14] 卢超. 经由内部契约的公共治理：英国实践 [J]. 北大法律评论，2009，10 (2).

[15] 曼德勒. 1780—1860 年英国大众社会的起源 [N]. 光明日报，2015-09-26.

[16] 梅雪芹，郭俊. 论奥克塔维亚·希尔制度：19 世纪后期英国改善贫民住房的一种努力 [J]. 北京师范大学学报，2004 (4).

［17］斯托克. 英国地方政府治理的新发展［J］. 中共浙江省委党校党报，2007（1）.

［18］宋雄伟. 英国地方政府治理：中央集权主义的分析视角［J］. 北京行政学院学报，2013（5）.

［19］孙晓莉. 西方国家政府社会治理的理念及其启示［J］. 社会科学研究，2005（2）.

［20］王晨辉. 19 世纪后半期英国工业学校与儿童管教［J］. 史学月刊，2015（3）.

［21］魏秀春. 20 世纪英国学校健康服务体系探析［J］. 世界历史，2017（4）.

［22］许志强. 1840—1914 年伦敦贫民窟问题与工人住房建设分析［J］. 史学集刊，2012（1）.

［23］小政府，大社会：英国公共服务体制改革［N］. 卫报，2012-03-27.

［24］俞金尧. 儿童史研究四十年［J］. 中国学术，2001（4）.

（三）英文著作

［1］ADAM T. Philanthropy, Patronage, and Civil Society: Experiences from Germany, Great Britain, and North America［M］. Bloomington: Indiana University Press, 2004.

［2］ALLEN A, MORTON A. This Is Your Child: The Story of the National Society for the Prevention of Cruelty to Children［M］. London and New York: Routledge, 1961.

［3］BARKER-BENFIELD G J. The Culture of Sensibility［M］. Chicago: University of Chicago Press, 1992.

［4］BEHLMER G K. Child Abuse and Moral Reform in England, 1870-1908［M］. CA: Stanford University Press, 1982.

［5］BEHLMER G K. Friends of the Family: The English Home and Its Guardians, 1850-1940［M］. CA: Stanford University Press, 1998.

［6］BEN-AMOS I K. The Culture of Giving: Informal Support and Gift-exchange in Early Modern England［M］. Cambridge and New York: Cambridge University Press, 2008.

［7］BEVERIDGE W. Voluntary Action: A Report on Methods of Social Advance［R］, London: George Allen and Unwin, 1948.

[8] BEVERIDGE W, WELLS A F. The Evidence for Voluntary Action [M]. London: George Allen and Unwin Ltd, 1949.

[9] BOURDILLON A F C. Voluntary Social Services: Their Place in the Modern State [M]. London: Methuen, 1945.

[10] BRANSON N. Britain in the Nineteen Twenties [M]. London: Weidenfeld and Nicolson, 1976.

[11] BRANSON N, HEINEMANN M. Britain in the Nineteen Thirties [M]. St. Albans: Panther Books, 1973.

[12] BREMNER R. Giving: Charity and Philanthropy in History [M]. NJ: Transaction Publishers, 1994.

[13] BREWIS G. A Social History of Student Volunteering: Britain and Beyond, 1880-1980, New York: Palgrave Macmillan, 2014.

[14] BRIGGS A. Victorian People [M]. Chicago: University of Chicago Press, 1972.

[15] BRIGGS A. The Age of Improvement 1783-1867 [M]. Longman, 1978.

[16] CLARK J. The State and the Voluntary Sector [M]. London: NCVO, 2009.

[17] CLARK J, COOTER R. In the Name of the Child: Health and Welfare, 1880-1940 [M]. London and New York: Routledge, 1992.

[18] CROUZET F. The First Industrialist: The Problem of Origins [M]. New York: Cambridge University Press, 1985.

[19] CROSSICK G. The Lower Middle Class in Britain, 1870-1914 [M]. London: Croom Helm, 1977.

[20] CROWSON N, HILTON M, McKAY J. NGOs in Contemporary Britain: Non-state Actors in Society and Politics Since 1945 [C]. London: Palgrave Macmillan, 2009.

[21] CUNNINGHAM H. The Volunteer Force: A Social and Political History, 1859-1908 [M]. London: Croom Helm, 1975.

[22] DAVIS T. NGOS: A New History of Transnational Civil Society [M]. London: Hurst, 2013.

[23] DAY P J. A New History of Social Welfare [M]. New York: Pearson, 1989.

[24] DIGBY A. British Welfare Policy: Workhouse to Workfare [M]. London: Faber and Faber, 1989.

[25] DWORK D. War Is Good for Babies and Other Young Children: A History of the Infant and Child Welfare Movement in England, 1898–1918 [M]. London and New York: Tavistock Publications, 1987.

[26] ELLIOTT D W. The Angel out of the House [M]. VA: University Press of Virginia, 2002.

[27] ETZIONI A. The Third Way to A Good Society [M]. London: Demos, 2000.

[28] EVERS A, LAVILLE J. The Third Sector in Europe [M]. Cheltenham: Edward Elgar, 2004.

[29] FIELD F. Poverty and Politics: The Inside Story of the CPAG Campaigns in the 1970s [M]. London: Heinemann, 1982.

[30] FINLAYSON G. Citizen, State, and Social Welfare in Britain 1830–1990 [M]. Oxford: Clarendon Press, 1994.

[31] FLANDERS J. Inside the Victorian Home [M]. London: W. W. Norton & Company, 2005.

[32] GARNETT W H S. Children and the Law [M]. London: J. Murray, 1911.

[33] GERARD D. Charities in Britain: Conservatism or Change? [M]. London: Bedford Square Press of the NCVO, 1983.

[34] GAULDIE E. Cruel Habitations [M]. London: George Allen & Unwin, 1974.

[35] GIDDENS A. The Third Way and Its Critics [M]. Cambridge: Polity Press, 2000.

[36] GILLEY S, SHEILS W J. A History of Religion in Britain: Practice and Belief from Pre–Roman Times to the Present [M]. MA: Blackwell, 1994.

[37] GLADSTONE D. British Social Welfare: Past, Present and Future [M]. London: UCL Press, 1995.

[38] GLADSTONE F. Charity, Law and Social Justice [M]. London: Bedford Square Press of the NCVO, 1982.

[39] GLADSTONE F. Voluntary Action in A Changing World [M].

London: Bedford Square Press, 1979.

[40] GORDON E, NAIR G. Public Lives: Women, Family, and Society in Victorian Britain [M]. New Haven: Yale University Press, 2003.

[41] GORST J. The Children of the Nation [M]. London: Methuen, 1906.

[42] GRANT P. Philanthropy and Voluntary Action in the First World War: Mobilizing Charity [M]. London and New York: Routledge, 2014.

[43] GRAY B K. A History of English Philanthropy: from the Dissolution of the Monasteries to the Taking of the First Census [M]. London: P. S. King & Son, Orchard House, Westminster, 1905.

[44] GUY J M. The Victorian Age [M]. London and New York: Routledge, 1998.

[45] HALE S, LEGGETT W. The Third Way and Beyond: Criticisms, Futures, Alternatives [M]. Manchester: Manchester University Press, 2004.

[46] HALL P. Social Services of England and Wales [M]. London: Routledge, 1969.

[47] HARRIS B. The Origins of the British Welfare State [M]. London: Palgrave, 2004.

[48] HARRIS M, ROCHESTER C. Voluntary Organisations and Social Policy in Britain: Perspectives on Change and Choice [M]. London: Palgrave, 2001.

[49] HARRISON J F C. The Common People [M]. London: Croom Helm, 1984.

[50] HELFER R, KEMPE C H. Child Abuse and Neglect: The Family and the Community [M]. Cambridge, Mass: Ballinger Pub. Co., 1976.

[51] HENDRICK H. Child Welfare: England 1872－1989 [M]. London and New York: Routledge, 1994.

[52] HENDRICK H. Child Welfare: Historical Dimensions, Contemporary Debates [M]. Bristol: Policy Press, 2003.

[53] HENDRICK H. Child Welfare and Social Policy: An Essential

Reader [M]. Bristol: Policy Press, 2005.

[54] HILLS J. The State of Welfare: The Welfare State in Britain since 1974 [M]. Oxford: Clarendon, 1990.

[55] HILLS J. Inequality and the State [M]. New York: Oxford University Press, 2004.

[56] HILTON M, McKAY J. The Ages of Voluntarism: How We Got to the Big Society [M]. New York: Oxford University Press, 2011.

[57] HILTON M, CROWSON N, et al. A Historical Guide to NGOs in Britain: Charities, Civil Society and the Voluntary Sector since 1945 [M]. Basingstoke: Palgrave Macmillan, 2012.

[58] HILTON M, McKAY J, et al. The Politics of Expertise: How NGOs Shaped Modern Britain [M]. New York: Oxford University Press, 2013.

[59] HOBSON J A. The Industrial System [M]. London: Longman, 1909.

[60] HOLLOWELL J. Britain since 1945 [M]. Oxford and MA: Blackwell Publishers, 2003.

[61] HOLMAN B. Child Care Revisited: The Children's Departments 1948-1971 [M]. London: ICSE, 1998.

[62] HOLME A, MAIZELS J. Social Workers and Volunteers [M]. London: George Allen and Unwin, 1978.

[63] JACKSON A. The Middle Classes, 1900-1950 [M]. Nairn: David St John Thomas, 1991.

[64] JACKSON L A. Women Police: Gender, Welfare and Surveillance in the 20th Century [M]. Manchester: Manchester University Press, 2006.

[65] JONES M G. The Charity School Movement: A Study of Eighteenth Century Puritanism in Action [M]. London: Frank Cass and Co. Ltd, 1964.

[66] JORDAN W K. Philanthropy in England 1480-1660 [M]. London: George Allen and Unwin Ltd, 1959.

[67] JORDAN B, JORDAN C. Social Work and the Third Way: Tough Love as Social Policy [M]. London: SAGE, 2000.

[68] KENDALL J. The Voluntary Sector: Comparative Perspectives

in the UK [M]. London and New York: Routledge, 2003.

[69] KIDD A. State, Society and the Poor in Nineteenth – Century England [M]. London: Macmillan Press, 1999.

[70] KING M, TROWELL J. Children's Welfare and the Law: The Limits of Legal Intervention [M]. London: Sage Pubns, 1992.

[71] LANE A. Charities [M]. London: the Bowering Press Plymouth, 1973.

[72] LAWRENCE J, STARKEY P. Child Welfare and Social Action in the Nineteenth and Twentieth Centuries: International Perspectives [M]. Liverpool: Liverpool University Press, 2001.

[73] LOANE M. Neighbours and Friends [M]. London: Edward Arnold, 1910.

[74] LOHMANN R. The Commons: New Perspectives on Nonprofit Organizations and Voluntary Action [M]. New York: Jossey–Bass Publishers, 1992.

[75] MACADAM E. The New Philanthropy: A Study of the Relations Between the Statutory and Voluntary Social Service [M]. London: George Allen & Unwin, 1934.

[76] MARTIN J P, WILSON G. The Police, A Study in Manpower: The Evolution of the Service in England and Wales, 1829 – 1965 [M]. London: Heinemann Educational, 1969.

[77] MARWICK A. The Deluge: British Society and the First World War [M]. Boston: Atlantic, 1965.

[78] MAYS J, FORDER A, KEIDAN O. Penelope Hall's Social Services of England and Wale [M]. London: Routledge, 1983.

[79] McINTOSH M K. Poor Relief in England, 1350 – 1600 [M]. New York: Cambridge University Press, 2012.

[80] MERRETT S. State Housing in Britain [M]. London: Routledge & Kegan Paul, 1979.

[81] MITCHELL C, MOODY S. Foundations of Charity [M]. Oxford: Hart Publishing, 2000.

[82] MORRIS M. Voluntary Work in the Welfare State [M]. London: Routledge & K. Paul, 1969.

[83] NIGHTINGALE B. Charities [M]. London: Allen Lane, 1973.

[84] NOBLE V A. Inside the Welfare State: Foundations of Policy and Practice in Post-war Britain [M]. London and New York: Routledge, 2009.

[85] OATES K. Child Abuse: A Community Concern [M]. London: Butterworths, 1982.

[86] OWEN D. English Philanthropy 1660-1960 [M]. MA: Belknap Press, 1964.

[87] PARKER J. Women and Welfare: Ten Victorian Women in Public Social Service [M]. Basingstoke: Macmillan Press, 1989.

[88] PARTON N, THORPE D, WATTAM C. Child Protection Risk and the Moral Order [M]. London: Macmillan Press Ltd. , 1997.

[89] PEARCE J. Volunteers: The Organizational Behavior of Unpaid Workers [M]. London and New York: Routledge, 1993.

[90] PEMBERTON H, THANE P. Britain's Pensions Crisis: History and Policy [M]. Oxford: Oxford University Press, 2006.

[91] PERKIN H. The Origins of Modern English Society 1780-1880 [M]. London and New York: Routledge, 2002.

[92] PHAROAH C, SMERDON M. Dimensions of the Voluntary Sector [M]. London: CAF, 1998.

[93] PHILLIPS J, PHILLIPS P. Victorians at Home and Away [M]. London: Croom Helm, 1979.

[94] POPE R, PRATT A. Social Welfare in Britain, 1885-1985 [M]. London: Croom Helm, 1986.

[95] PROCHASKA F K. Women and Philanthropy in Nineteenth-Century England [M]. New York: Oxford University Press, 1980.

[96] ROSENAU J N. Governance without Government [M]. Cambridge: Cambridge University Press, 1992.

[97] ROCHESTER C. Rediscovering Voluntary Action: The Beat of a Different Drum [M]. Basingstoke: Palgrave, 2014.

[98] RODGER R. Housing in Urban Britain 1780-1914 [M]. New York: Cambridge University Press, 1995.

[99] ROSE M E. The Relief of Poverty 1834-1914 [M]. London:

Macmillan，1983.

　　[100] SAMUEL H L. Liberalism: An Attempt to State, the Princi-ples and Proposal of Contemporary Liberalism in England [M]. London: Grant Richards，1902.

　　[101] SEDDON N. Who Cares? How State Funding and Political Ac-tivism Change Charity [M]. Civitas: Institute for the Study of Civil Socie-ty，2007.

　　[102] SMALLEY G. The Life of Sir Sydney Waterlow [M]. London: Edward Arnold，1909.

　　[103] SMITH J，ROCHESTER C，HEDLEY R. An Introduction to the Voluntary Sector [M]. London and New York: Routledge，1995.

　　[104] SNELL K D M. Parish and Belonging: Community，Identity and Welfare in England and Wales 1700－1950 [M]. New York: Cam-bridge University Press，2006.

　　[105] TANCRED E. Women Police [M]. London: National Council of Women of Great Britain，1951.

　　[106] TARN J N. Working－class Housing in 19th Century Britain [M]. London: Lund Humphries for the Architectural Association，1971.

　　[107] TARN J N. Five Per Cent Philanthropy: An Account of Hous-ing in Urban Areas Between 1840 and 1914 [M]. New York: Cambridge University Press，1973.

　　[108] TAYLOR A J P. English History 1914－1945 [M]. New York: Oxford University Press，1965.

　　[109] TITMUS R M. The Problems of Social Policy [M]. London: HMSO，1950.

　　[110] THANE P. Reassessing 1970s Britain [M]. Manchester : Manchester University Press，2013.

　　[111] THANE P. The Foundations of the Welfare State [M]. Lon-don: Longman，1982.

　　[112] THOMPSON F M L. The Cambridge Social History of Britain 1750－1950: Vol. 3 [M]. Cambridge: Cambridge University Press，1990.

　　[113] THOMPSON E P. Customs in Common [M]. Exeter: Merlin Press，2010.

[114] TREVELYAN G M. English Social History [M]. Harmondsworth: Penguin, 1967.

[115] WEBB S, WEBB B. The Prevention of Destitution [M]. London: Longman, 1920.

[116] WOOD S. The British Welfare State [M]. New York: Cambridge University Press, 1982.

[117] WISE S. Child Abuse: The NSPCC Version [M]. Manchester: University of Manchester Press, 1991.

[118] VICKERY A. Woman, Privilege and Power [M]. CA: Stanford University Press, 2001.

[119] YOUNG A F, ASHTON E T. British Social Work in the Nineteenth Century [M]. London: Routledge, 1956.

（四）英文论文

[1] ALCOCK P. A Strategic Unity: Defining the Third Sector in the UK [J]. Voluntary Sector Review, 2010 (1): 5-24.

[2] ATKINSON A B, BACKUS P G, et al. Charitable Giving for Overseas Development: UK Trends over a Quarter Century [J]. Journal of the Royal Statistical Society, Series A 175, part 1, 2012: 167-190.

[3] BAUGHAN E. The Imperial War Relief Fund and the All British Appeal: Commonwealth, Conflict and Conservatism within the British Humanitarian Movement, 1920-1925 [J]. Journal of Imperial and Commonwealth History, 2012, 40 (5): 845-861.

[4] BEVIR M, OBREIN D. New Labour and the Public Sector in Britain [J]. Public Administration Review, 2001, 61 (5): 535-547.

[5] BRADLEY K. Poverty and philanthropy in East London 1918-1959 [D]. London: University of London, 2009.

[6] CROWSON N J. Introduction: The Voluntary Sector in 1980s Britain [J]. Contemporary British History, 2011, 25 (4): 491-498.

[7] CUMMINGS E. Charity and Progress [J]. The Quarterly Journal of Economics, 1897, 12 (1): 27-41.

[8] DEANE T M. The Professionalisation of Philanthropy [D]. London: University of London, 2010.

[9] ELLIOTT B. The Royal Horticultural Society's War Relief Fund,

1914—1920 [J]. Garden History, 2014, 42 (Autumn): 107—117.

[10] FEATHERSTONE B. Working with Families [J]. Children & Society, 2006, 20: 30—39.

[11] HADWIN J F. Deflating Philanthropy [J]. Economic History Review, 1978, 31 (1): 105—117.

[12] HEGNER H F. Scientific Value of the Social Settlements [J]. American Journal of Sociology, 1897, 3 (2): 171—182.

[13] HENDRICK H. Optimism and Hope versus Anxiety and Narcissism: Some Thoughts on Children's Welfare Yesterday and Today [J]. History of Education, 2007, 36 (6): 747—768.

[14] JACKSON L A. Care or Control? The Metropolitan Women Police and Child Welfare, 1919—1969 [J]. The Historical Journal, 2003, 46 (3): 623—648.

[15] JORDAN W K. The English Background of Modern Philanthropy [J]. American historical review, 1961, 66 (2): 401—408.

[16] LEWIS J. The Boundary Between Voluntary and Statutory Social Service in the Late Nineteenth and Early Twentieth Centuries [J]. Historical Journal, 1996, 39 (1): 155—177.

[17] LEWIS J. The Failure to Expand Childcare Provision and to Develop A Comprehensive Childcare Policy in Britain during the 1960s and 1970s [J]. Twentieth Century British History, 2013, 24 (2): 249—274.

[18] LEWIS J. From Sure Start to Children's Centres: An Analysis of Policy Change in English Early Years Programmes [J]. Journal of Social Policy, 2011, 40 (1): 71—88.

[19] McCARTHY H. Parties, Voluntary Societies and Democratic Politics in Interwar Britain [J]. Historical Journal, 2007, 50 (4): 891—912.

[20] McDOWELL M. Review: Canon Barnett, His Life and Friends [J]. American Journal of Sociology, 1920, 25 (5): 643—644.

[21] MALPASS P. The Discontinuous History of Housing Associations in England [J]. Housing Studies, 2000, 15 (2): 195—212.

[22] PALMER P. The British Are Not Coming [J]. Nonprofit Management & Leadership, 2008, 19 (1): 79—99.

[23] PATRICIAL G. The Impact of Philanthropy: Housing Provision and the Sutton Model Dwellings Trust 1900－1939 [J]. Economic History Review, LIII, 2000 (4): 742－766.

[24] PEDERSON S. Gender, Welfare and Citizenship in Britain during the Great War [J]. The American Historical Review, 1990, 95 (4): 983－1006.

[25] ROBINSON L. Putting the Charity Back into Charity Singles: Charity Singles in Britain 1984－1995 [J]. Contemporary British History, 2012, 26 (3): 405－425.

[26] SHERRINGTON C A. The NSPCC in Transition 1884－1983: A Study of Organisational Survival [D]. London: LSE, 1985.

[27] SUMMERFIELD P. Women, Work and Welfare: A Study of Child Care and Shopping in Britain in the Second World War [J]. Journal of Social History, 1983, 17 (2): 249－269.

[28] THANE P. The 'Big Society' and the 'Big State': Creative Tension or Crowding Out? The Ben Pimlott Memorial Lecture, 2011 [J]. Twentieth Century British History, 2012, 23 (3): 408－429.

[29] WELLS R. Ensuring NGO Independence in the New Funding Environment [J]. Development in Practice, 2001, 11 (1).

[30] WINFREY J C. Charity versus Justice in Locke's Theory of Property [J]. Journal of the History of Ideas, 1981, 42 (3): 423－438.

[31] WOLFE－HOWE M A. A Phase of Practical Philanthropy [J]. The North American Review, 1892, 154 (425): 509－512.

(五) 英文报纸、报告及档案资料

[1] To The Editor of The Times [N]. The Times, 1832－03－02.

[2] Society, Mission and Asylum Life [N]. The Times, 1860－04－19.

[3] The Farce of Constitution－giving in Naples [N]. The Times, 1860－06－06.

[4] Advertisement [N]. The Times, 1832－05－12.

[5] Court of Common Pleas, Westminster, May 16 [N]. The Times, 1832－05－17.

[6] Court of Chancery, Thursday, Aug. 9 [N]. The Times, 1832－

08-10.

[7] Public Charities [N]. The Times, 1860-04-03.

[8] Baby Battering and Child Abuse on the Increase [N]. The Times, 1983-06-28.

[9] BUCKLER S. Closure Threat to 250 Children's Centres [N]. London: BBC News, 2011-01-28.

[10] HEALY P. Aids to Child Abuse Study [N]. The Times, 1978-03-14.

[11] TIMMINS N. NSPCC plea to Government [N]. The Times, 1981-10-01.

[12] Annual Report of the NSPCC [R]. London, 1890-2010.

[13] Central Office of Information [R]. Children in Britain. London: HMSO, 1973.

[14] Central Office of Information [R]. Children in Britain. London: HMSO, 1976.

[15] CLARK J. The Voluntary and Community Sector's Paid Workforce: An Analysis 2006 [R]. NCVO Annual Research Conference, University of Warwick, September 2006.

[16] DAVIES S. Government Policy, Recession and the Voluntary Sector [R]. London: UNISON, 2010.

[17] Deankin Commission. Meeting the Challenge of Change: Voluntary Action into the 21st Century [R]. London: NCVO, 1996.

[18] Department for Social Development [R]. Positive Steps. March, 2005.

[19] Guidance on Developing Compacts [R]. Scottish Executive, 2006.

[20] HAYTON K. Scottish Compact Baseline Review [R]. Scottish Executive Social Research, 2003.

[21] HM Treasury. Departmental Report 2005 [R]. London: HMSO, 2005: foreword.

[22] Ministry of Education. The Youth Service in England and Wales: Report of the Committee Appointed by the Minister of Education in Nov., 1958 [R]. London: H. M. Stationary Off., 1960.

[23] National Centre for Social Research. British Social Attitudes [R]. London; Thousand Oaks, Calif. ; SAGE/NatCen, 2005.

[24] NSPCC. At Risk: An Account of the Work of the Battered Child Research Department [R]. London: Routledge & Kegan Paul, 1976.

[25] PHAROAH C, SMERDON M. Dimensions of the Voluntary Sector [R]. CAF, 1998.

[26] WILLIAMSON R. The Economic Contribution of the Voluntary Sector [R]. 1999.

[27] THANE P, DAVIDSON R. The Child Poverty Action Group 1965 to 2015 [R]. London: CPAG, 2016.

[28] Toynbee Hall 1884 — 1925: 40th Annual Report [R]. January 1926: 5. A/TOY/17/1, London Metropolitan Archives.

[29] Cooperation with NSPCC 1937 — 1953 [Z]. LCC/CH/D/11/003, London Metropolitan Archives.

[30] Local Authorities: London — wide Elected Bodies, 1938 — 1945 [Z]. LCC/CH/M/06, London Metropolitan Archives.

[31] Return of Children from Evacuation, 1945 [Z]. LCC/CH/M/7, London Metropolitan Archives.

[32] Report of the Care of Children Committee [R]. House of Commons Parliamentary Papers, 1945 — 46 [Cmd. 6922].

[33] ROBERTS H. What is Sure Start? [Z]. Archives of Disease Childhood 2000, 82: 435 — 437.

[34] HOBHOUSE R W. Benjamin Waugh: Founder of the National Society for the Prevention of Cruelty to Children, and Framer of the Children's Charter [Z]. London, 1939. LSE Archives.

[35] How the NSPCC works [Z]. London: NSPCC, 1988 Pamphlet. LSE Archives.

[36] NSPCC Request for Help, 1958 [Z]. P83/DAV/054/055 — 056, London Metropolitan Archives.

[37] Home Office: Children (CHN Symbol Series) Reports and Papers: Local Authorities and NSPCC 1945 — 1971 [Z]. BN 61, The National Archives.

附录 1 1780—1899 年间布里斯托尔慈善机构每 10 年新增数量统计

种类	界定	1780s	1790s	1800s	1810s	1820s	1830s	1840s	1850s	1860s	1870s	1880s	1890s	总计
贫穷	探访、乞丐、移民、未来福利等方面的慈善机构	1	—	1	5	5	3	8	2	3	7	4	3	42
教育	成人、幼儿、日托、主日学校	1	1	3	12	17	19	16	24	16	20	3	1	133
健康	医院、药房、妇女会、聋哑、盲人机构	—	3	3	5	3	8	3	5	5	4	2	4	45
教会	福音组织、国内外传教机构	—	2	1	8	13	3	6	2	5	8	2	4	54
禁酒	节制饮酒	—	—	—	—	—	3	—	1	1	1	2	2	10
改革	拯救妓女、犯人、教化穷人	—	—	—	—	—	2	1	4	4	1	1	7	20
住房	用于道德改革的慈善机构提供的住所	—	—	2	1	—	—	1	3	3	7	2	3	22
宣传活动	呼吁废奴、和平、动物福利等慈善政治团体	—	—	—	—	2	—	7	—	2	2	3	1	17
总计		2	6	10	31	40	38	42	41	39	50	19	25	343

资料来源：HARRIS B. The Origins of the British Welfare State [M]. London: Palgrave, 2004: 66.

附录 2　1841—1901 年英国部分地区的救济院数量统计

郡　名	救济院数量	所记录案例数量
德比郡	41	1 482
格洛斯特郡	27	482
赫尔	24	107
米德尔塞克斯	32	1 897
诺福克	63	245
什罗普郡	29	909
萨福克	56	712
萨里郡	52	2 134
苏塞克斯	43	80

资料来源：GOOSE N. Almshouse Residency in Nineteenth Century England：An Interim Report [J]. Family & Community History. Vol. 12，No. 1，2009：68.

附录 3　撤离运动时刻表以及撤离过程中的儿童

Information Leaflet No.10

CITY
OF
LONDON

THE EVACUATION OF CHILDREN FROM THE COUNTY OF LONDON DURING THE SECOND WORLD WAR 1939-1945

Timetable of events

1930s
Discussions at national and local government level about principle of evacuating vulnerable groups of civilians to reduce chaos expected to result from massive air attacks on cities and subsequent panic.

May 1938
LCC approved principle of evacuating all its schoolchildren.

Jul 1938
Anderson Committee report established that evacuation would not be compulsory although billeting would be; schoolchildren could be moved in school parties in the care of teachers; central government would pay initial costs.

Sep 1938
LCC put own evacuation plan into action during Munich crisis by moving nursery and disabled children. Co-operation with Metropolitan Boroughs and adjacent local authorities.

Nov 1938
National Government began preparing scheme; member of LCC staff added later to organising group from Ministry of Health and Board of Education.

1939
Increased sense of urgency, especially in London, led to priority being given particularly to schoolchildren, younger children with mothers or guardians, and pregnant women. In London LCC co-ordinated schemes for metropolitan area and for 11 contiguous boroughs and district councils in adjacent counties. LCC's 12 education divisional officers acted as dispersal officers.

Jul 1939
People leaving London privately. Many schools used as registration centres with teachers volunteering to act as registrars.

Aug 1939
Less than 70% of London schoolchildren registered for evacuation.

1-4 Sep 1939
Plan II put into operation: over 600,000 London schoolchildren among 1½ million people evacuated. Only problem was telescoping of transport arrangements leading to unexpected destinations.

Jan 1940
About 35% of London schoolchildren had returned, especially to East End. Schools began to re-open November 1939, with health and welfare services re-appearing, despite schools having been commandeered for other services.

Spring 1940
Development of Plan IV for large-scale evacuation. To be carried out over longer period, only when heavy bombing became serious, and not including mothers with young children. Schoolchildren were again to be registered but only 10% were so in London.

May-June 1940
Further evacuation of about 160,000 children from LCC area and move of those already evacuated from South, South-East and East coasts to Wales, Midlands, Surrey and Hertfordshire.

Jul 1940
Plan V ('Trickle') developed to take parties of schoolchildren away from blitz. As more children left, groups became increasingly miscellaneous. 60,000 evacuated thus over 12 month period. LCC conducted programme for London and Home Counties.

Sep-Nov 1940
Plan VII sent homeless mothers and children away in groups.

资料来源：Timetable of Events，in the Research Guide of "the Evacuation of Children from the County of London during the Second World War"，London Metropolitan Archives.

"踏上撤离行程的儿童"

资料来源：http://www. historylearningsite. co. uk/children_and_world_war_two. htmTRUE-MAN C N. Children and World War Two［Z］. The History Learning Site［2015-3-6］.

"到达撤离目的地后等待被领走的儿童"

资料来源：http://www. woodlands-junior. kent. sch. uk/Homework/war/evacuation. htm.

附录 4 被撤离儿童登记表及相关传单

Government Evacuation Scheme

Registration of Children under five.
May, 1939.

Place of Registration.	A B C D according to answer
Name of School _____	Party No. ✗

Name and Address of Mother

Surname—Christian Name(s)

_____

Address _____

Names and Ages of Children Under Five

Surname	Christian Name(s)	Age	
		Years	Mths.

A — Does mother wish to go with above children ? — Yes or No

B — If No, does mother wish to send children with some other responsible person ? If so give name and address of person.

Surname	Christian Name(s)	Mrs. or Miss

Address _____

C — If children under five attend school or day nursery and if mother wishes them to go with school or nursery give names of children and names and addresses of schools or nurseries.

_____

_____

D — If mother has children attending school and wishes to take any of them away with her or send them with some other responsible person give below :—

Names of Children		Name of School from which they will be withdrawn
Surname	Christian Name(s)	

Signature of Mother _____

Signature of Registrar _____

COPY TO BE KEPT BY REGISTRAR FOR OFFICIAL USE.

5,000 pads, 50 (D.P.W. 24422) 27·4·39

LONDON COUNTY COUNCIL
GOVERNMENT'S EVACUATIONS SCHEME
THE SCHOOL PARTY FROM THIS SCHOOL HAS ARRIVED AT
The children will be helped by their teachers to send post cards, giving their addresses, to the parents.
THE COUNTY HALL, S.E.1
E. M. RICH, Education Officer.

资料来源：Evacuation of Children from Residential Schools and Homes in Second World War [Z]. LCC/CH/M/06，London Metropolitan Archives.

附录 5　NSPCC 向政府呼吁资金援助

NSPCC plea to Government

By Nicholas Timmins

The National Society for the Prevention of Cruelty to Children is to seek long-term government support for the first time in the face of huge deficits and a steep increase in child battering.

The society had a deficit last year of £828,000, has lost about £750,000 this year and faces a similar deficit in the coming year. Its reserves have dwindled from £3m to less than £1.5m, with part of this year's shortfall to be met, and without government support and increased public donations it faces cuts in its services.

The society's difficulties are partly self-inflicted because it has refused to reduce its activities at a time when spending cuts are forcing local authority social services to reduce their provision of out-of-hours cover.

Dr Alan Gilmour, director of the society, said yesterday that in some areas, for example, Kent, parts of the Midlands and in certain London boroughs, the society was the only agency providing a 24-hour service. "If the society were to withdraw its services there would be no one to take its place", he said.

That was particularly worrying in the face of a 40 per cent rise in the number of cases of serious child abuse in the past two years.

In 1979 the society knew of 1,052 cases where children had been injured and it was suspected the injuries were non-accidental. In the year just ended that figure had risen by more than 400 to 1,486, and the number put as being at risk of physical injury had risen from 1,380 two years ago to 1,975 in the past year.

Even a 10 per cent cut would mean the loss of about twenty of the society's 249 inspectors, Dr Gilmour said, with 2,000 children left at increased risk. "The implications are grave. In a high proportion of cases it is the parents themselves who come to us for help before any serious injury is inflicted," he said.

"If the society were forced to cut back on its services it would not always be able to respond to these calls for help. With the number of serious cases sharply rising and other agencies already reducing their services, thousands of children depend on the NSPCC, and the NSPCC alone".

The society will be seeking at least £250,000 a year from the Government, which stepped in with ad hoc grants

Dr Gilmour: "no one to take NSPCC's place"

of £125,000 in 1978-79 and £100,000 last year. This year, however, there has been no direct aid. Dr Gilmour said he would be seeking " a substantial and regular grant" from the Government.

This year's £750,000 deficit came despite an appeal last October that raised an extra £500,000.

At a press conference the society's officers were reluctant to provide simple reasons for the apparent increase in child abuse.

资料来源：The Times，Tuesday October 1, 1981.

附录 6 1948—2008 年英国注册慈善机构的数量

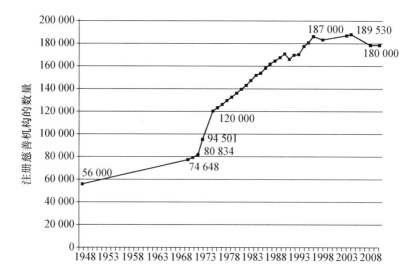

资料来源：HILTON M，McKAY J，et al. The Politics of Expertise：How NGOs Shaped Modern Britain [M]. New York：Oxford University Press，2013：43.

索　引

英国慈善活动发展史研究

后　记

　　本书是国家社科基金后期资助项目"英国慈善活动发展史研究"（项目号：16FSS008）的最终成果。经过两年的研究和写作，我的第一本专著终于在良久期待后可以出版了。在激动之余，我也有诸多忐忑，因为作为一本探讨英国慈善活动的长时段研究类图书，由于内容涉及范围较广，加之本人的水平有限，很多细节只能浅尝辄止，同时亦难免出现疏漏谬误之处，更是深恐让满怀期望的读者感到失望。不过，这也是激励我继续前行的动力，我将在本书的基础上进一步探索那些未竟之研究。

　　本书的完成有赖于诸多同行专家和良师益友的帮助，我希望在此能够向他们表示我由衷的感谢。首先感谢全国哲社规划办组织的五位匿名评审专家，他们给了我宝贵的修改意见，并使本书有幸获得了国家的出版资助。项目研究期间，我的导师、南京大学教授陈晓律先生给了我许多学术上的指导和帮助，并不吝赐序。同时，英国伦敦大学国王学院的帕特·塞恩教授（Pat Thane）和伦敦大学学院的马克·弗里曼博士（Mark Free-man）在学术研究和资料搜集方面都给予了我极大的指引。我在科研和工作中还得到了张卫良教授、马丁教授、丁贤勇教授等前辈同事的诸多帮助。另外，还有许多的师长、同门、同事、朋友的帮助不再一一赘述，但我始终铭记于心。最后，特别感谢总是默默支持我的家人，也谨以此书献给你们！

周真真

2019 年于杭州

图书在版编目（CIP）数据

英国慈善活动发展史研究/周真真著. --北京：中国人民大学出版社，2020.6
国家社科基金后期资助项目
ISBN 978-7-300-27922-0

Ⅰ. ①英… Ⅱ. ①周… Ⅲ. ①慈善事业-历史-研究-英国 Ⅳ. ①D756.17

中国版本图书馆 CIP 数据核字（2020）第 027184 号

国家社科基金后期资助项目
英国慈善活动发展史研究
周真真　著
Yingguo Cishan Huodong Fazhanshi Yanjiu

出版发行	中国人民大学出版社			
社　　址	北京中关村大街 31 号	**邮政编码**	100080	
电　　话	010－62511242（总编室）	010－62511770（质管部）		
	010－82501766（邮购部）	010－62514148（质管部）		
	010－62515195（发行公司）	010－62515275（盗版举报）		
网　　址	http://www.crup.com.cn			
经　　销	新华书店			
印　　刷	北京玺诚印务有限公司			
规　　格	165 mm×234 mm　16 开本	**版　　次**	2020 年 6 月第 1 版	
印　　张	16.75 插页 2	**印　　次**	2020 年 6 月第 1 次印刷	
字　　数	260 000	**定　　价**	48.00 元